U0801574

YINGKE® 盈科

盈科全国业务指导委员会系列丛书

企业应收账款
法律风险管理实务

盈科律师事务所 / 编
程乾平 / 编著

LEGAL RISK MANAGEMENT
PRACTICE FOR
ENTERPRISE ACCOUNTS RECEIVABLE

法律出版社 LAW PRESS · CHINA
北京

图书在版编目(CIP)数据

企业应收账款法律风险管理实务 / 盈科律师事务所编 ; 程乾平编著. -- 北京 : 法律出版社, 2023

ISBN 978 - 7 - 5197 - 7718 - 0

Ⅰ. ①企… Ⅱ. ①盈… ②程… Ⅲ. ①企业管理－应收账款－风险管理②企业法－基本知识 Ⅳ. ①F275 ②D913.991

中国国家版本馆 CIP 数据核字(2023)第 050895 号

企业应收账款法律风险管理实务

QIYE YINGSHOU ZHANGKUAN FALÜ FENGXIAN GUANLI SHIWU

盈科律师事务所 编

程乾平 编著

策划编辑 朱海波

责任编辑 朱海波

装帧设计 汪奇峰 臧晓飞

出版发行 法律出版社

编辑统筹 法律应用出版分社

责任校对 蒋 橙

责任印制 刘晓伟

经 销 新华书店

开本 710 毫米×1000 毫米 1/16

印张 17.75 **字数** 300 千

版本 2023 年 9 月第 1 版

印次 2023 年 9 月第 1 次印刷

印刷 天津嘉恒印务有限公司

地址:北京市丰台区莲花池西里 7 号(100073)

网址:www.lawpress.com.cn

投稿邮箱:info@lawpress.com.cn

举报盗版邮箱:jbwq@lawpress.com.cn

销售电话:010 - 83938349

客服电话:010 - 83938350

咨询电话:010 - 63939796

版权所有·侵权必究

书号:ISBN 978 - 7 - 5197 - 7718 - 0

定价:68.00 元

凡购买本社图书,如有印装错误,我社负责退换。电话:010 - 83938349

盈科全国业务指导委员会系列丛书编委会

总 主 编 李 华

出版统筹 郭 琪 丁 萌 张思媛 张静彤

本书编著者

程乾平 编著

YINGKE 盈科

前　言

2020 年，全球进入新冠肺炎疫情时代，受疫情的严重影响，全球经济发展压力巨大，国内企业应收账款①方面更加明显。

根据国家统计局公布的数据，2022 年 1 ~ 7 月，规模以上工业企业应收账款为 20.69 万亿元，同比增长 14.2%；应收账款平均回收期②为 54.2 天，同比增加 2.5 天。③

在应收账款金额方面，从 2015 年的 11.45 万亿元、2016 年的 12.60 万亿元、2017 年的 13.50 万亿元、2018 年的 14.30 万亿元、2019 年的 17.40 万亿元、2020 年的 16.77 万亿元、2021 年的 19.54 万亿元到 2022 年的 20.69 万亿元（截至 2022 年 7 月统计数据），企业应收账款金额逐年攀升。

在账期回收天数方面，从 2015 年的 35 天、2016 年的 36.5 天、2017 年的 39.1 天、2018 年的 47.4 天、2019 年的 53.7 天、2020 年的 54.7 天、2021 年的 51.7 天到 2022 年的 54.2 天（截至 2022 年 7 月统计数据），也是逐年攀升，但近 3 年一直保持高位值。

企业应收账款对企业的经营发展不可谓不重要，及时收回应收账款不仅可

---

① 企业应收账款，属于企业资产负债表中流动资产的科目，反映企业因销售商品、提供劳务等经营活动应收取的款项，根据中国人民银行 2019 年修订的《应收账款质押登记办法》第 2 条的规定，主要类型包括销售出租类、服务或劳务类、基础设施和公用事业项目收益权类、信贷类和合同金钱债权类企业应收账款。《应收账款质押登记办法》第 2 条规定，本办法所称应收账款是指权利人因提供一定的货物、服务或设施而获得的要求义务人付款的权利以及依法享有的其他付款请求权，包括现有的和未来的金钱债权，但不包括因票据或其他有价证券而产生的付款请求权，以及法律、行政法规禁止转让的付款请求权。本办法所称的应收账款包括下列权利：（1）销售、出租产生的债权，包括销售货物，供应水、电、气、暖，知识产权的许可使用，出租动产或不动产等；（2）提供医疗、教育、旅游等服务或劳务产生的债权；（3）能源、交通运输、水利、环境保护、市政工程等基础设施和公用事业项目收益权；（4）提供贷款或其他信用活动产生的债权；（5）其他以合同为基础的具有金钱给付内容的债权。

② 应收账款平均回收期 =360 × 平均应收账款 ÷ 营业收入 × 累计月数 ÷12，单位：天。

③ 详见国家统计局网站，http://www.stats.gov.cn/tjsj/zxfb/202208/t20220827_1887662.html。

以保证良性平稳的现金流，同时可以保障企业正常的经营和盈利能力。

因此，从某种意义上讲，能否成功收回应收账款是一个企业的生命线。做好企业应收账款管理，特别是做好企业应收账款法律管理是摆在各个企业和各位企业家面前的头等大事。

本书是一本企业应收账款法律管理实务手册，主要针对企业应收账款法律风险的全流程管理，具体包括事前法律风险管理、事中盘活处置管理和事后法律救济管理三部分内容，目的在于为企业提供应收账款全流程法律解决方案。

本书探讨的企业应收账款仅限于因买卖、服务、租赁、中介、承揽、运输、保管、仓储、委托、建设工程、行纪、保理等合同为基础而产生的具有金钱给付内容的付款请求权或债权，不涉及借款、信用贷款、银行借款等金融债权债务。

鉴于时间仓促、水平有限，书中难免有疏漏和不足之处，还望各位法律工作者和爱好者提出批评和指正。

程乾平

二〇二三年二月十六日于上海

目录

第 1 部分

法律风险管理

第2部分 盘活处置管理

第 3 部分

法律救济管理

第1部分

法律风险管理

第一章　商业信用管理

商业信用，是指一家企业授予另一家企业的信用，本质是债权方企业对债务方企业的货币借贷，主要表现形式就是应收账款。

商业信用管理，[①]是指企业为了提高竞争力、扩大市场占有率而进行的以信用销售、商业交易为主要内容的管理活动。一般包括事前的商业信用合规制度管理、客户资信调查与评估管理、客户授信管理、信用合同管理，事中的债权保障机制和处理管理，事后的应收账款回收管理等，目前很多企业对商业信用施行全流程管理，贯穿整个商业交易过程，具体流程如图 1－1 所示。

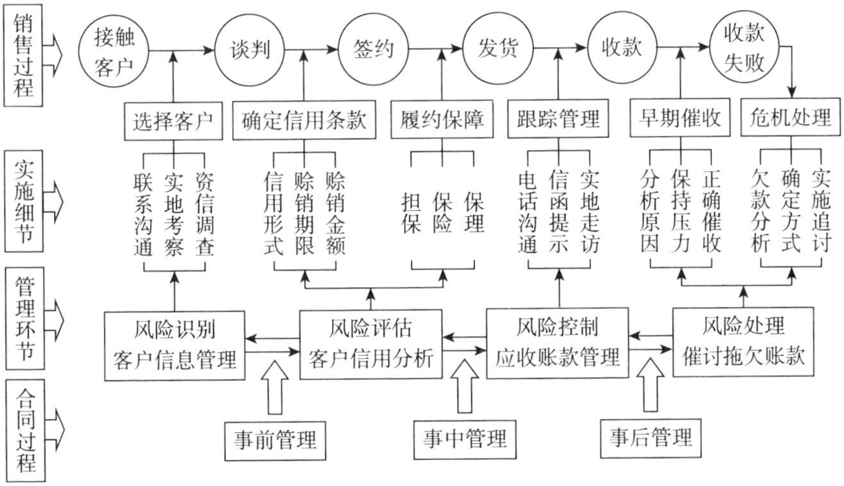

图 1－1　商业信用全流程管理

做好商业信用管理是企业做好应收账款法律管理的第一步，在法律风险预

① 商业信用管理有广义和狭义之说，广义的商业信用管理包括授信管理和受信管理，本书所称“商业信用管理”仅指企业授予其他企业信用而对信用交易活动进行全方位管理，目的在于扩大信用销售的同时，保障企业应收账款安全和及时收回。

防管理阶段,重点是做好客户商业信用尽职调查和商业信用合规建设两个方面。

第一节 商业信用尽职调查

企业若采取应收账款的信用方式进行商业交易活动,做好法律风险预防管理的第一步,就是对客户的商业信用进行尽职调查,本质是解决客户资信和偿债能力问题。对客户的商业信用尽职调查主要包括八项内容。

一、调查目的

在商业信用管理中,从事客户信用尽职调查的目的在于帮助企业了解合作客户或交易对手的资信情况、风险点预防与控制,找到解决方案并促成商业交易,并为后期逾期应收账款的催收和法律救济提供补救措施。

二、调查原则

在客户信用尽职调查过程中,应当根据企业的交易目的,遵循合法、保密、独立、全面、重点、审慎的基本原则开展尽职调查工作。

(一)合法

在开展调查过程中,必须遵守国家法律法规,调查手段、调查内容、调查渠道、调查的消息来源、调查涉及对象等都必须是合法的。

(二)保密

在调查过程中,应当保守调查过程中涉及的调查方和被调查方的商业计划或商业秘密,保密范围包括相关的资料、文件、邮件、传真以及其他资料,且在调查结束后的一定合理时间内仍要履行保密义务。

(三)独立

从事调查工作时,必须独立于债权方、债务方、行政机构、任何第三人,独立于审计、评估等其他中介机构,在充分调查的基础上综合分析,独立判断,从而得出调查报告。

（四）全面

这要求调查要“广”，调查内容、调查材料要全面，一般包括债务人或交易对象的主体资格信息、工商资料、生产经营信息、财产信息、财务信息、对外债权债务信息、诉讼信息以及行政处罚信息等内容和相关材料。

（五）重点

针对客户不同的企业类型、背景、商业模式、盈利模式等，调查应该有所侧重，重点放在客户的履约能力和偿债能力方面。

（六）审慎

从事调查工作时，应当如同一个谨慎的理性人在管理自己的财产一般，严格履行信息核查和验证义务，勤勉尽责。

三、调查主体

调查主体解决谁来负责客户的商业信用尽职调查工作的问题。

商业信用尽职调查可以由企业内部的财务、销售、信用管理、法务等部门负责，也可以委托外部的律师事务所、会计师事务所、专业征信机构提供服务。

如果企业设立有专门的商业信用管理部门，则由商业信用管理部门负责牵头成立项目组，确定参与调查的人员，一般包括公司法务（或外聘律师）、财务（或外聘注册会计师）、销售人员、风控人员等。如果企业没有设立专门的商业信用管理部门，则可以由财务、法务或风控等部门负责牵头成立项目组。

无论是哪个部门负责牵头，一定要分清主次角色，确定参与调查的人员包含上述相关部门人员。同时，确定不同的角色分工，如销售人员负责收集提供资料和信息，法务人员负责材料和信息审查核实工作，财务人员负责财务分析，风控人员负责风险原因分析与解决方案等。

四、调查对象

调查对象解决法律尽职调查调查谁的问题。

客户信用尽职调查主要是针对客户或交易对象进行调查，因此调查对象就是客户或交易对象，主要包括客户方的企业、关联企业与关联方、股东、实际控制人、董事长、总经理、经理、其他高级管理人员、业务人员、法律顾问、核心人员、关键技术人员、关键岗位人员以及普通员工等。

负责客户信用法律尽职调查的负责人员应根据调查问卷清单与上述人员进行访谈并制作调查笔录。

五、调查内容

对客户的商业信用调查一般包括法律尽职调查和财务尽职调查，目的是查明客户的履约能力和偿债能力，故调查内容重点包括客户的经营管理信息、财务信息和宏观经济信息等。

由于客户的企业类型、所属行业、财产情况、偿债能力等不同，针对每个客户的调查内容会有所不同，一般包括企业注册信息、工商登记信息、企业历史发展综合信息、股权结构信息、主要经营者信息、经营状况信息、商业往来（供应商）信息、分支机构信息、进出口信息、银行开户信息、担保信息、贷款信息、偿贷信息、资产信息、负债及所有者权益信息、诉讼和执行信息、损益信息以及其他补充信息。

调查人员可以根据客户不同情况制定《客户商业信息调查表》（详见文书范本1），并按照工作流程由销售、财务、信用管理、法务等不同部门进行审核确定。

六、调查程序

商业信用尽职调查工作程序主要包括准备、实施和报告三个阶段，如图1－2所示。

（一）准备

企业与客户达成商业交易时，无论是企业内部部门还是委托外部的中介机构对客户进行商业信用调查，都需要先成立商业信用调查项目组，了解商业交易目的和具体方案，根据交易目的和方案确定调查对象、范围和内容等，查阅和检索相关法律法规，制订尽职调查工作方案，建立尽职调查各团队之间的联系与沟通，要求客户提交《信用申请表》（详见文书范本2），按照《客户基本信息采集表》（详见文书范本3）收集客户的背景信息和资料，要求客户按照《商业信用调查清单》(详见文书范本4)准备相关材料,与企业和客户管理层沟通资料准备情况,对资料准备情况进行初步检查,并签署《保密协议》(详见文书范本5)。

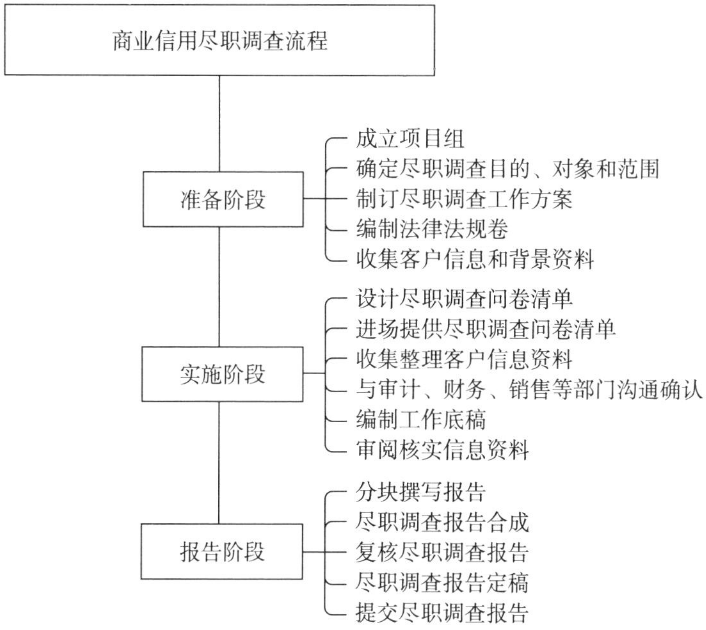

图1－2　商业信用尽职调查流程

(二)实施

按照确定的调查方法收集整理尽职调查资料,编制工作底稿,审阅尽职调查资料,分析和核实资料相关信息,并根据需要进行补充调查,与财务、销售、风控、信用管理等专门部门交换意见。

一是收集整理资料。以法律尽职调查清单问卷为基础,综合运用书面审查、面谈、实地调查、查询和函证、计算、复核等方法,全方面地收集、整理法律尽职调查信息,并尽量保持所收集资料的真实性、完整性和准确性。

二是制作商业信用调查清单工作底稿。在取得尽职调查相关资料后,通常要及时、准确、真实地制作商业信用调查清单工作底稿,一般包括目录、前言、指引、调查对象、文件目录格式及附表等,并妥善保管存档,承担保密义务。

三是审核资料。按照工作底稿要求,从资料的来源、颁发的时间、内容和形式、资料之间的内在联系及资料要证明的事实等方面进行审查,坚持在数量、质量保持一致性的基础上进行审核资料。

(三)报告

根据初步完成的法律尽职调查现场工作,起草客户的商业信用尽职调查报告,就不确定问题与企业及其客户进行沟通并修改,最终定稿并按时提交《商业信用尽职调查报告》(详见文书范本6)。

七、调查渠道和方法

调查渠道和方法是指对客户信用进行法律尽职调查应采用哪些渠道、方法。

(一)多元化调查渠道

一是企业介绍和客户介绍。可以提前确定调查行程并预约客户和交易对象,尽可能要求客户负责人进行陪同调查,在现场与访谈对象进行访谈,听取客户介绍。

二是交易各方所提供的文件和资料。提前要求客户按照《商业信用尽职调查清单》要求准备相应文件和资料并进行审查核实。

三是第三方中介机构的意见或尽职调查报告。委托人可以委托专业的资信调查机构、咨询机构对客户信用进行调查并出具相关报告。

四是政府部门的公开信息。通过政府信息公开渠道,提交申请书请求政府部门就涉及客户企业的工商内档、房地产、融资、借款、土地、车辆、诉讼与执行等资料和信息进行公开并获取相关资料和文件。

五是互联网上的公开信息,可以通过搜索引擎如百度、谷歌、搜狗、360、企查查、天眼查、启信宝等,或者利用企业网站、博客、微博、抖音、微信公众号等对客户企业相关信息进行查询。

六是其他来源,如可以通过外部走访客户的上下游供应商、主管部门、行业协会等。

(二)多样化调查方法

客户信用尽职调查的主要方法包括直接向客户索取、书面审查、面谈、实地调查、查询与函证、计算、复核等,但通常是上述调查方法的综合运用。具体运用如下:

一是向调查对象收集相关资料并验证核实原件,对不能通过原件验证的,则通过查询、函证等方法核实。

二是访谈调查对象的有关人员。通常对客户企业的董事长、总经理、经理、业务人员、法律顾问、关键技术人员、关键岗位人员以及普通员工进行多层面的访谈。访谈中,做好访谈笔录签字确认并就访谈内容相互印证真实性、完整性。

三是向客户所在地的相关政府部门调查。一般会涉及向工商、市场监管、银行、票据交换所、税务、土地、环保、法院、房管等部门进行查询、调查和申请信息公开。

四是现场考察、实地调查。可以到客户或交易对象的办公、土地、房屋、车辆、生产场所、销售场所、仓库等现场拍照、查看笔录,并作为工作底稿进行签收。

五是通过网络等公开渠道了解客户的信息。可以通过客户官方网站、行业网站、行业协会网站、咨询类网站、行业报告网站、财经类网站、同行业竞争对手网站、证券交易所官网(如果客户是上市公司)等渠道获取客户的基本情况、行业地位、市场份额、发展趋势等信息。

六是与相关中介机构沟通并参考其专业意见或报告。可以查看客户的审计报告、财务报告、资产评估报告等,也可以购买第三方的行业报告或其他专业报告。

七是函证。可以就相关事项向被调查对象发函查证。

八是非公开调查。可以充分调动人脉资源,请求相关机构或人员协助调查。

九是分析和总结。在全面收集了相关资料和信息后,就要对资料和信息进行分类、鉴别、归纳、分析并总结,为最终出具客户商业信用法律尽职调查报告做准备。

八、调查报告

对客户完成了商业信用尽职调查后,相关人员就要提交关于客户的商业信用尽职调查报告。通常由不同的人员负责不同模块分别进行撰写,如财务部门负责财务信息部分的尽调报告,法务部门负责企业基本信息、债权债务、财产权属、涉及诉讼情况等部分的尽调报告。最后由项目组其他成员进行复核并定稿,然后提交包括企业概况、注册资料、股东结构、管理层、财务数据、往来银行、付款记录、经营情况、实地调查情况、附属企业、公共记录(含抵押、破产、担保、诉讼、执行信息等)、评语等内容的商业信用尽职调查报告。

文书范本1 《客户商业信息调查表》		文书范本2 《信用申请表》	
文书范本3 《客户基本信息采集表》		文书范本4 《商业信息调查清单》	
文书范本5 《保密协议》		文书范本6 《商业信用尽职调查报告》	

第二节　商业信用合规建设

企业除了做好客户的商业信用尽职调查外，还需要做好企业内部的商业信用合规建设，主要包括信用管理部门设置、制度建设和流程合规建设三个方面。

一、信用管理部门设置

目前一般企业承担商业信用管理工作的部门主要是销售或市场部门、财务部门、审计部门、法务部门等，但这其实都是不恰当的。

考虑到商业信用管理是一个独立业务，企业应当设立专门的商业信用管理部门，应与采购、财务、销售、法务、审计等部门是同一级别并按照企业中层级别的管理部门进行设置，应属于具有独立性的监督管理性质的工作部门，对企业最高管理层或董事会负责。

企业商业信用管理部门的主要职责是对企业的招标投标、客户风险预警、信用销售和授信工作、应收账款催收等进行科学管理，日常工作包括客户信用评级档案管理、信用风险分析、信用政策制定、应收账款管理、信用风险转移等。

1. 组织机构设置。

商业信用管理部门可以在部门之下设立功能不同的分部门，如客户资信中心、授信管理中心、供应链金融中心、信息技术中心、应收账款催收中心等。

2. 岗位设置。

通常会设置部门经理、主管、专员等岗位，制定相应的《岗位职责说明书》，按月或按季度进行绩效考核，并由部门和公司领导出具《商业信用管理部门绩效考核报告》（详见文本范本 7）。

3. 协调好与各部门之间的关系。

商业信用管理部门应当与采购、销售、财务、法务、生产、审计等部门建立良好的协作合作关系。

二、制度建设

这里所讲的信用管理制度建设，主要是指企业在从事商业信用管理过程中就赊销业务、客户信息档案、客户信用评级、信用额度、应收账款监控、应收账款催收、呆坏账处理等方面制定相应管理制度的总称，[①]具体包括信用管理岗位责任制度、客户商业信用档案管理制度、客户资信管理制度、客户授信管理制度、合同管理制度、应收账款管理制度和失信行为责任追究制度。

三、流程合规建设

一个完整的商业信用管理流程，不仅包括对客户的商业信用尽职调查，还包括对客户信用档案以及商业信用风险分析与评估等流程进行管理，这样才能避免商业信用风险和法律风险。

（一）建立客户信用档案

建立客户信用档案的目的在于支持信用销售和授信工作。

与客户交往中所形成的客户信息以及企业自行制作的客户信用尽职调查报

---

① 关于信用管理制度，详见文书范本 8《信用管理制度（汇总）》，具体包括《信用管理岗位责任制度》《客户商业信用档案管理制度》《客户资信管理制度》《客户授信管理制度》《合同管理制度》《应收账款管理制度》《失信行为责任追究制度》。其中《合同管理制度》详见本书第二章的文书范本 9。

告和订购的第三方征信机构客户的信用评级报告都可以进行进一步的分析和加工,将其制作成客户信用档案。客户信用档案包括书面档案和电子档案。

(1)书面档案,是指通过对客户进行信用尽职调查,对客户信息进行收集整理,并经过加工整理、分析形成的书面资料,一般包括交易过程中投标书与中标书、合同书、谈判记录、可行性研究报告和报审及批准的文件;客户的营业执照副本及复印件;客户履约能力证明资料;客户的法定代表人或合同承办人的职务资格证明、个人身份证、介绍信、授权委托书等;企业法定代表人授权委托书;客户担保人的担保能力和主体资格证明资料;双方签订或履行合同的往来电报、电传、信函、电话记录等书面材料和视听材料;签证、公证等文书材料;合同正本、副本以及变更、解除合同的书面协议;标的验收记录;交接、收付标的、款项的原始凭证;等等。

(2)电子档案,一般包括电子公文、电子证书和报告、电子图形图像、电子文献资料等电子文件,此外还包括客户征信调查信息的电子录入文本。

(二)客户信用风险分析与评估

从授信方来讲,客户信用风险主要包括现金周转风险和坏账风险。因此,为了防止客户信用风险的出现,应当对客户的信用风险进行分析和评估。

第一,分析客户信用风险产生的原因。客户信用风险产生的原因主要有四个方面,具体包括:

一是客户履约能力出现问题。例如,客户由于财务状况恶化拒绝支付或延缓支付货款,出现"财务危机";客户企业"经营不善",导致不能及时偿还债务,甚至出现拒绝付款的可能性;客户出现破产等情形。

二是客户履约意愿出现问题。例如,因对合同中的质量、数量、运输、售后服务、付款方式和时间等某些条款有分歧发生贸易纠纷,导致客户延缓或拒绝付款;客户通过申请展期延迟付款而恶意占用委托人的资金;利用合同、票据以及预付定金、延期付款等方式蓄意欺诈等。

三是客户企业外部因素。例如,因出现基于不同国家的政治风险、经济风险、货币风险等情况的发生而导致客户无法正常履约;由于行业供应链、行业结构调整、行业经济周期的波动等造成的行业风险;还有基于商业信用法律法规的不健全和地方政府执法力度不够等。

四是企业自身信用风险管理能力不足。例如,很多企业没有建立专门进行信用风险控制的信用管理部门，信用管理数据采集来源不足，企业对客户的商业信用情况不了解；未对客户建立或未健全客户信用信息档案，未形成对客户的应收账款的日常管理与监督机制和制度；企业管理人员不掌握详细的商务交易的情况，未建立信用风险预警机制等。

第二，评估客户的商业信用风险。企业通过分析客户信用风险产生的原因，对客户的商业信用风险要素进行客观科学分析，最后由企业信用管理部门或第三方中介机构出具《商业信用尽职调查报告》并给出结论，作为支持企业信用销售和授信工作的重要参考。

文书范本 7 **《商业信用管理部门绩效考核报告》**		**文书范本 8** **《信用管理制度（汇总）》**	

第二章 合同动态管理

企业要做好应收账款的法律风险管理，合同管理是其中最基础和最重要的一环。很多企业有一个误区，觉得要做好合同管理，只要做好合同档案管理就足够了，其实这远远不够。

从时间轴上看，合同分为接洽、磋商、谈判、签署、成立生效、履行、变更、转让、解除、终止等一系列流程，并非一个静止的状态，而是如流水般的动态过程。

因此，做好合同管理，本质上就是做好合同动态管理，而且需要企业内部不同部门进行协作。本书涉及的有关企业应收账款相关的基础合同，简称为应收账款合同。

第一节 合同签订管理

根据2021年1月1日正式施行的《民法典》第三编"合同"第464条第1款的规定，合同是民事主体之间设立、变更、终止民事法律关系的协议。第465条第1款规定，依法成立的合同，受法律保护。同时根据《民法典》第三编"合同"第三章"合同的订立"的相关规定，一个合同要想得到法律的认可，就要依法进行订立，达成合同成立[①]并最终生效。

一、合同订立

企业与客户订立合同，采取要约、承诺方式，或者其他方式如格式条款、悬赏

① 合同订立不同于合同成立，合同订立包括为达成协议进行接触、洽谈、磋商，最终达成合意的整个过程，而合同成立是合同订立的结果。合同订立是合同成立的基础，而合同订立并不必然导致合同成立。

广告等。应收账款合同基本都是采取要约、承诺方式订立的。

(一)要约

根据《民法典》第 472 条的规定,要约是希望与他人订立合同的意思表示,该意思表示应当符合下列条件:(1)内容具体确定;(2)表明经受要约人承诺,要约人即受该意思表示约束。

简单地讲,要约就是在订立合同过程中,一方希望与他人订立合同的意思,有时也称发盘、出盘、出价、发价或报价。构成一个有效的要约需要具备两个条件:(1)内容要具体、明确,如货物买卖交易中,货物名称、数量、质量、价格等特定性描述;(2)表明一旦对方作出承诺,就受到约束。

(二)要约邀请

根据《民法典》第 473 条第 1 款的规定,要约邀请是希望他人向自己发出要约的表示。拍卖公告、招标公告、招股说明书、债券募集办法、基金招募说明书、商业广告和宣传、寄送的价目表等为要约邀请。

要约与要约邀请最大的区别在于:(1)要约是一种法律行为,具有法律意义;要约邀请是一种事实行为,不具有法律意义。(2)要约是当事人自己主动提出要与他人订立合同的意思;要约邀请则不是当事人主动,而是希望他人主动向自己提出订立合同的意思。(3)要约一经发出,他人作出承诺,合同就成立,双方就要受到法律约束;要约邀请则没有法律约束力,是自己不发出要约,当他人发出要约,自己作出承诺后,合同成立。(4)要约内容主要包括合同主要条款,如标的物名称、数量、质量、价款等,而要约邀请没有这些合同所具备的主要条款的内容。

以上是要约与要约邀请的一般区别,当然也有例外。有的要约邀请,如商业广告宣传的内容是具体明确的,且表明经受要约人承诺,要约人即受该意思表示约束的情形下,该要约邀请就是要约了。

(三)承诺

根据《民法典》第 479 条的规定,承诺是受要约人同意要约的意思表示。又称接受、收盘或接盘。

承诺以接受要约的全部条件为内容,目的在于与要约人订立合同。符合下列条件才算是承诺:(1)必须是受要约人或者其代理人向要约人作出的;(2)是受要约人同意要约全部条件的意思表示;(3)必须在规定的期限内到达要约人;

(4)方式必须符合要约的要求。

(四)成立与生效

根据《民法典》第483条的规定,承诺生效时合同成立,但是法律另有规定或者当事人另有约定的除外。一般情况下,企业发出要约,客户作出生效的承诺后,合同就成立了。

根据《民法典》第502条第1款的规定,依法成立的合同,自成立时生效,但是法律另有规定或者当事人另有约定的除外。

根据《民法典》的规定,一个完整的合同订立流程如图2-1所示。

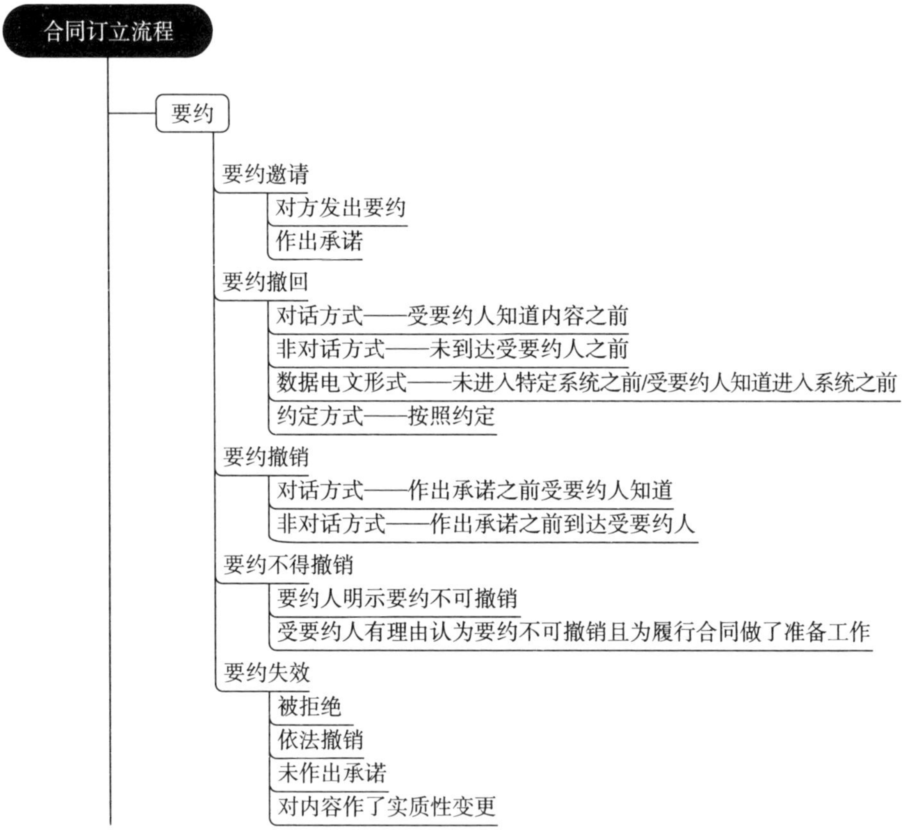

- 承诺
  - 承诺方式
    - 通知方式
    - 交易习惯
    - 行为
  - 承诺期限
    - 要约确定的期限
    - 对话方式——即时承诺
    - 非对话方式——合理期限内到达
  - 承诺变更
    - 实质性变更为新要约
    - 非实质性变更为有效承诺
  - 承诺撤回
    - 通知在到达要约人之前或同时
  - 逾期承诺
    - 新要约
    - 要约人及时通知该承诺有效
  - 迟到承诺
    - 有效承诺
    - 要约人及时通知受要约人因承诺超过期限不接受
- 合同成立
  - 成立标准——承诺生效/另有规定或约定除外
  - 成立时间
    - 合同书——签名、盖章或捺指印
    - 确认书——签订确认书
    - 电子合同——提交订单成功
  - 成立地点
    - 承诺生效地点
    - 数据电文——收件人主营业地
    - 合同书——最后签名/盖章/捺指印地点
    - 约定地点
  - 特殊合同成立
    - 强制缔约合同——要约——抢险救灾/疫情防控/国家计划/法定
    - 预约合同——要约与承诺——认购书/订购书/预定书
    - 格式条款——合理方式提示/无效情形
    - 悬赏广告——完成该行为合同成立
- 合同生效
  - 依法成立
  - 办理审批手续
  - 法律另有规定/另有约定

图 2－1　合同订立流程

二、合同形式

根据《民法典》第 469 条第 1 款的规定，当事人订立合同，可以采用书面形式、口头形式或者其他形式。

(一) 书面形式

书面形式是合同书、信件、电报、电传、传真等可以有形地表现所载内容的形式，以数据交换、电子邮件等方式能够有形地表现所载内容，并可以随时调取查用的数据电文，都是书面形式。我们常说的“电子合同”就属于此类。

在商业交往中，比较常见的书面合同有合同书、格式合同书、邮件、电报、电传、备忘录、意向书、纪要、决议、协议、会议记录、框架协议、补充协议、附表、附件、承诺函、确认书、声明、保证、通知单以及函件等。

(二) 口头形式

口头形式，是指当事人只以口头语言为意思表示订立合同，而不用文字表达协议内容的合同形式。优点是方便快捷，缺点是在发生纠纷时难以取证，不宜分清责任。口头形式适合即时结清款项的合同关系。

(三) 其他形式

一般认为从双方当事人从事的民事行为能够推定双方有订立合同意愿的，属于《民法典》规定的“其他形式”，即事实行为或不作为(存在于交易习惯情况下)。

我们日常中所见的公证、鉴证、批准等，不属于《民法典》规定的合同形式，仅是商业交易双方对上述合同形式所附的条件、取证方式或履行的程序而已。

从上述合同形式来看，建议企业从事涉及应收账款的商业交易时，采用书面形式或者进行公证、鉴证、见证等程序，提前做好固定证据和预防法律风险的工作。

三、合同类型

根据《民法典》的规定，我国就合同类型采取了典型合同和非典型合同进行区分的立法模式，典型合同类型包括买卖合同、供应电水气热力合同、赠与合同、借款合同、保证合同、租赁合同、融资租赁合同、保理合同、承揽合同、建设工程合同、运输合同、技术合同、保管合同、仓储合同、委托合同、物业服务合同、行纪合同、中介合同和合伙合同。但是在商业交易活动中,同样存在大量的非典型合同。对于应收账款合同而言,也是如此,既存在大量的典型合同,也存在大量的非典型合同。

涉及应收账款的合同一般包括买卖合同、供应电水气热力合同、保证合同、租赁合同、融资租赁合同、保理合同、承揽合同、建设工程合同、运输合同、技术合同、保管合同、仓储合同、委托合同、物业服务合同、行纪合同、中介合同等。

四、合同条款

合同条款是表达合同当事人约定的合同内容的具体条款。考虑到应收账款合同的类型,该类合同条款通常包括:

1. 合同标题。

就是给合同取名字,合同标题要与商业交易的内容和性质保持一致,可以参考《民法典》规定的"典型合同"的名称,如果该商业交易不属于典型合同范围,合同标题也应尽可能与该商业交易的内容、性质和类型保持一致,以方便识别。

2. 签约主体。

应收账款合同的当事人一般是企业或其他经济组织等单位,因此要写明规范全称、住所、法定代表人与代理人、职务、联系人与电话、工作邮箱、微信号等。如果实际办公地址与注册地址不一致,还应当写明通信地址。如果该合同存在担保的,则应加入担保人或保证人作为签约主体并写明上述基本信息。

3. 鉴于条款。

鉴于条款的目的在于介绍合同订立的背景、商业交易的目的,以及表明合作方的基本情况和共同追求的合法利益等。

4. 释义条款。

释义条款的目的在于对合同中重复出现的专有名词、术语、概念、主体简称作一个统一规范、界定和解释,以防止发生歧义和词义不清,保持定义明确。

5. 专用条款。

专用条款是当事人双方根据商业交易的实际情况、交易背景、交易条件、经济状况等因素，制定的个性化合同条款，如标的条款、数量条款、质量条款、验收条款、运输条款、包装条款、费用与结算条款、定金或预付款条款、担保条款等，当然，由于应收账款合同的类型不同，其专用条款也会有所差异。

6. 通用条款。

通用条款是不考虑合同的类型和性质，都能使用和适用的一般条款，如解除与终止条款、保密条款、知识产权条款、管辖条款、违约责任条款、争议解决条款、不可抗力条款、送达条款、份数与效力条款等。

7. 签约与尾部条款。

这部分主要是包括签字栏、签署日期、签署地点、签字盖章处、附件等。

五、合同评审

对应收账款合同的评审工作主要包括合同审查、合同修改、合同起草、出具法律意见书、合同谈判等具体事务。从某种程度上讲，合同评审是整个企业应收账款法律风险管理工作的重中之重，需要企业内部各个部门进行协作，各司其职。合同评审工作流程如图 2 - 2 所示。

（一）合同审查

合同审查工作通常发生在合同磋商和签署阶段，合同审查是指为了实现商业交易谈判或决策，促成双方交易成功的目的，对合同中所存在的、可能导致当事人利益受损的权利义务条款进行审核、查实，以《合同审查法律意见书》（详见文书范本 9）的方式向当事人指出存在的问题、提出建议后修改建议。

1. 明确首要问题。

合同的首要问题不是法律的公平性问题，而是所追求的经济行为或利益，促成商业交易。因此，合同审查工作应在此前提下尽可能地控制交易中的法律风险，而不是让企业的商业交易行为服从于法律风险的控制。

2. 做好有效沟通。

一份合同条款一般包括商业条款、法律条款、业务条款、技术条款、财务条款等。法律服务人士对法律条款是专业的，但对其他条款可能就不是专业的，因此在进行合同审查之前必须与企业内部工作人员进行有效沟通，充分了解当事人的审查目的、合同及交易背景、交易要达成的目标、商业谈判成果、财务状况等信息，为合同审查提前做好准备。

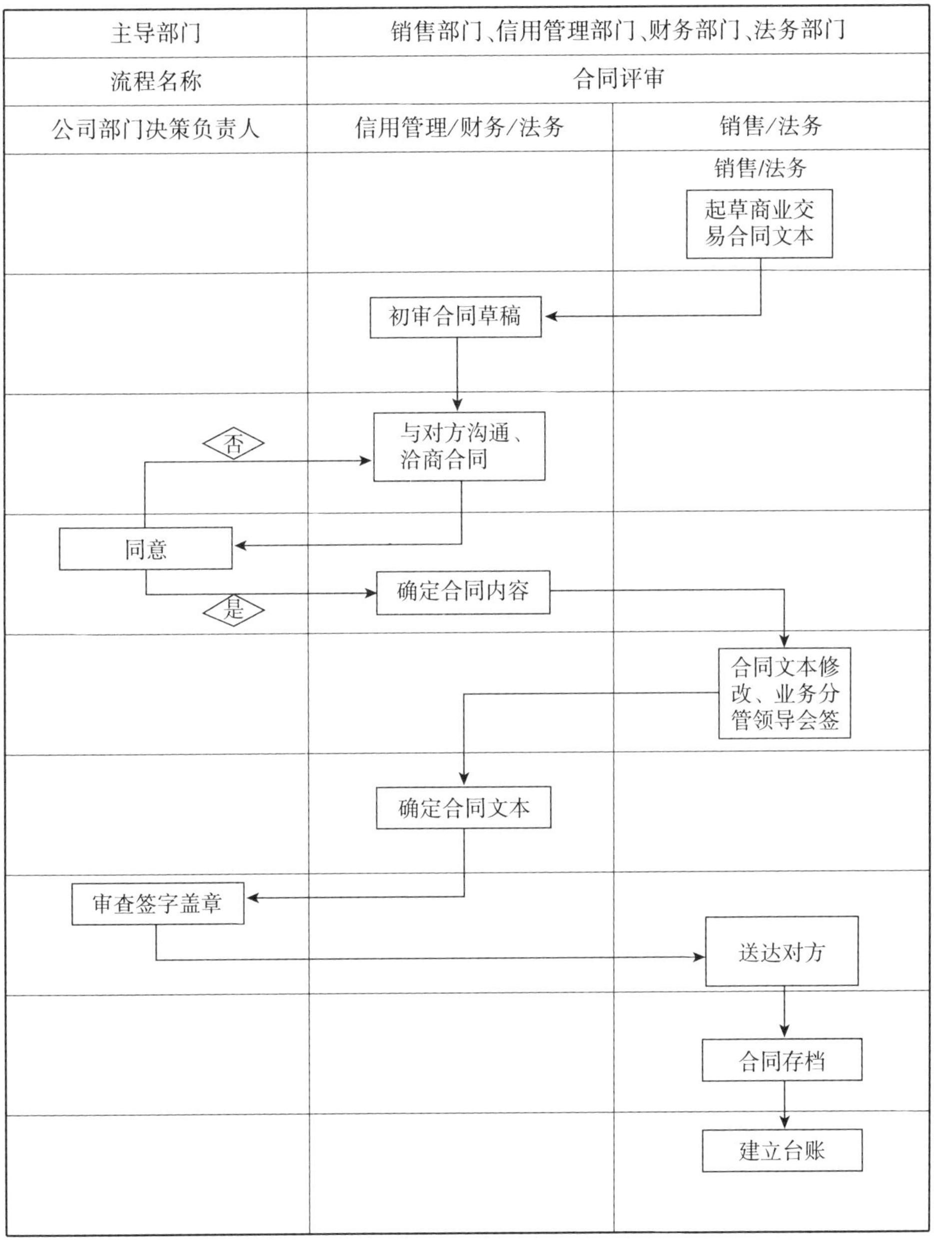

图 2-2　合同评审工作流程

3. 规范审查流程。

在合同审查工作过程中，一般应先认真阅读合同全文、读懂相关条款、核对相关法律规定，然后谨慎对待商务和业务技术等非法律条款，必要时请教相关方面的专家进行核实，根据反馈情况再次审查，最后提交《合同审查法律意见书》。

4. 法律问题审查。

审查合同中的法律问题，主要是从审查合同主体是否适格、条款内容是否合法、约定条款是否可行和合理、双方权利义务是否明确具体、交易是否达成五个方面进行。

第一，合同主体适格问题。

审查合同主体是否具备法定规定的签约主体，主要审查合同主体的工商登记、行政许可和资质/资格、代表权或代理权限、经营范围等情况。根据《民法典》的规定，可以签订合同的主体包括自然人、个体工商户和农村承包经营户、企业法人、非法人组织等。

合同主体一方如果是自然人，审查其是否完全民事行为能力人；如果是个体工商户、非法人组织（如个人独资企业、合伙企业等）、企业法人，则审查其营业执照真实性、合法性和有效性；如果是农村承包经营户，则应当审查其权属证书的真实性、合法性和有效性；如果是外商投资企业，则按照其设立的组织形式审查其营业执照的真实性、合法性和有效性。

如涉及特许经营、专业许可、特殊经营、特别资质的，还需要对合同主体及其从业人员的行政许可证、相关资质证书的真实性、合法性和有效性进行审查。

如涉及招投标的，则应根据发标方对投标方的资格要求进行审查；如涉及法定代表人或代理人的，同样需要审查其是否具备完全民事行为能力以及是否获得相应代表权或代理权限。

如涉及企业法人的分支机构或关联企业的，则需要审查设立该分支机构的企业法人或关联企业营业执照真实性、合法性和有效性，同时应特别关注和严格审查关联关系主体是否存在不当利益的关联交易或利益输送问题。

第二，条款内容合法性问题。

主要审查合同条款和内容中的交易名称、专业术语与名词、交易标的/标的物、交易内容和模式、权利义务、交易程序等是否符合法律规定。

首先，审查交易名称的合法性，合同和交易名称最好符合《民法典》《公司法》《外商投资法》等相关民商事法律有关“典型合同”或“有名合同”的规定。

其次，审查合同中的专业术语和名称的合法性，其应当符合国家法律法规、法律规范、技术规范和标准相关规定和解释，不得自行生造、杜撰出不存在、不规范的专业术语和名称。

再次，审查交易的标的和标的物的合法性，其应当是所不禁止的物、权利、行为等，涉及交易的标的物法律具有合法产权或权利。

又次，审查交易内容和模式的合法性，合同交易的内容和模式是法律所不禁止的，不存在损害国家、社会和第三人合法利益的行为。

复次，审查合同中权利义务的合法性，合同应当不存在违法限制对方的权利或免除自己法定义务的情况。

最后，审查交易程序的合法性，在法律法规明确规定的情况下，合同有关交易的成立和生效、变更、解除与终止必须遵守规定的程序和方式并办理相关法律手续。

第三，约定条款可行性和合理性问题。

主要审查合同中交易内容、交易模式、权利义务、结算条款等是否能满足当事人签订合同所要达到的目的，以及最终能否促成交易成功，达到共赢和获取各方所需的经济利益，并考虑到将上述合同涉及的条款实现切实履行。不同的当事人对可行性和合理性的追求各不相同，所以需要结合具体条款和交易对手区别对待。

第四，双方权利义务明确具体化问题。

如是典型合同或有名合同，可以根据《民法典》的规定明确当事人各方的权利义务，只要将法律规定的合同权利义务进行细化即可，但要保证用词的准确、简洁。如超出法律规定的权利义务，则需要考虑该权利义务是否与法律规定相符，是否有效。

如是非典型合同或无名合同，可以参考《民法典》规定的相似或最近的典型或有名合同的权利义务进行细化并准确、简洁地描述即可。

在审查权利义务条款时，不要出现表述前后不一致、相互矛盾、发生歧义等情况，可以利用释义条款进行统一解释和确定。在审查权利义务明确具体化时，同样需要考虑可行性和可操作性问题，一定要结合合同交易背景、交易内容、交易方式、交易时间、交易地点、当事人履约能力等实际情况，慎重约定双方权利义务。

第五,交易目标达成问题。

关于交易目标达成问题的审查,主要是销售、市场、商务等专业部门进行核实确认,一般可以从交易标的,交易标的物的数量、质量要求,交易期限,交易方式,交易地点等方面综合考量,最终确定交易能否满足当事人的需求,达成双方当事人的目的。

5. 文字规范问题审查。

在对合同进行了法律问题的审查后,合同最终是否能够成功签署并履行,还取决于另外一个重要因素:文字规范问题。因为合同的每个条款和内容,最终都要付诸文字及其表述情况。

对合同中文字规范问题的审查工作的重点在于明确结构体系是否清晰、合同条款是否完备、整体思维是否严谨、语言表达是否精确、版面安排是否美观等。

第一,结构体系的清晰问题。

关于合同结构体系,一般可以在合同中根据编、章、节、条、款、项等分级进行编制合同目录,这样可以避免出现条款遗漏,保证合同的整体性和统一性,保证合同有序便于阅读和检索。

第二,合同条款的完备问题。

如典型合同或有名合同,可以根据《民法典》《公司法》等相关民商事法律规定,对照法律规定的合同示范文本的条款进行审查;也可以参考主管部门、行业协会等颁布的合同示范文本的条款进行审查。

第三,整体思维的严谨问题。

以买卖合同为例,我们可以以订单下达、生产过程、运输服务、交付货物、货物验收、退货处理、违约责任、损失赔偿这样的时间轴作为整体思维进行合同条款审查,审查其是否严谨,是否专业,从而保证整个合同符合逻辑清晰、思维严谨的基本要求。

第四,语言表达的精确问题。

对于语言表达的精确问题,主要是从合同条款的字、词、句、语法、自然段、语体等方面进行严格审查。

如在用词方面,定金与订金的不同使用,定金适用“给付定金的一方不履行合同或履行合同不符合约定,致使不能实现合同目的的,给付定金一方无权请求返还定金;收受定金的一方不履行合同或者履行合同不符合约定,致使不能实现合同目的的,收受定金的一方应当双倍返还定金”的定金罚则,而订金则没有这样的罚则,仅仅是用来证明合同订立并支付金钱的行为。

第五,版面安排的美观问题。

合同是非常正式的法律文书,为了使其显得正式、规范,便于阅读和理解,需要对字体和字号、字间距和行间距、序号、页码、自然段落等进行审查,并保证其排版统一性和规范性即可,目前无论是 WORD 还是 PDF,都可以非常简便地实行该功能。

6. 特殊审查。

第一,调查工作。

当事人在签订一些特殊交易或者非常重要交易的合同时,需要对交易对手的身份、行政许可资格、资产状况、信用状况、签章等事项进行特别调查。具体调查方法和工作内容详见本书第一部分第一章“商业信用管理”第一节“商业信用尽职调查”之具体内容。

第二,格式合同或条款审查。

格式条款是当事人为了重复使用而预先拟定,并在订立合同时未与对方协商的条款。格式条款或合同目前在商业交易过程中十分常见,通常是居于垄断地位的交易方提供的且不能随意修改的。

因此,对格式条款或合同的审查,重点放在法律效力、告知义务、提示说明等事项上。如作为合同的提供方,则重点审查免除或者减轻其责任、与对方有重大利害关系的条款,是否采取合理的方式提示对方注意或按照对方的要求对该条款给予说明。

如作为合同的接受方,则重点审查格式条款是否存在《民法典》规定的无效情形,是否不合理地免除或者减轻格式条款提供方的责任、加重接收方的责任、限制接受方主要权利,是否排除接受方主要权利等。

第三,框架合同(umbrella contract)审查。

框架合同,是指合同双方当事人就合同标的交易达成意向并对主要内容予以确定而订立的合同,具体的交易细节在框架合同的基础上再细化成正式的合同。

对该类合同,审查重点放在框架合同与具体交易合同或订单之间的整体与部分关系以及条款统一性、效力等级优先性等问题上。

第四,特殊法律文件审查。

关于意向书,审查的重点在于不能让意向书成为正式合同以及其约束力问题。

关于产品说明书,需要与业务和技术部门共同对该法律文件进行审查,并且要以业务和技术部门审查为准。

关于备忘录、会议纪要、声明、企业函件等法律文件,需要结合具体事项按照上述合同审查事项进行即可,审查重点放在事实描述、法律规定、合同约定等事项上,目的在于解决具体商业交易出现的问题和促成交易目的的实现。

(二)合同修改

合同修改,一般包括对法律条款、业务条款、商务条款和技术条款等的修改,是合同审查工作的延伸,针对合同审查中提出的问题,通过修正、调整合同具体条款、结构和体系,来满足企业的要求和促成双方商业交易目的的实现。

1. 合同修改基本要求。

由于合同修改是合同签署的最后阶段,所以要坚持遵循提交的正式稿、忠实原稿、合理谨慎、适应交易和合理说明的基本原则,在提交合同修改的工作成果之前进行认真校对,多次核对合同每个条款,避免出现低级错误,如忽略合同目的、阻却商业交易、修改可有可无、修改冲突、表述质量不高等,保证合同修改的工作成果按照企业要求按期按质提交,并做好资料存档工作。

2. 法律问题条款的修改。

第一,力争合同主体适格。在企业应收账款法律管理过程中,重点放在对交易对象的主体资格合法性和履约能力方面进行审核和修改。如果发现交易对象主体资格不适格时,尽可能采取更换为适格的合同主体进行签约,如交易对象出现企业法人的内部业务部门、政府机关的下属部门或办事处等;或者促使交易对象通过补办许可资格等证书方式,使交易合法化;或者让交易对象提供保证人、担保人等变通方式保证履约能力。

第二,确保合同内容合法。主要是修改合同中不规范的合同名称、专业术语、法律术语、技术规范和标准,避免出现违反法律禁止性规定、禁止性或限制性交易、违反法定程序、无效条款等。

第三,增加实用条款约定。可以在内容和程序两个方面对交易内容、交易程序、问题处理、行业风险、违约特点、标的特性、交易对象、合同目的等事项实际情况进行实用性修改。

第四,明确具体权利义务。重点对合同中责任范围、数量、质量标准、违约行为和违约责任认定、违约金和损失计算方法、标的物交付、价款结算与支付、履行方式与期限等有关的权利义务条款进行修改。

第五,满足交易需求。针对特定或者非标准化的商业交易事项,重点将合同交易目的、当事人交易需求等内容与当事人再次核对并进行相应的修改。

3. 文字规范问题条款的修改。

第一,优化结构体系。主要是对合同目录进行修改,按照编、章、节、条、款、项等层级进行修改并保持一致性。

第二,完备合同条款。可以按照《民法典》和其他民商事法律规定的"典型合同"或"有名合同"示范条款进行修改,也可以参考行政主管部门、行业协会等机构制定的示范合同文本的条款进行修改,从而保证合同条款的整体性和规范性。

第三,保持思维严谨。无论多么高明的律师都无法制定出一份完美的合同,因此,为了让合同更接近完美状态,可以在提高假设的周延程度、明确权利义务的边界、准确把握条款的内涵和外延等思维理念下进行合同修改。

第四,提升表述精度。可以修改合同条款中不够精确、存在歧义的词句和措辞,修改翻译不当的条款。

第五,美化版面质量。对合同中出现的字体和字号、字间距和行间距、序号、页码、自然段落等错误进行修改,可以使用 WORD 或 PDF 的相关功能保证其排版的统一性和规范性。

(三)合同起草

合同起草,是指为了促成双方商业交易,根据当事人的交易背景,在了解双方交易动机和交易条件的基础上,深入了解相关的法律规定,熟练运用各类合同技巧,最终形成符合当事人需求的合同文本。

1. 合同起草操作流程(见图 2 -3)。

第一,需求确认阶段。主要了解当事人的服务需求和明确商业交易的基本情况。与当事人进行有效沟通,清楚地了解当事人交易背景、交易目的、交易内容和模式、交易流程等事项,将当事人需求的具体化,包括需要法律文本还是出具法律意见书、服务的时间节点和期限、合同背后交易基础信息等。

第二，资料搜集阶段。明确了当事人的服务需求和确定了合同背后的商业交易基本情况后，就要根据商业交易参与主体、交易目的、交易内容和模式、交易流程等，收集与本次商业交易相关所有文件、资料、邮件等，检索与本次商业交易相关的法律、法规、部门规章、司法解释、地方性法规、行业规范与标准、其他规范性文件（以下统称法律）等并汇编成册，以便起草合同具体条款时参考与备查。

第三，交易结构设计阶段。在初步明确合同背后的商业交易基本情况和进行初步的合法性审核后，就要根据具体商业交易基本情况从合同类型、合同主体、合同标的、合同程序四个方面，采取图表法、合同关系图、思维导图等形式，起草与本次商业交易相一致的交易结构设计详图。

第四，合同文本与条款确定阶段。根据当事人商业交易的基本情况确定了合同类型、合同主体、合同标的、合同程序等交易结构设计详图之后，就要理顺合同文本与条款结构，保持合同完整性和秩序性，针对合同的每个条款进行专业化和技术化处理，最终保证每个条款符合意思表达精准、具体明确、无歧义、可行性和利益保护最大化等基本要求。

第五，反馈复核阶段。合同初稿起草完成后，即便合同每个条款都拟写完毕，仍需要根据当事人的沟通反馈对内容（具体包括交易结构、合同形式、合同条款、合同语言等方面）和形式（具体包括文字校对、排版、封面制作、打印装订等方面）进行复核，尽可能实现合同完美性和完整性。

第六，成果提交阶段。合同起草定稿后，提交清洁版的电子合同文本，同时附上法律意见书或起草说明书。

2. 合同起草的理念设计。

第一，坚持促成交易的理念。在商业交易过程中，当事人双方签订合同目的都是鼓励交易、增加社会流动性和降低交易成本。因此，当我们在起草一份合同时，一定要秉承“鼓励交易、增加社会流动性和降低交易成本”的理念。在合同谈判沟通阶段应友好协商，尽量撮合；起草合同时，抓大放小，适当注重公平，做好风险控制，勿因小节损害交易进行；面对风险高的合同起草，尽量帮助客户达到交易目标。

第二，坚持全面思考的理念。在起草合同时，不要急于动手，要先动脑，把合同背后的各方面问题思考清楚，不仅要考虑负面和风险，还要考虑双方当事人的想法并与法律规定进行比对，同时要考虑合同相关利益主体、合同履行相关主体可能出现的状况,尽可能综合考虑影响合同起草各种因素,通盘思考。

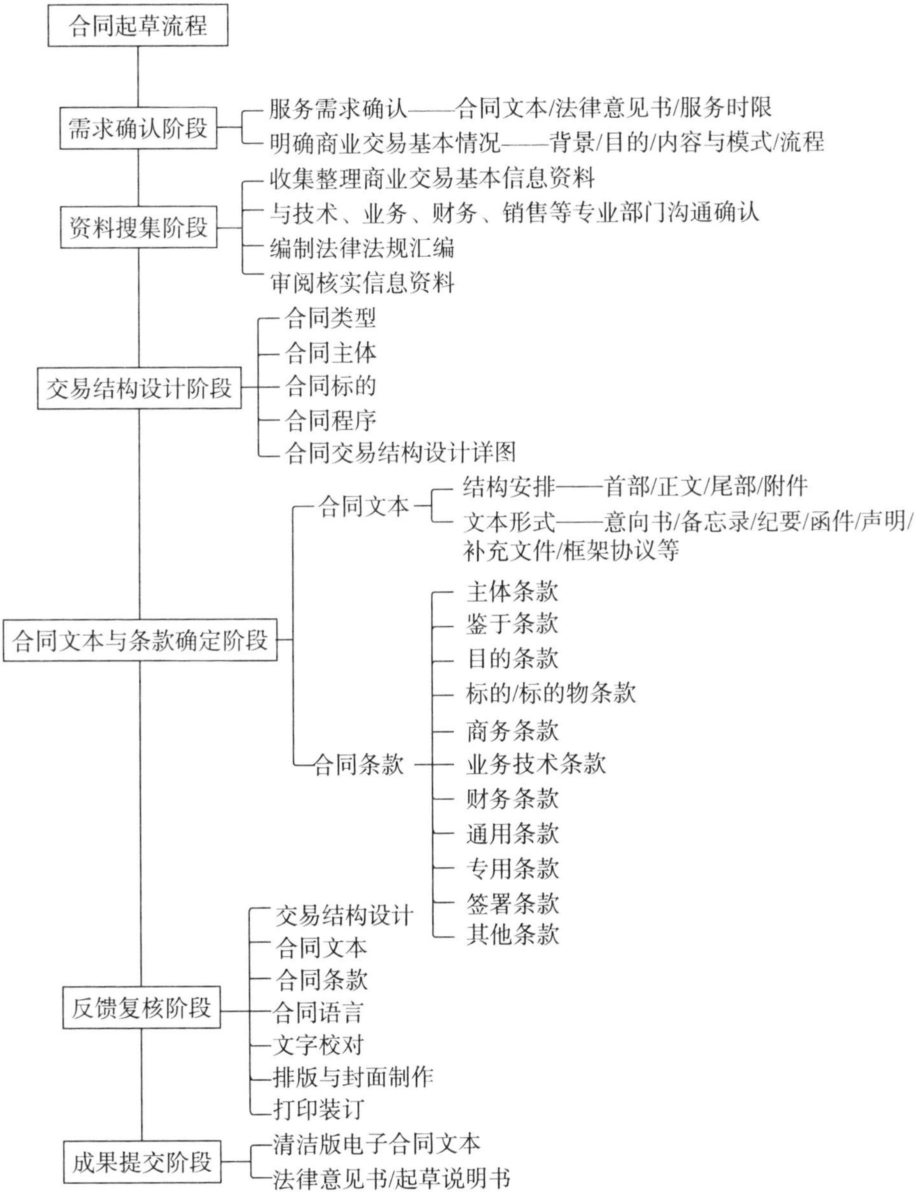

图 2-3 合同起草操作流程

第三，坚持理性决策的理念。在起草合同时，需要在商业交易不确定性下进行分析和决策，遵循理性预期原则①，结合考虑风险承受能力，对存在风险的各项事务进行判断和决策。我们应努力追求对合同交易行为结果的准确预估，如果结果难以估计，可能存在多种原因时，可进一步处理，如进一步了解合同相关事实与材料，加强法律检索；如不能整体作出评估，则可以对商业交易的某一部分、某一方面作出尽可能准确的评估。

第四，尽量避免绝对公平观，避免追求完美合同，避免一切以法律为中心。

3. 合同交易结构设计。

在起草合同时，必须从宏观上解决促成商业交易成功的问题，从合同类型（商业交易行为的内容）、合同主体（交易当事人）、合同标的（商业交易具体行为和模式）、合同程序四个方面进行交易结构设计，从而实现促成交易和防控风险之目的。

第一，合同类型。

合同类型的设计，取决于商业交易行为的内容和基础合同关系。对企业应收账款而言，其商业交易行为的内容一般包括货物买卖、租赁、技术服务与许可使用、劳务服务（包括中介、承揽、运输、保管、仓储、委托等）、建设工程、商业保理等，涉及企业应收账款相关的商业交易行为的合同类型通常包括买卖合同、服务合同、租赁合同、中介合同、承揽合同、运输合同、保管合同、仓储合同、委托合同、建设工程合同、行纪合同、保理合同等。

因此，我们在起草企业应收账款相关合同时，应结合所了解的商业交易的目的、内容、模式等基本情况，尽可能按照《民法典》和其他民商事法律有关典型合同或有名合同规定进行起草。以最为常见的货物买卖合同为例看合同类型的设计，如表2－1所示。

---

① 理性预测原则，是指根据方程效用 = Σ（概率 × 价值），对于每一个备选行动方案（决策树中每个主要的分支），我们都需要以其发生的概率，为其潜在后果赋予一个权重，然后把所有组成成分相加，从而产生一个概括性的评估，我们将其称为每一备选行动方案的期望效用，最后选择一个期望效用更高的数值，作为理性的决策。参见［美］雷德·海斯蒂、罗宾·道斯：《不确定世界的理性选择：判断与决策心理学》，谢晓非等译，人民邮电出版社2013年版，第27～31页，略有改动。

表 2-1 交易结构设计——合同类型

考虑因素	具体事项	解决方案
审查合同关系	交易主体、交易行为、交易标的、交易方式、商业惯例、例外规则	停止/调整/继续交易，固定/调整合同类型，确定风控重点/提示风险点
审查合同性质	法律渊源:《民法典》、《产品质量法》、《公司法》、《招标投标法》及其司法解释、行政法规、技术与质量标准与规范等	
交易需求匹配度	不符「　」 符合「　」 基本相符「　」	
交易模式	自由转让「　」 违法交易「　」 限制交易「　」 禁止交易「　」	

第二，合同主体。

针对合同主体的设计，需要了解交易对手和相关利益主体的基本情况，如对方是谁、对方资质如何、签约能力与履约能力、双方熟悉了解程度、交易历史、谈判地位、所处产业链位置、双方依存程度、关联关系的相关主体等。具体操作如表 2-2 所示。

表 2-2 交易结构设计——合同主体

类型	考虑因素与具体说明	解决方案
错误主体	1. 合同主体与交易主体不一致(非产权人、非所有权人、非权利人等不依法享有处分权、决策权等) 2. 列错了交易主体，如内部机构、办公室、业务部门等 3. 将不具备承担交易责任者误认为合同主体 4. 不能成为合同签约主体，如非所有权人等	法律尽职调查，调整/重新确定合同新主体
签约能力欠缺的主体	1. 无民事行为能力、限制民事行为能力的自然人 2. 未进行工商登记手续的企业或组织机构 3. 被吊销、注销的企业或者组织机构 4. 根本不存在的企业或组织机构	法律尽职调查，调整/重新确定合同新主体
履约能力欠缺的主体	1. 无相应许可、资质、资格等市场进入者 2. 被列入被执行人黑名单/失信被执行人名单/限制高消费的自然人 3. 无信用或信用等级低或存在严重信用问题的主体 4. 被破产重组或强制清算的主体、个人破产者	法律尽职调查，调整/重新确定合同新主体同时提供担保主体或合同保全措施
利益影响相关者	物权或权利共有人、权利受到限制的主体、家庭成员或近亲属、优先权人等	停止签约/变更合同主体或提供合同担保或保全措施

续表

类型	考虑因素与具体说明	解决方案
特殊主体	个人独资企业、个人工商户、农村承包经营户、合伙企业、政府机构、非营利机构	调整主体,履行合同审批、备案、登记等法定程序
关联主体	1. 母子公司 2. 总分公司 3. 投资或控股关系 4. 交叉持股或董事、监事、高级管理人员兼任	履行内部机构决策程序或提供合同担保或保全措施

第三,合同标的。

重点关注交易标的以及标的物基本情况、标的与标的物的性质与种类、标的物的权属情况、转让与交付的可行性和可操作性等因素,具体如表2-3所示。

表2-3　交易结构设计——合同标的

类型	考虑因素与具体说明	解决方案
禁止交易	国家法律明文禁止进行交易物品、资产或行为,或者不得从事或经营的商业活动	停止交易
限制交易	国家法律限制进行交易物品、资产或行为,或严格监管经营的商业活动	法律尽职调查,调整合同类型,改变交易或者与具备市场进入者进行合作
自由交易	防止合同欺诈或诈骗行为	法律尽职调查和确定风险防控点
标的种类	根据标的种类不同,如属于"禁止交易""限制交易"的	根据上述"禁止交易""限制交易"情况处理
权属不明的标的物	所有权不明、存在争议、未确权等	法律尽职调查,调整合同类型或合同主体,同时提供合同担保或保全措施
权属受限制的标的物	权利瑕疵、被查封或扣押、已被担保、存在交易禁售期、存在灭失风险等	法律尽职调查,调整合同类型或合同主体,暂停交易同时提供合同担保或保全措施

第四,合同程序。

重点在于该交易或合同成立、生效、变更等是否履行法定的合同程序,具体如表2－4所示。

表2－4　交易结构设计——合同程序

类型	考虑因素与具体说明	解决方案
批准程序	1. 涉及行政许可的交易事项 2. 涉及国有资产、国资委投资交易事项 3. 上市公司或市场准入门槛交易事项 4. 其他	获取批准，在合同成立或生效约定附条件与违约责任
登记手续	1. 物权交易事项 2. 知识产权交易事项 3. 股权类交易事项	办理登记手续，在合同成立或生效附条件与违约责任
备案	根据法律法规需要向国家有关机关进行备案	依法备案，在合同成立或生效附条件与违约责任
内部决策程序	主要是公司（特别是上市公司）、合伙企业/集体经济组织内部程序要求	履行程序，在合同成立或生效附条件与违约责任
挂牌/拍卖/招投标程序	主要是土地、国有资产、房屋、上市公司资产等产权依法需要履行特殊交易程序	履行法定程序，在合同成立或生效附条件与违约责任
通知公告	承租人/原股东/共有权人优先购买权	履行通知公告或按照约定
附加程序	公证程序、律师见证、机构鉴证	按照约定履行

4. 合同文本设计。

合同文本设计属于合同起草的外在形式要求，但与合同起草的内在质量同等重要，重点在于对合同各个条款、模块、组成部分进行科学合理的结构安排，同时保证合同文本形成一个完整严谨的合同体系。

第一，结构安排。起草一份完整合同，其结构和模块一般包括首部、正文、尾部和附件。

合同的首部包括合同标题、合同主体条款、鉴于条款等；合同正文是整个合同最重要也是比例最大的模块，基本上包括合同全部重要的条款，如交易目的条款、标的与标的物条款、商务条款、业务技术条款、财务条款、通用与专用条款（主要体现合同主体的权利义务条款）、违约责任条款、争议解决条款等；合同尾部包括签署条款、通信与送达条款等；合同附件一般要根据实际商业交易的情况，如设备买卖合同附件一般为《设备清单》《技术协议》《产品质量协议》《反商业贿赂协议》等。

第二，文本形式。合同文本形式多种多样，通常是以《××合同/协议》形式出现的，有些是以意向书、备忘录、纪要或会议记录、函件、声明、补充文件、框架协议、格式合同、阴阳合同、技术协议等形式出现的，无论以何种形式出现，合同文本设计同样需要考虑文本形式的法律性质、法律效力、相互关系、法律风险点等，具体如表2－5所示。

表2－5 交易结构设计——合同文本

合同形式	使用场景	法律风险点与注意事项
意向书	合同签约前谈判/磋商阶段	非正式合同，一般无法律约束力；如果签约需要明确法律效力。尽可能不要按照正式合同进行签署，但有些条款是具有约束力的，如保密条款、反不正当竞争条款、阳光条款等
备忘录/纪要/会议记录	合同签约后或履行中谈判/磋商阶段	非正式合同，经双方签字确认后具有法律效力，对原合同的补充
函件/声明	合同签约前、合同签约后或履行中谈判/磋商阶段	非正式合同，一般为单方面承诺、认可或确认行为，具有法律约束力；注意事实描述是否一致，对是否符合法律规定进行审查
补充文件/协议	合同签约后或履行中谈判/磋商阶段	非正式合同，为补充或变更性质的合同，具有法律约束力；按照正式合同文件进行审查和起草
框架协议	合同签约时	正式合同，具有法律效力，需结合具体单项或专项合同才具有可执行性和可操作性；不能完全代替具体单项或专项合同，注意整体与部分、包含与被包含、隶属与被隶属的法律关系
格式合同	事前预定好/与对方协商签约前	正式合同，具有法律效力，某些条款不具有法律效力；注意做好提示告知
阴阳合同	合同签约后为规避法律、税务、保密等目的	正式合同但可能是违法违规合同，避免使用，如果涉及规避法律、税务等则可能导致无效，谨慎使用，法律效力不确定问题
产品说明书/技术资料或协议	合同签约前	合同附件，具有效力；需要业务技术部门进行共同审核和起草，注意其是否与国际、国家、地方、行业、企业等标准和规范一致

5. 合同条款设计。

合同起草时，解决交易结构设计后，最为重要和具体的事务就是进行合同条款设计，这才是体现法律风险控制最有成效的工作，也是最难的工作。一份“完美”的合同，通常包括主体条款、鉴于条款、合同目的条款、标的或标的物条款、商务条款、业务技术条款、财务条款、通用条款、专用条款、签署条款和其他条款，这就构成整个合同全貌。

(1) 主体条款。

主体条款，是指描述合同签约双方当事人的主体基本情况的条款，通常包括交易对象的企业类型与性质、营业执照、住所或办公/通信地址、经营范围、统一社会信用代码、法定代表人、联系人与电话、联系方式（如微信、QQ 等）、邮箱地址等基本信息。可以在合同封面、首部或者尾部的签署条款中体现。具体如下：

「主体条款」

甲方系一家依据中华人民共和国法律注册成立并有效存续的有限责任公司，公司住所地位于「　」，经营范围为「　」，统一社会信用代码为「　」，合法持用中国「　」市场监督管理部门颁发的「　」证照，与本合同相关的行政许可证、资格与资质证书编号为「　」。

(2) 鉴于条款。

鉴于条款是正式合同条款的一种，主要是为了介绍合同的签约背景、交易目的、合同解释、相关事实确认等的附属条款，一般放在合同首部之后和正文之前。

如：

「鉴于条款」

鉴于，

乙方，是一家专业从事「　」交易的商事主体，依法获得国家、部委、地方政府授予的进出口经营权。

目前，对于“鉴于条款”的法律效力，司法实务界观点不一，但一般认为“鉴于条款”不具有法律效力，仅起到对合同正文的说明、解释或辅助作用。所以，建议在起草“鉴于条款”时，尽可能不要将涉及合同具体的实体和程序权利义务内容放入其中。

(3) 合同目的条款。

合同目的条款，是指合同主体对本合同涉及的商业交易目的、合作目标与宗旨进行描述的条款，可以单独列出一个条款，也可以与“鉴于条款”一起描述。一般可以抽象简洁地进行起草，不要与合同正文所体现的权利义务的合同目的完全一致，以采购货物合同为例：

「合同目的条款」

甲方基于自身产品集成和对外销售需要，乙方系专业从事「　」产品研发、设计、生产、加工、制造或销售的企业，在前述领域有着丰富的经验，具备值得信赖的生产能力。甲方合同目的系基于乙方或乙方所代理的生产商的科研能力、设计水平、工艺流程、品质体系以及生产能力的信赖，根据实际需求，决定向乙方采购一定数量产品作为甲方「　」产品的零配件，并将使用乙方产品生产制成的「　」产品用于全世界范围内的第三方销售等商业用途。乙方的合同系在完全履行本合同义务前提下收取本合同约定对价款。

(4)标的/标的物条款。

合同标的条款，是指描述合同当事人权利义务共同指向的对象，包括物、行为与智力成果的相关条款。

在企业应收账款相关合同标的条款中，必须对双方进行交易的物、行为和智力成果等进行特定化，必须清楚写明标的名称，从而界定双方权利义务。

如在《货物买卖合同》中的标的/标的物条款具体如下：

「标的/标的物条款」

第一条　甲方向乙方出售的「　」货物，具体状况如下表所示。

编号	品名	品种	商标	规格	数量	产地	包装标准与要求	质保期要求	产品标准	运输保管条件	单价	总价
合计：「　」元												

(5)商务条款。

商务条款是相较于合同技术条款而言，是指合同条款中的商务部分，是当事人自己需要权衡和决策的问题，主要是与经济利益密切相关的标的/标的物、交易模式、对价、期限、价格、保险等条款。具体以《产品买卖合同》为例：

「交易模式条款」

甲、乙双方一致同意，依照法律规定，双方采取如下交易模式采购本合同约定的产品和服务：

「　　」公开招投标　「　　」邀请招投标　「　　」竞争性谈判

「　　」单一来源采购　「　　」询价/协商　「　　」其他方式

特别是与国有企业或国有投资控股的企业发生商业交易时，要注意交易模式条款，因为根据《政府采购法》《招标投标法》等的规定，需要依照法定程序和条件进行采购或交易。

(6)业务技术条款。

业务技术条款是相较于合同商务条款而言，是指合同条款中的业务技术部分，是当事人自己需要权衡和决策的问题，主要是与业务技术规范和标准内容密切相关的知识产权(包括技术信息和资料的保密、技术成果的归属和收益的分配办法、验收标准和方法、名词和术语的解释)、商业秘密、保密、质量、质保等条款。

业务技术条款通常包括与履行合同有关的技术背景资料、可行性论证和技术评价报告、项目任务书和计划书、技术标准、技术规范、原始设计和工艺文件，以及其他技术文档，按照当事人的约定可以作为合同的组成部分。

常见于《设备买卖合同》《设备机器租赁合同》《建设工程合同》《承揽合同》《技术合同》的知识产权条款如下：

「知识产权条款」

甲、乙双方一致同意，本产品的设计方法、功能组合、产品结构、外观布局、功能实现方法、检测维护方法、使用说明等所有知识产权均归乙方所有，甲方保证无论本合同是否有效或者已经终止，未经乙方同意，不得借鉴乙方委托开发的技术，开发与本产品类型、结构、布局、功能与表现形式相同或者相类似的产品，本条款效力独立于本合同。

(7)财务条款。

财务条款，是指合同中描述的付款条件与期限、定金与保证金、发票与结算、税费等与财务直接利益相关的条款。如发票条款具体如下：

「发票条款」

收款方收到付款方按照本合同约定条件和期限支付款项之日起「　　」工作日内，依法开具对应金额的发票，并承诺保证开具的发票真实、合法、合规范，如果涉嫌虚开，应当向对方承担赔偿责任，并且承担补开合法发票的义务。

如果基于混合销售、兼营、退货等原因导致采购商品品种、价款等增值税专用发票记载项目发生变化，产生增值税专用发票作废、重开、补开、红字开具等问题，双方均应尽力积极配合解决之义务。

(8)通用条款。

通用条款，是指根据法律、行政法规、国家强制性标准和规定以及行业特点订立的通常使用的条款，常见于《建设工程合同》《技术合同》中，包括定义条款、解释条款、语言文字条款、适用法律标准与规范条款、图纸条款、工程师条款、项目经理条款、发包人工作条款、承包人工作条款、施工组织设计条款、工期条款、竣工条款、工程质量条款、验收条款、安全施工条款、结算条款、工程索赔条款、争议解决条款等。以《建设工程合同》为例，竣工结算条款具体如下：

「竣工结算条款」

工程竣工验收报告经发包人认可后28日内，承包人向发包人递交竣工结算报告及完整的结算资料，双方按照协议书约定的合同价款及专用条款约定的合同价款调整内容，进行工程竣工结算。

(9)专用条款。

专用条款，是指合同当事人根据法律、行政法规的规定，结合具体商业交易的实际，经协商达成一致意见的条款，是对通用条款的具体化、补充或修改。其法律效力优先于通用条款，具体条款与通用条款的名称一致，在《建设工程合同》《技术合同》中很常见，还是以《建设工程合同》为例，质量与验收条款具体如下：

「质量与验收条款」

17. 隐蔽工程和中间验收

双方约定中间验收部位：「　」

19. 工程试车

…………

19.5　试车费用的承担：「　」

(10)签署条款。

签署条款是属于合同尾部的条款，主要是约定合同当事人签署的主体、形式、生效时间、合同解释、效力优先等内容，同时包括签署页内容，具体如下：

「签署条款」

本合同由「　」方先行签字盖章，然后送交「　」方签字盖章后生效，本合同生效日以最后一签署方的实际签署日期为准。如果后一方实际签署日期不明、不能确定或者超过前一签署方日期「 」日的,则以前一签署方的签署日期加上「 」日确定为本合同生效日。本条款约定与本合同其他条款约定有矛盾不一致的,以本条款为准。

(11)其他条款。

其他条款,是指除合同首部、正文和尾部之外的另行约定的条款,主要是预留给合同当事人双方需要即时补充、变更和另行约定的条款,具体如下:

「其他条款」

双方需要另行约定的其他条款:「 」。

6. 合同技术性处理。

在合同起草过程中,除了需要针对合同流程规范、理念、交易结构、文本形式、具体条款等进行具体设计,还需要在合同语言表述、文字修辞、词句修改以及合同版面等方面进行技术性处理。

一份优质或完美的合同,肯定是语言表述清楚、明确,文字修辞简洁明了,词句长短适当、逻辑缜密,版面美观大方、庄重规范的合同。

(1)合同语言体系。

在起草合同时,对合同语言方面的基本要求是语言表述清楚、明确,文字修辞简洁明了,词句长短适当、逻辑缜密。

首先,避免出现语言歧义,如缺少句子成分、指代不明、并列关系错误、修辞错误、一词多义、标点符号使用错误等。

其次,选择适当准确的词汇。应按照现代汉语的分类方法,正确使用名词、动词、形容词、数词、量词、代词、介词、连词、副词、助词、感叹词、象声词等,尽可能采用中性色彩、精确程度高的专业术语和词汇进行描述。

最后,尽可能使用短句,少使用长单句和复句。如果必须使用长单句,确保整句主干清晰,句子成分关系要协调,掌握使用的尺度。单句中多使用否定句和被动句式。准确使用复句,灵活运用复句的不同式样和连接词,如并列复句、连贯复句、递进复句、选择复句、因果复句、转折复句、条件复句、补充复句、总分复句等,精准表达当事人的权利义务和意思表示。

(2)合同版面。

对合同版面来讲,只要做到美观大方、庄重规范即可。重点注意标题序号、公文格式、行距、标点符号、通用的纸张要求、排版和印制装订要求、公文格式各要素的编排规则以及合同公文的式样等。[①]

六、合同谈判

合同谈判是法律谈判的一种，是指发生在合同磋商和签署阶段进行的法律谈判。具体内容详见本书第十二章“法律谈判”章节。

文书范本9
《合同审查法律意见书》

第二节　合同管理制度

企业合同管理制度[②]是为加强企业合同管理，避免或降低合同签订、履行过程中的风险，提供企业经营效益，就合同管理机构设置、合同文本的使用、合同档案的保存、合同订立前的调查、合同谈判、合同条款的把握以及合同履行的监管等内容所确定的企业内部行为规范。

企业合同管理制度既包括静态的管理制度，也包括合同谈判、签订、履行等动态的管理机制。本节主要从静态的企业合同管理制度出发，针对合同管理机构设置、合同印章管理、合同档案管理和合同文本库等几个方面进行风险管控的讨论。

有关动态方面的企业合同管理机制，如合同谈判、合同订立、合同履行等方面分别在本章第一节、第三节以及本书第十二章“法律谈判”内容中进行了详细

---

① 关于合同文本的版面具体可以参考国家标准《党政机关公文格式》(GB/T 9704—2012)关于公文通用的纸张要求、排版和印制装订要求、公文格式各要素的编排规则以及公文的式样。关于标点服务用法，可参考国家语言文字工作委员会、新闻出版署修订发布的《标点符号用法》。

② 企业合同管理制度，包括静态的合同管理制度本身，以及自合同签订、履行、索赔、解除与终止等全过程动态管理相关制度的统称，合同管理制度详见文书范本10《合同管理制度》。

描述,本章节不再赘述。

一、合同管理机构

合同管理机构,广义上是指负责合同管理的企业内部机构,包括业务部门、信用管理部门、财务部门、合规管理部门、风险管理部门、人力资源管理部门、法律事务部门等。狭义上是指专门负责合同管理的企业内部的法律事务部门,该部门一般对企业总经理或财务管理部门负责人进行报告工作和负责。我们在此建议企业,应设立独立的合同管理机构,直接归属企业总经理或董事长领导。

(一)部门职责

合同管理部门的职责主要包括:

一是制定合同管理制度。按照国家有关合同法律法规,负责拟定企业具体的合同管理制度,由企业董事会批准后组织实施。

二是合同审核。负责企业拟签订的所有合同的审核工作,配合业务部门参与合同谈判,从法律的角度审核签约标准,发现问题,提示风险,提出法律意见或建议。

三是合同起草。负责起草企业内部标准合同范本,以及商业交易的合同文本。

四是监督合同履行。负责定期追踪各业务部门重大合同的履行情况,汇总企业合同执行总体情况,并就合同履行存在的问题提出法律意见和建议。

五是处理合同纠纷。当企业出现合同纠纷时,配合业务部门进行处理,及时采取法律措施,防止风险进一步扩大化。

六是合同台账管理。负责企业合同文本的登记归档,做好合同台账管理工作。

七是合同管理制度培训。负责合同管理制度培训,增强企业员工的合同管理意识。

(二)人员设置

企业除了设置专门的合同管理机构,还需要设置从事合同管理的专业岗位。

合同管理机构一般应由法律事务部门担任,并作为一个独立的部门存在,其部门负责人直接向企业总经理或董事长负责并汇报工作。部门人员组成应包括部门负责人(总监)、高级经理、经理、专员等不同级别的人员。

二、合同印章管理

合同签订、变更、补充与修订、解除与终止等都需要加盖企业印章。就合同而言,可以是企业公章,也可以是合同专用章。只要是在合同中加盖了印章,不管是公章还是合同专用章,都表示企业对合同内容的认可,对企业具有法律约束力,企业应按合同约定履行合同义务和承担责任。

因此,企业必须建立规范的合同印章管理制度并严格执行。

(一)印章种类

涉及合同签订相关的印章主要包括公章、合同专用章、法定代表人印章、业务部门印章等。

公章刻制与启用,必须到公安部门备案。合同专用章的刻制与启用,法律上没有明确规定,但也可以到工商登记管理部门进行备案。法定代表人印章与公章、合同专用章具有同样的法律效力,因此其刻制与启用,同样应到公安机关进行备案。业务部门印章不能用于合同签订,因此一般无须进行刻制和启用,如果已经刻制和启用,尽量不要启用业务部门印章进行合同签署。

(二)印章管理

企业应建立印章的刻制与启用、使用、废止等台账管理相关制度。

关于印章刻制,应根据印章的不同种类,依照企业内容审批流程,呈报公司法定代表人、总经理、部门经理等批准后,按照法律规定向不同部门进行备案[详见前文“(一)印章种类”相关内容]。

关于印章启用,印章刻制完成后,如需启用新的合同专用章,应按照企业内部流程发布通知进行公告,告知全体员工该合同专用章的启用时间、使用范围、管理部门、用印流程等。

关于印章使用,使用前均需履行批准与登记流程,使用人填写用印申请单,并获取相关部门和负责人的批准同意。

关于印章废止,如合同专用章作废时,应当发布停用通知,并指定合同管理部门进行封存,在一定期限后再销毁。

如印章(含公司公章、合同专用章等)遗失或被盗,企业应及时报警,同时登报声明遗失作废。

（三）法律风险

合同印章管理主要面临的法律风险是由于代理权引发的相关法律问题，如因无权代理引发的侵权和合同诈骗、虚假合同引发的无效合同、表见代理连带责任、伪造印章引发的刑事责任问题等。

三、合同档案管理

合同档案管理包括两个方面：一是合同台账管理，具体包括对合同签订、履行等情况进行登记、汇总和跟踪；二是合同档案保存管理，具体包括合同文本、资料、文件等进行归档、存卷等。

（一）合同台账管理

企业应当建立合同信息的登记制度，包括登记合同的签订情况（如合同种类、合同编号、合同涉及金额、标的物、订立日期、履行期限等）、主要合同内容，同时应定期跟进合同履行情况，采取交通红绿灯的形式对企业应收账款债权情况进行记录并制作《合同信息登记汇总表》（详见文书范本 11），防止呆账坏账的发生。

（二）合同档案保存管理

合同档案保存管理，主要是为了解决合同发生纠纷时举证和固定证据的问题。合同档案保存管理涉及相关资料文本包括：

一是合同文本本身；

二是合同订立过程中取得的法律文件，如意向书、项目建议书、招投标文件、授权委托书、谈判过程中形成的备忘录、会议纪要等；

三是合同履行过程中形成的法律文件，如货物运输证明、提单、货运单、交付证明、验收合格证明文件、催款通知书、售后服务记录等；

四是合同变更文件，如补充协议、变更协议、修订协议等；

五是与合同解除、终止相关文件，如违约事实证明文件、承诺函、声明函、解除通知函、诉讼法律文件等。

针对上述法律文件进行归类存档归卷保管，保管期限最好在 10 年以上，保密级别为高级。

四、建立合同文本库

每个企业都应该根据自己的实际经营情况建立示范合同或标准合同文本库，对常用的合同进行标准化、格式化，从而达到降低合同风险，减少合同管理人员审查合同工作负担的效果。

可以让企业内部的法律事务部门牵头或委托外部律师主导，根据企业的业务需求、交易模式，借鉴行业示范文本，建立合同文本库。以生产企业为例，常见合同包括采购合同、采购订单、销售合同、委托加工合同、承揽合同、技术服务合同、运输服务合同、房屋租赁合同、质量协议、采购框架协议、劳动合同、劳务外包合同等。

有效利用政府或者行业协会示范文本，以船舶制造企业为例，可以登录中国海事仲裁委员会官网下载标准示范合同，但企业应当根据自己业务的具体情况和特点加以修改、补充，不能简单地照搬照抄。

文书范本10 **《合同管理制度》**		**文书范本11** **《合同信息登记汇总表》**	

第三节　合同履行管理

当事人双方签署合同后，就要按照合同约定履行，在履行企业应收账款合同时也不例外。合同当事人应当全面地、适当地完成合同义务，使合同债权得以实现，从而达成合同目的使合同归于消灭。

在应收账款合同履行过程中，合同履行主体、内容、地点、期限、费用等具体内容如下：

一是合同履行的主体包括履行人和履行受领人。履行人是债务人，包括单独债务人、连带债务人和担保人；履行受领人即债权人。

二是合同履行的内容包括合同给付义务和附随义务。对于债务人而言，合同给付义务为向债权人按约定支付金钱即可;其附随义务则是支付金钱时履行向债权人提前或同时通知、告知即可。

三是合同履行的地点。一般是按照合同约定的履行地点,由债务人支付金钱或货币;如果没有约定或约定不明的,则由应收账款债务人在债权人所在地履行。

四是合同履行的期限。一般按照合同约定进行履行,如果未约定或约定不明确的,债务人可以随时履行;债权人也可以随时要求债务人支付金钱或货币,但应当给予债务人必要的准备时间。

五是合同履行的费用。有约定按约定,如果没有约定或约定不明确的,则由债务人负担履行费用。

一、基本原则

根据《民法典》的规定,合同履行应当坚持遵守约定原则、诚实信用原则、绿色原则。

1. 遵守约定原则。

遵守约定原则,又称约定必须信守原则,是指依法订立的合同对当事人具有法律约束力,合同约定了什么当事人就要履行什么,具体包括:

一是适当履行原则。合同当事人按照合同约定的履行主体、标的、时间、地点以及方式等履行,且均须适当,完全符合合同约定的要求。

二是全面履行原则。要求合同当事人按照合同所约定的各项条款,全部而完整地完成合同义务。

2. 诚实信用原则。

诚实信用原则,又称诚信原则,是指对一切合同及合同履行的一切方面均应根据合同性质、目的和交易习惯履行合同义务。具体包括:

一是协作履行原则。当事人基于诚实信用原则的要求,对对方当事人履行债务的行为给予协助,并及时通知、相互协作和予以保密。

二是经济合理原则。当事人在履行合同时应追求经济效益,以付出最小的成本,取得最佳的合同利益。

3. 绿色原则。

绿色原则,是指履行合同应当避免浪费资源、污染环境和破坏生态。

二、履行障碍

履行障碍，又称合同受阻，是指在合同订立后，由于某种客观情况导致合同无法继续履行下去或者继续履行会导致重大损失，从而阻却或者暂时中断合同履行的情况。通常法律规定了两种情形：一是不可抗力；二是情势变更。

（一）不可抗力

1. 构成要素。

不可抗力，①是指不能预见、不能避免且不能克服的客观情况。不可抗力由三个要素构成：一是客观情况；二是不能预见，即根据现有技术水平，缔约时不能合理预见该客观情况的发生；三是不能避免且不能克服，当客观情况发生时，当事人已经尽到最大努力和采取一切可以采取的措施，仍不能避免某种事件的发生并不能克服事件所造成的后果。

不可抗力的范围不是一成不变的，一般包括自然灾害、国家行为和社会异常事件，具体需依据法律规定的构成要件，并结合具体事故进行判断。如新冠肺炎疫情，一般被认为属于“不可抗力”事件。

2. 不可抗力的法律效力。

在合同履行过程中，因不可抗力不能履行合同的，通常存在三种情形：一是合同全部不能履行；二是合同部分不能履行；三是合同一时不能履行。

针对上述存在的不同情形，因不可抗力导致合同不能履行的法律效力不同。

如果合同全部不能履行致使不能实现合同目的的，当事人不承担民事责任，合同解除且合同关系归于消灭。

如果合同部分不能履行的，当事人可以协商变更合同，或者就不能履行部分进行解除。

如果合同一时不能履行的，当事人经过协商一致，可以变更合同，变更后合同继续履行；或者等待不可抗力结束后继续履行。

不可抗力发生时，当事人需在合理时间内履行告知义务，否则就需要对延迟通知产生的延迟履行而导致的损失承担赔偿责任。

---

① 详见《民法典》第 180 条第 2 款规定，不可抗力是不能预见、不能避免且不能克服的客观情况。

（二）情势变更

情势变更，[1]是指在合同成立后，订立合同的基础条件发生了当事人在订立合同时无法预见的，不属于商业风险的重大变化，仍然维持合同效力履行合同将对当事人一方明显不公平，受不利影响的当事人可以请求与对方重新协商，变更或解除合同并免除责任的合同效力规则。

1. 情势变更的构成要素。

在合同领域，对情势变更原则的适用条件非常严格，需要具备以下要素：一是存在导致变更或解除合同的基础条件发生的事实；二是须发生在合同成立以后履行完毕之前；三是情势变更的发生不可归责于当事人，当事人对其发生没有主观过错；四是须是当事人无法预料、不可预见的，不属于商业风险；五是继续履行合同将会产生显失公平的结果。

2. 情势变更的法律效力。

发生情势变更时，当事人可以重新协商；如果在合理期限内协商不成的，则可以请求变更或解除合同。

（三）注意事项

针对不可抗力和情势变更，企业应收账款的债权人进行风险预防措施是不同的。

对于不可抗力，只要发生了不可抗力事件，当事人一方的债权人应及时通知对方并在合理期限内提交证明文件，否则，由此导致损失扩大，不能免责。

对于情势变更，如发生合同履行的重大影响事件，导致合同履行对债权人有重大不利影响时，应积极主动与对方进行协商调整失衡的利益；如协商不成，在合理期限内，及时请求人民法院或者仲裁机构（存在仲裁条款时）进行变更或解除合同，避免损失进一步扩大。

三、履行抗辩

合同履行的抗辩，是指在符合法定条件时，当事人一方对抗对方当事人履行

---

[1] 详见《民法典》第533条规定，合同成立后，合同的基础条件发生了当事人在订立合同时无法预见的、不属于商业风险的重大变化，继续履行合同对于当事人一方明显不公平的，受不利影响的当事人可以与对方重新协商；在合同期限内协商不成的，当事人可以请求人民法院或者仲裁机构变更或解除合同。人民法院或者仲裁机构应当结合案件的实际情况，根据公平原则变更或者解除合同。

请求,暂时拒绝履行其债务。其本质只是在一定期限内中止合同的履行,并未消灭合同的履行效力,待产生抗辩的原因消失后,债务人仍应履行合同义务。合同履行抗辩包括同时履行抗辩权、先履行抗辩权和不安履行抗辩权。

(一)同时履行抗辩权

同时履行抗辩权,是指合同当事人一方在对方未对待给付之前,可拒绝履行自己的给付。[①] 具体内容包括一方在对方未履行之前有权拒绝对方的履行请求,一方在对方履行债务不符合约定时有权拒绝其相应的履行请求。

同时履行抗辩权的构成要件:一是须有同一双务合同互负债务,如常见的买卖合同。二是合同没有约定履行的先后顺序。三是双方互负的债务均已届清偿期。四是对方当事人未履行合同义务或者未按照约定履行合同义务。五是对方当事人的对待给付履行是可能的。

(二)先履行抗辩权

先履行抗辩权,是指根据法律规定或合同约定,双务合同的一方当事人应当先履行合同义务,先履行一方未履行或者未适当履行的,后履行一方有权拒绝为相应履行。[②] 先履行抗辩权适用于先履行一方违约的场合,但非强制性规定,当事人可以通过约定予以变更和调整。

先履行抗辩权的构成要件:一是合同当事人根据同一双务合同而互负债务。二是合同当事人的债务履行有先后顺序之分。三是应当先履行的一方当事人没有履行或者履行不符合合同约定。四是应当履行的债务是可能履行的。

(三)不安履行抗辩权

不安履行抗辩权,是指双务合同中一方当事人应当先履行合同义务,在合同订立之后履行之前,有确切证据证明后履行一方当事人将来有不履行或者不能履行合同的可能时,先履行一方可以暂时中止履行,并及时通知对方当事人在合理的期限内提供适当担保。如果对方在合理期限内提供了适当担保,则应当恢复履行;如果对方未能在合理期限内提供适当担保,则中止履行的一方可以解除合同。

---

① 详见《民法典》第525条规定,当事人互负债务,没有先后履行顺序的,应当同时履行。一方在对方履行之前有权拒绝其履行请求。一方在对方履行债务不符合约定时,有权拒绝其相应请求。

② 详见《民法典》第526条规定,当事人互负债务,有先后履行顺序,应当先履行债务一方未履行的,后履行一方有权拒绝其履行请求。先履行一方履行债务不符合约定的,后履行一方有权拒绝其相应的履行请求。

不安履行抗辩权的构成要件：一是双方当事人因同一双务合同互负债务。二是双方当事人约定一方应先履行义务，只有负有先履行义务的一方当事人才能行使不安抗辩权。三是后给付义务人的履行能力明显降低，有不能为对待给付的现实危险。四是后履行义务人在财产状况显著恶化等情况发生时没有为履行义务提供适当担保，包括经营状况严重恶化、转移财产、抽逃资金、丧失商业信誉以及有丧失或者可能丧失履行债务能力的其他情形。

不安履行抗辩权的法律效力有三种情形：中止履行、恢复履行和解除合同。

先履行义务的当事人如果要达到不安履行抗辩权的法律效力，前提就是依据法律规定就中止履行的事项及时通知对方。

一是中止履行。当先履行义务的当事人有证据证明并已经发出通知后，在后履行义务的当事人没有提供适当担保之前，可以中止履行。

二是恢复履行。当后履行义务的当事人接到先履行义务的当事人通知后，及时提供了适当担保的，先履行义务的当事人应当恢复合同履行。

三是解除合同。后履行义务的当事人接到中止通知后，在合同期限内没有恢复履行能力，也没有提供适当担保的，则先履行义务的当事人依法享有合同解除权。

（四）注意事项

对于债权人企业而言，在依法有效利用合同抗辩制度时，需要注意以下事项：

一是明确合同履行顺序。应收账款合同一般是双务合同，且存在明确约定的合同履行顺序，如货物买卖合同中，可以采取款到发货的履行顺序，当客户未按照合同约定支付预付款、定金等先付款的给付义务时，企业可以行使先履行抗辩权；如果采取货到付款的履行顺序，当客户存在履行能力明显降低、有不能为对待给付的现实危险，或者存在经营状况严重恶化、转移财产、抽逃资金、丧失商业信誉以及有丧失或者可能丧失履行债务能力的其他情形时，有权暂时中止履行交货义务，要求客户提供适当担保后继续履行交货义务。

二是做好客户商业信用尽职调查。企业不仅要在从事商业交易前做好客户商业信用尽职调查工作，在合同签订后的履行阶段，也要做好客户的商业信用管理工作，动态地及时了解清楚客户的持续履行合同能力，要求销售、信用管理、财务、法务等相关部门提供客户最新的商业信用报告，提前做好合同履行风险的预测和管理。

三是及时行使合同履行抗辩权。当企业发现客户出现法律规定的情形,特别是当客户存在履行能力明显降低、有不能为对待给付的现实危险,或者有丧失或者可能丧失履行债务能力等情形时,要及时通知工作人员暂时中止履行,并要求客户提供适当担保。

四、合同保全

合同保全,是指为了防止因债务人财产的不当减少致使债权人债权的实现受到危害,而设置的保全债务人责任财产的法律制度。具体包括债权人代位权和债权人撤销权。

本质都是用来保全债务人的总财产,增强债务人履行能力和偿债能力。由于合同保全制度,不管是债权人代位权还是债权人撤销权都涉及合同之外的第三人,属于对合同相对性原则的突破,因此适用时要求非常严格。

(一)债权人代位权

债权人代位权,是指当债务人怠于行使其享有的权利,以致影响其对第三人享有的权利,影响债权人债权实现时,债权人为了保全自己的债权,可以自己的名义代位行使债务人对第三人的权利的权利。①

本质上债权人代位权是债权的从权利,其以自己名义代债务人之位行使对相对人权利,目的在于保全债权,法律性质属于管理权。

代位权请求的范围仅限于到期债权,但因行使权利而产生的必要费用由债务人负担,同时代位权所产生的直接法律后果是由第三人向债权人履行清偿义务并归属债权人,债权人与债务人、债务人与第三人债权债务关系消灭。

债权人代位权构成要件:一是债权人对债务人的债权合法;二是债务人对第三人享有权利不属于债务人自身的权利(不具有专属性,是否包括纯粹的财产权利、为财产上利益而承认的权利、诉讼上的权利,目前存在争议);三是债务人

---

① 详见《民法典》第535条规定,因债务人怠于行使其债权或者与该债权有关的从权利,影响债权人的到期债权实现的,债权人可以向人民法院请求以自己的名义代位行使债务人对相对人的权利,但是该权利专属于债务人自身的除外。代位权的行使范围以债权人的到期债权为限。债权人行使代位权的必要费用,由债务人负担。相对人对债务人的抗辩,可以向债权人主张。

怠于行使其到期债权或相关的从权利；四是影响债权人到期债权的实现。

（二）债权人撤销权

债权人撤销权，是指债权人对于债务人所为的有害债权的行为，可以请求法院予以撤销的权利。[①] 具体包括两种情形：一是撤销债务人无偿行为；二是撤销债务人有偿行为。

撤销权的行使期限为自债权人知道或者应当知道撤销事由之日起 1 年内行使。自债务人的行为发生之日起 5 年内没有行使撤销权的，该撤销权消灭。

撤销权请求的范围仅限于到期债权，但因行使权利而产生的必要费用由债务人负担。

无论是撤销债务人无偿行为还是撤销债务人有偿行为，自该行为被撤销时始，自始没有法律约束力。

撤销债务人无偿行为，是指债权人依法享有的为保全其债权，对债务人无偿处分作为债务履行资力的现有财产，以及放弃其债权或者债权担保、恶意延长到期债权履行期限的行为，债权人有权请求法院予以撤销。

债权人对债务人无偿处分行为行使撤销权的要件包括：一是债权人与债务人之间有债权债务关系；二是债务人实施了处分财产的积极行为或放弃债权、放弃债权担保的消极行为；三是债务人的行为须有害于债权；四是无偿处分行为不必具备主观恶意。

撤销债务人有偿行为，是指债权人依法享有的为保全其债权，对债务人不合理的低价转让、不合理高价受让他人财产以及为他人的债务提供担保等行为，债权人有权请求法院予以撤销。

债权人对债务人有偿处分行为行使撤销权的要件包括：一是债权人与债务人之间有债权债务关系；二是债务人实施了明显不合理的低价处分财产的积极行为；三是行为人的行为须有害于债权；四是债务人有逃避债务的恶意，低价处分财产行为的受让人知道或者应当知道该情形。

---

① 详见《民法典》第 538 条规定，债务人以放弃其债权、放弃债权担保、无偿转让财产等方式处分财产权益，或者恶意延长其到期债权的履行期限，影响债权人的债权实现的，债权人可以请求人民法院撤销债务人的行为。第 539 条规定，债务人以明显不合理的低价转让财产、以明显不合理的高价受让他人财产或者为他人的债务提供担保，影响债权人的债权实现，债务人的相对人知道或者应当知道该情形的，债权人可以请求人民法院撤销债务人的行为。

（三）注意事项

合同保全一般发生在应收账款合同中债权人的合同义务已经接近履行完毕，债务人无法正常履行付款义务或者偿债能力降低时，债权人可以合理利用合同保全制度，从而为应收账款的法律清收做好基础工作，具体注意事项如下：

一是结合合同管理台账，及时掌握合同履行和债务人对外债权、资金流动的最新资讯和动态。不仅要掌握该笔应收账款合同的具体履行进展和动态，还要综合利用如信用管理、财务、法务等企业内部管理部门获取债务人对外债务债权、资金往来情况，特别是债务人的对外商业交易情况以及对外产生的债务债权的具体情况；也可以利用第三方征信资料获取相关信息。

二是及时采取恰当的法律手段，提前做好诉讼保全措施。一旦发生债务人出现怠于行使其到期债权或相关的从权利而影响到到期债权的实现，或者实施了明显不合理的低价处分财产、逃避债务等有害于债权的行为时，及时向管辖法院提起诉讼，同时做好诉前财产和证据保存措施。

五、合同变更

合同变更，①是指合同当事人根据法律、协商一致或裁判对合同内容进行变化、修订或补充的情形，具体包括协商变更、法定变更和裁判变更。

（一）协商变更

协商变更，是指合同当事人协商一致就原合同内容，如标的、数量、质量、价格、履行地点、履行方式、履行期限和违约责任等条款，进行重新约定和调整。

经合同当事人双方协议变更合同的，则按照变更后合同履行；如双方当事人对合同变更的内容约定不明确的，推定为未变更，仍按照原合同履行。

（二）法定变更

法定变更，是指合同当事人进行合同内容变更时必须根据法律规定办理批准等手续才能发生法律效力的情形。根据《民法典》第502条的规定，法律、行政法规规定变更合同事项应当办理批准、登记手续的，依照其规定。因此，法律、

① 根据《民法典》规定和主流观点，合同变更仅指合同内容的变更，而合同主体变更，则属于合同转让。

行政法规对变更合同事项有具体要求的，当事人应当按照有关规定办理相应的手续。如果没有履行法定程序，即使当事人已协议变更了合同，变更的内容也不发生法律效力。

(三)裁判变更

裁判变更，是指当合同基础条件发生了情势变更时，合同当事人在合理期限内协商不成的，当事人向人民法院或仲裁机构提出请求，且人民法院或仲裁机构结合案件的实际情况，根据公平原则变更合同的情形。[①]

(四)注意事项

对于企业应收账款的债权人而言，如果想通过合同变更制度保障和实现其债权，无论是协商变更，还是法定变更(当然裁判变更是无法协商解决的)，一定要通过签订书面的《合同变更协议书》(详见文书范本12)形式，严格按照合同订立流程将双方协商确定的具体明确的内容固定下来，以免变更内容约定不明确而导致无效，如涉及依法办理批准等手续的，同时按照法定程序办理批准等手续。

特别是在建设工程合同领域，存在很多任意实质性变更合同内容或者通过"黑白合同"规避法律规定的情形。审查者应及时发现问题，积极向有关行政主管部门举报，或纠正合同条款，从而避免可能导致合同无效或被撤销的情形。

六、合同转让

合同转让，是合同主体的变更，是指合同当事人将合同的全部或部分权利义务转让给第三人的情形。具体包括合同债权转让、合同债务转移、合同债务加入和合同概括转移。

法律上一般不禁止合同转让，但对合同债权存在如下情形的，不得进行转让，如根据债权性质、按照当事人约定、依照法律规定不得转让等。

(一)合同债权转让

合同债权转让，是指债权人通过协议将其享有的债权全部或部分转让给第

① 详见《民法典》第533条规定，同时参见本章第三节"合同履行管理"之"二、履行障碍"的"情势变更"部分内容，此处不再赘述。

三人的行为。

合同债权转让的构成要件包括：一是须有有效的债权存在；二是债权的转让人与受让人应达成转让协议；三是转让的债权必须是依法可以转让的债权；四是债权的转让协议须通知债务人。

合同债权转让的法律效力：债权人将债权转让给第三人，必须通知债务人且不得主动撤销，否则不发生法律效力，同时该债权的从权利一并进行转让；债务人接到债权通知后，其对于债权人依法享有的抗辩权可以向第三人进行主张，包括债务抵销。如因债权转让增加的履行费用由第三人负担。

（二）合同债务转移

合同债务转移，是指债务人将其负有的债务转让给第三人，由第三人取代债务人的地位，对债权人负责履行合同的行为。

合同债务转移的构成要件包括：一是须有有效的债务存在；二是转让的债务具有可转让性；三是须有债务转移的内容；四是须经债权人的同意。

合同债务转移的法律效力：债务人将其合同债务转让给第三人，必须经债权人同意，否则不发生法律效力。合同债务转移生效后，债务人退出，由第三人取代其法律地位，承担债权履行义务，同时应当承担与主债务有关的从义务，依法享有债务人对债权人的抗辩权利，但不得行使债务人对债权人享有的债务抵销权利。

（三）合同债务加入

合同债务加入，是指第三人与债务人约定加入债务，或者向债权人表示愿意加入债务，并就债务承担连带责任的行为。

合同债务加入的构成要件包括：一是第三人与债务人约定加入债务共同承担债务；二是第三人或债务人通知债权人，或向债权人表示，愿意加入债务共同承担债务；三是债权人同意，或者在合理期限内未明确表示拒绝。

合同债务加入的法律效力：第三人加入债务与债务人共同承担连带责任，同时共同承担与主债务有关的从义务，依法享有债务人对债权人的抗辩权利，但不得行使债务人对债权人享有的债务抵销权利。

（四）合同概括转移

合同概括转移，是指合同当事人一方经对方同意，将自己在合同中的权利义务一并转移给第三人，由第三人取代债权人或债务人概括地继受这些债权和债务的行为。法律效力在于原合同当事人一方将合同概括转让给第三人时,必须取得另一方当事人的同意,这样第三人将取代合同的原来当事人,成为新合同的当事人,一并承受整个债权债务。

(五)注意事项

无论是合同债权转让、合同债务转移、合同债务加入,还是合同概括转移,作为企业应收账款的债权人一方都必须与债务人、利害关系的第三人签署三方《合同转让协议书》(详见文书范本 13),并严格按照合同订立流程就合同转让的具体内容进行明确约定并履行相关通知手续或法律规定的办理、批准等手续。

七、合同解除

合同解除,是《民法典》规定的合同权利义务终止的情形之一,是指合同没有履行或没有完成履行之前,由于客观情况的变化或当事人的某些行为,致使合同的履行行为不可能或者不必要,当事人可以根据法律规定或约定的条件和程序,提前终止合同。

行使合同解除权,需要解除权成就为前提,在当事人约定的期限内或自解除权人知道或应当知道解除事由之日起 1 年内行使;同时应当通知对方或者以起诉或申请仲裁方式主张。

(一)合同解除的法律后果

合同解除的直接后果就是合同关系消灭,合同不再履行。合同解除后,尚未履行的,终止履行;已经履行的,根据履行情况和合同性质,当事人可以请求恢复原状或者采取其他补救措施,并有权请求赔偿损失。

如合同是因为违约导致被解除的,解除权人可以请求违约方承担违约责任,当然,如果双方约定不承担的除外。

对主合同解除后,担保人对债务人应当承担的民事责任仍应当承担担保责任,当然,担保合同约定不承担责任的除外。

(二)合同解除的类型

合同解除包括约定解除和法定解除两种类型。

1. 约定解除。

约定解除,是指合同当事人协商一致约定某种事由发生时,合同权利义务终止的情形。具体包括:一是须发生在合同有效成立后尚未履行完毕之前;二是当事人就解除合同协商一致;三是事先约定可以解除合同的具体事由,当该事由发生时,一方享有解除权。

因此,建议企业应收账款的债权人可以就解除合同的具体事由提前在合同条款进行约定,当具体解除事由发生时,在法定或约定期限内通过书面形式通知债务人。

2. 法定解除。

法定解除,是指合同成立生效后履行完毕前出现法律规定的情形时,拥有解除权的一方当事人可以单方行使解除权,终止合同权利义务的情形。

根据《民法典》第 563 条第 1 款的规定,有下列情形之一的,拥有解除权的一方当事人可以解除合同:一是因不可抗力致使不能实现合同目的;二是在履行期限届满前,当事人一方明确表示或者以自己的行为表明不履行主要债务;三是当事人一方迟延履行主要债务,经催告后在合理期限内仍未履行;四是当事人一方迟延履行债务或者有其他违约行为致使不能实现合同目的;五是法律规定的其他情形。

(三)注意事项

无论是约定解除,还是法定解除,只要发生了约定或法定解除事由,享有解除权一方当事人,应在法定或约定期限内及时通过书面形式向对方送达《解除合同通知书》(详见文书范本 14),写明解除的事实与理由、法律后果、法律责任等,方能最大限度地预防损失的扩大。同时做好合同解除后的事项处理和法律风险预防措施等,如债权相关的款项是否结清、违约责任的承担、解除合同的费用负担、后合同义务的履行问题、可能引发诉讼的法律风险与成本损失等。

八、合同终止

合同终止,即合同权利义务的终止,是指因一定法律事实的出现,当事人合同关系终止,合同确立的权利义务关系或债权债务关系消灭。

根据《民法典》第 557 条第 1 款的规定,合同终止的法定情形:债务已经履行、债务相互抵销、债务人依法将标的物提存、债权人免除债务、债权债务同归于一人、法律规定或当事人约定终止的其他情形、合同解除(详见本章第三节"合同履行管理”之“七、合同解除”内容)等。

(一)债务抵销

债务抵销,是指当事人互负给付债务,债务的标的物种类、品质相同的,当事人可以将自己的债务与对方的债务同时消灭。如果债务的标的物种类、品质不同,双方协商一致也可以抵销,具体包括法定抵销和约定抵销。

法定抵销,是指由法律规定两债权得以抵销的条件,当条件具备时,依当事人一方的意思表示即可发生抵销效力的抵销。但法律规定了破产程序、合伙企业债务、农村土地承包等债务类型不得进行抵销。

法定抵销应具备的要件包括:一是双方当事人必须互负债权债务;二是双方当事人所负债务的标的物种类、品质相同;三是对方债务须已届满清偿期;四是双方所负债务必须都属于可抵销的债务;五是一方当事人主张抵销的,应通知对方且不得附条件或附期限。

约定抵销,是指当事人双方基于协议而实行的抵销。约定抵销与法定抵销的最大区别:前者是由双方协商约定并不需要具备法律规定的条件出现,对于抵销的债务种类、品种、履行期限、程序都是自由约定的。

债务抵销后,合同中相应的债权债务关系消灭。

「实务操作」

对于法定的债务抵销,只要出现法定抵销的情形时,企业应收账款的债权人和债务人都可以主张进行抵销。但需要履行通知义务,向对方送达《债务抵销通知书》(详见文书范本15),不得附条件和附期限。

对于约定的债务抵销,即使互负债务标的物的种类、品质不同,只要双方协商一致,都可以进行抵销,因此作为企业应收账款的债权人,风险预防的重点工作应当放在与债务人就债务抵销签署《债权债务抵销协议书》(详见文书范本16)具体条款和内容上。

(二)提存

提存,是指债务人与债务已届履行期时,将无法给付的标的物提交给提存部门,以消灭债务的一种方式。

债务人采取提存方式消灭债权债务关系,应符合法律规定的情形:一是债权人无正当理由拒绝受领;二是债权人下落不明;三是债权人死亡未确定继承人、遗产管理人,或者丧失民事行为能力未确定监护人;四是法律规定的其他情形。

提存对象,可以是适合提存的标的物,也可以将标的物依法拍卖、变卖所得价款进行提存,但易腐败、腐烂、不适于提存或提存费用过高的除外。

提存部门,可以为法院或司法部门指定的公证机关等。

提存方式,债务人向提存部门提交提存申请书,经提存部门审核确定,提存成立后交付提存部门。

提存费用,由债权人负担,可以在提存款中扣除。

提存通知,提存成立后,债务人应及时通知债权人或其继承人、遗产管理人、监护人、财产代管理人等。

提存风险,由债权人承担。

提存效力,双方的债权债务关系消灭,债权人可以随时领取提存物,自提存之日起5年内不行使而消灭,扣除提存费用后归国家所有。

「实务操作」

对于企业应收账款的债权人而言,发生债务人提存可能性极低;如果发生了,那肯定是债权人内部债权债务管理出现了问题,及时与提存部门取得联系,依法提出异议或领取提存物,特别是要注意提存物领取和取回的5年不变期限,避免给债权实现带来进一步的经济损失。

(三)免除

免除,是指债权人抛弃债权,从而全部或部分消灭债权债务关系的单方法律行为。

符合债务免除的条件包括:一是免除的意思表示须向债务人发出并到达债务人或其代理人时生效;二是债权人须对被免除的债权具有处分能力;三是免除不得损害第三人利益。

「实务操作」

对于企业应收账款债权人而言,这种情况是绝对不可以出现的。但由于企业内部管理不规范、授权不明确,有可能导致债权人的代表人或代理人单方向债务人免除债务,因此,企业应收账款债权人要做好内部决策、合规、风险控制和法务管理,保证内外决策一致性,避免因内部职业经理人、代理人滥用职权、滥用代理权或者职业道德风险而给企业带来不必要的经济损失。

(四)混同

混同,是指债权债务归于一人从而导致债权债务的消灭。混同属于事件,与人的意志无关,故在此处不讨论。

建议企业应收账款的债权人只要做好内部的合同管理即可,可以从根源上杜绝此事件的发生。

九、违约责任

违约责任制度,是保障合同债权实现及债务履行的一项重要措施。根据《民法典》第577条的规定,当事人一方不履行合同义务或者履行合同义务不符合约定的,应当承担继续履行、采取补救措施或者赔偿损失等违约责任。

因此,违约责任具有以下四个特点:一是违约责任的产生是以合同债务存在为前提的;二是违约责任具有相对性,只能发生在合同关系的当事人之间;三是违约责任具有补偿性,旨在弥补或补偿因违约行为造成的损害后果;四是违约责任可以由当事人自由约定。

(一)归责原则

合同违约责任的归责,是指合同当事人因不履行合同义务的行为发生后,应以何种根据使其承担责任。归责原则非常重要,它会直接影响到违约责任的构成要件、举证责任的分配、损害赔偿的范围等。

违约责任是以"过错责任"还是"严格责任"作为归责原则呢?

根据《民法典》第577条的规定,当事人一方不履行合同义务或者履行合同义务不符合约定的,应当承担继续履行、采取补救措施或者赔偿损失等违约责任。我国对违约责任采取的是严格责任的归责原则,只有在法律明确规定的情形下,才适用过错责任作为例外和补充。①

我国法律规定,因当事人的违约行为需要承担违约责任,无论是严格责任,还是过错责任;但违约行为的当事人可以依照法律规定的事由而免除其违约责任,即免责事由。

---

① 详见《民法典》第578条规定,当事人一方明确表示或者以自己的行为表明不履行合同义务的,对方可以在履行期限届满前请求其承担违约责任。在"预期违约责任"中,采取的是过错归责,同样在"违约损害赔偿责任"中,也采取的是过错归责原则,具体详见《民法典》第582条规定,当事人一方不履行合同义务或者履行合同义务不符合约定的,在履行义务或者采取补救措施后,对方还有其他损失的,应当赔偿损失。

何种情形才能触发合同的免责事由呢?根据《民法典》的规定,合同履行的免责事由主要包括:一是不可抗力;二是债权人的过错;三是合同约定的免责事由,但不能排斥法律的强制性规定,不得排除给对方造成人身伤害的民事责任,以及不得排除故意或者重大过失责任;四是法律明确规定的其他情形,如标的物的自然损耗等。

(二)违约行为

违约行为,是指合同当事人违反合同约定不履行合同义务或履行合同不符合约定的行为,包括预期违约和实际违约两种形态。

1. 预期违约。

预期违约,是指在合同履行期限到来之前,一方以正当理由明确表示其履行期到来后将不履行合同,或者以其行为表明其在履行期限到来以后将不可能履行合同。具体包括明示毁约和默示毁约,两者的区别在于形式不同,前者是以明确的意思表示违约,后者则是以自己的行为表示违约。

预期违约本质上是一种可能违约,是对期待债权的侵害,非违约方可以选择不同的救济手段,如直接解除合同或者中止履行合同、主张损害赔偿责任或者实际未履行时主张违约责任等,向违约方主张权利。

无论是明示毁约,还是默示毁约,其构成要件包括:一是违约的时间必须发生在合同有效成立后至履行期限届满前;二是违约必须是对合同根本性义务的违反,不履行合同义务,从而导致合同目的落空;三是违约方不履行合同义务无正当理由。

2. 实际违约。

实际违约,是指在履行期限到来以后,当事人不履行或不完全履行合同义务的情形。主要包括不履行、不完全履行、不适当履行、迟延履行和提前履行。

不履行,即完全不履行(毁约)或拒绝履行,是指合同当事人不履行合同规定的债务,致使合同没有得到履行。

不完全履行,即部分履行,是指当事人只履行合同约定的部分债务,而其余部分则不予履行。

不适当履行,即瑕疵履行,是指合同当事人虽然履行了合同义务,但不符合合同约定,如标的物质量有瑕疵、履行方法不适当、履行地点不适当和其他履行不适当。

迟延履行,即延期履行,是指当事人在合同规定的履行期限届满后仍未履行合同义务或者履行合同时间超过了合同约定的期限。

提前履行,是指当事人在合同约定的履行期限到来之前就履行了合同。

3. 实务操作。

对于"违约行为"的风险管理,建议企业应收账款的债权人在合同起草"违约责任"条款时,就"违约行为"的具体行为、种类、认定规则和法律后果进行明确约定,具体以履行期限和履行地点相关的违约行为认定条款为例:

「违约行为认定条款」

若因乙方故意或重大过失原因,导致本合同约定交付货物未能于本合同签署之日起「 」日内到达甲方指定收货地点的视为违约,需承担每逾期一日按未交付货物价款的万分之一支付逾期违约金,但甲方应在请求交付货时提前「 」日以书面形式通知乙方,通知内容具体包括交货数量、质量要求、交货时间、交货地点和交货方式等。

(三)违约金

违约金,[①]是指当事人在合同中约定的或者由法律直接规定的一方违反合同约定时应向对方支付一定数额金钱的民事责任。根据违约金是否法定可以分为法定违约金和约定违约金,根据目的不同可以分为赔偿性违约金、惩罚性违约金和责任限制违约金。根据《民法典》第 585 条的规定,违约金具有补偿和惩罚性质。

根据目前司法实践,关于违约金支持标准主要有以下几种做法:一是按照当事人实际损失确定违约金;二是参照最高人民法院有关逾期付款违约金标准计算的批复予以调整;[②]三是以延迟给付 1 年的赔偿金额不超过欠付的本金为限予以调整;四是参照最高人民法院有关逾期付款违约金标准 4 倍计算违约金;五是以不超过合同未履行部分的总值为限酌情予以调整。

---

① 有关违约金的法律规定,详见《民法典》第 585 条规定,当事人可以约定一方违约时应当根据违约情况向对方支付一定数额的违约金,也可以约定因违约产生的损失赔偿额的计算方法。约定的违约金低于造成的损失的,人民法院或者仲裁机构可以根据当事人的请求予以增加;约定的违约金过分高于造成的损失的,人民法院或者仲裁机构可以根据当事人的请求予以适当减少。当事人就迟延履行约定违约金的,违约方支付违约金后,还应当履行债务。

② 详见《最高人民法院关于修改〈最高人民法院关于逾期付款违约金应当按照何种标准计算问题的批复〉的批复》。

同时,法院也会根据守约方的实际损失、合同履行程度、当事人过错、当事人缔约地位强弱等因素综合考量并进行适当调整。

因此,建议企业应收账款债权人在设计违约金条款时,可以参考上述标准,并尽可能具体描述违约金的计算方法和标准,因此,约定高于上述标准的违约金显然比较适宜。违约金条款可以约定如下:

「违约金条款」

如任何一方存在违约行为的,应当向守约方支付违约金,违约金自违约方违约行为认定之日起,每日按照合同总金额的千分之「一」累计计算。

因任何一方违约行为导致守约方的直接损失、间接损失、可获取的可预期利益、因违约行为导致本合同无法履行导致第三方索赔或起诉(仲裁)侵权所支出的合理必要费用等损失,不属于违约金范围,守约方有权另外主张赔偿金。

无论违约方是否支付违约金,均不因此导致任何一方有权中止、终止或者解除本合同,守约方有权继续要求对方全面、适当、按期履行本合同全部义务。

(四)定金

定金,是指当事人约定的,为保证债权的实现,由一方在履行前预先向对方给付的一定数量的货币或者金钱。

定金在法律性质上既是债的担保方式,也是违约责任的一种,特定情况下又是预付款。常见的订金、押金、留置金、担保金、保证金都不是定金。

比较常见的定金主要有解约定金和违约定金两种类型。解约定金,是指当事人通过定金的放弃和加倍返还而保留解除合同的权利和机会的定金;违约定金,是指在接受定金以后,一方当事人不履行合同,应当按照《民法典》第587条规定[①]的定金罚则予以制裁。

定金合同或条款,是实践性合同或条款,自实际交付定金时才成立,定金数额由当事人自由约定,但不得超过主合同标的额的20%,超过部分无效。

当合同中既有违约金条款又有定金条款,如何选择呢?

违约金和定金不可以同时并用,如果一方当事人违约的,对方可以选择违约金或者定金条款;如果选择了定金,定金不足以弥补一方违约造成的损失的,对

---

① 《民法典》第587条规定,债务人履行债务的,定金应当抵作价款或者收回。给付定金的一方不履行债务或者履行债务不符合约定,致使不能实现合同目的的,无权请求返还定金;收受定金的一方不履行债务或者履行债务不符合约定,致使不能实现合同目的的,应当双倍返还定金。

方可以请求赔偿超过定金数额的损失。[①] 定金可以与损失赔偿同时适用。在一定条件下,违约方受到了定金罚则后,仍需要继续履行合同。

因此,建议企业应收账款债权人在设计定金条款时可以参考如下例子:

「定金条款」

买方同意在签署本合同之日起「　」日内,向卖方支付定金人民币「　」元,作为签署和履行「　」合同的担保。双方签署本合同后,买方依据本合同支付的定金自动转为货物预付款。

除本合同另有约定外,如果卖方收到买方支付定金后拒绝签署本合同的,应向买方双倍返还定金;如买方支付定金后拒绝签署本合同的,卖方有权没收定金。

(五)赔偿损失

赔偿损失,是指违约方以支付金钱的方式弥补受害方因违约行为所造成的财产或者利益减少的一种责任形式。[②]

本书所称赔偿损失,仅指因违约所负的赔偿损失。赔偿损失不仅适用于有效合同的违约行为,也适用于无效合同所造成的损害赔偿。违约的赔偿损失包括法定的赔偿损失和约定的赔偿损失。

违约赔偿损失的范围可以由法律直接规定,也可以由双方当事人约定。

承担违约赔偿损失责任的构成要件包括:一是有违约行为,即当事人一方不履行合同义务或履行合同义务不符合约定的行为;二是违约行为造成了对方的损失,包括实际损失和可预期利益损失;[③]三是违约行为与对方损失之间有因果关系;无免责事由,如不可抗力等。

因此,建议企业应收账款债权人在设计损失赔偿条款时,尽可能在违约行为认定、损失范围、损害赔偿计算方法等方面进行明确约定,具体如下:

---

① 详见《民法典》第588条规定,当事人既约定违约金,又约定定金的,一方违约时,对方可以选择适用违约金或者定金条款。定金不足以弥补一方违约造成的损失的,对方可以请求赔偿超过定金数额的损失。

② 有关违约的赔偿损失相关规定,详见《民法典》第583条规定,当事人一方不履行合同义务或者履行合同义务不符合约定的,在履行义务或者采取补救措施后,对方还有其他损失的,应当赔偿损失。同时第584条规定,当事人一方不履行合同义务或者履行合同义务不符合约定,造成对方损失的,损失赔偿额应当相当于因违约所造成的损失,包括合同履行后可以获得的利益;但是,不得超过违约一方订立合同时预见到或者应当预见到的因违约可能造成的损失。

③ 由于可预期利益损失的不确定性,加之赔偿损失主张相关证据的缺乏,以及可预期利益损失计算标准的缺乏,目前司法实践中有关对可预期利益损失的主张很少得到法律的支持。

「损失赔偿条款」

因任何一方违约行为导致对方受到直接损失和间接损失，包括但不限于为履行合同所实际支出的各种费用，为证明违约行为及维权所支出的各种调查费、审计费、评估费、案件受理费、保全费、担保费、翻译费、司法鉴定费、律师费、公证费、差旅费等，如本合同顺利履行所预期获得的全部经济利益，因本合同无法履行导致被第三人索赔或者起诉（仲裁）侵权或违约所支出的所有费用，以及依据合同目的所预期获得的收益，均为损失赔偿范围。

上述损失赔偿计算方式为各项费用和损失合计；如涉及可预期利益损失的，则按照现行有效的财务会计和审计准则进行计算。

如上述损失赔偿金额无法确定的，则按照人民币「　　」元承担损失赔偿责任。

本条款可以与违约金条款同时适用并合并计算。

（六）继续履行

继续履行，即实际履行或强制履行，是指违约发生时，合同能够继续履行的情形下，一方当事人要求违约方按照合同约定继续承担合同义务。根据《民法典》的规定，继续履行分为金钱债务的继续履行和非金钱债务的继续履行。

继续履行的构成要件包括：一是存在违约行为；二是须有实际履行的可能；三是须有守约方合理期限内请求违约方继续履行合同债务的行为。

但是，法律上或是事实上不能履行、债务的标的不适于强制履行或者履行费用过高、债权人在合理期限内未要求履行、违反一般种类物的买卖合同、附履行期限的合同期限届满、具有加工承揽性质的合同不愿履行、存在主从合同未请求履行从合同、存在情势变更情形的合同等，守约方不得要求违约方继续履行合同。

在无法继续履行的情况下，守约方是否可以要求第三人替代履行呢？答案是可以。如果根据债务的性质不得强制履行的，对方可以请求其负担由第三人替代履行的费用。

（七）补救措施

根据《民法典》的规定，对于非金钱债务，如果债务人履行不符合约定，应当承担的违约责任主要是采取补救措施，如请求对方修理、重作、更换、退货、减少价款或者报酬等方式。①

作为企业应收账款的债权人，涉及债务人履行债务通常是金钱债务，即支付价款。因此存在的风险：因其违约而导致对方采取补救措施要求承担违约责任时，企业应收账款的债权人应如何应对该风险？

对于对方提出请求修理、重作、更换、退货、减少价款时，企业应收账款的债权人可以通过约定售后服务条款尽可能进行规避和触发该补救措施，具体条款如下：

「售后服务条款」

供方不可分割地对买方购买的货物提供持续的、免费的、高效的售后服务、技术支持和培训、问题解决方案（以下简称售后服务），具体内容如下：

一、咨询服务和技术支持。供方承诺在接到买方咨询电话或邮件咨询之时起最长不超过「　」小时内提供及时的答复和解决方案。如买方要求派员到现场进行检测或者调试的，供方具有专业资质的工程师或者解决方案专家应当在接到买方前述要求最长不超过「　」小时内到达现场检查标的货物，提出相应解决方案。

二、更换。质量保修期内，如交付标的货物不符合合同约定质量标准和要求，且导致货物无法正常使用或者不具备货物使用性能的，经双方书面确认后，供方承诺在最长不超过「　」小时内免费给予更换；如买方要求特快或者加急处理的，则需另行支付额外的更换费用。

三、修理。质量保修期内，如交付标的物虽不符合合同约定，但仍可以正常使用仅为降低了货物实用性能不够长更换的，经双方书面确认后，供方承诺在最长不超过「　」小时内给予免费修理；如质量保修期届满后，如需修理的，则买方另行支付修理费。

四、重作。质量保修期内，如交付标的物不符合合同约定且无法正常使用或者不具备货物使用性能，不能通过更换、修理等方式解决的，经双方书面确认后，供方承诺在最长不超过「　」小时内给予重作，但买方应提前「　」小时提供重作

---

① 关于补救措施的违约责任方式，详见《民法典》第582条规定，履行不符合约定的，应当按照当事人的约定承担违约责任。对违约责任没有约定或者约定不明确，依据本法第510条的规定仍不能确定的，受损害方根据标的的性质以及损失的大小，可以合理选择请求对方承担修理、重作、更换、退货、减少价款或者报酬等违约责任。

所需的技术图纸、资料、文件、晒图、设计方案、说明书等材料（以下简称技术文件）；质量保修期届满后，如需重作的，则买方另行支付重作费。

五、退货。质量保修期内，如交付标的物不符合合同约定且无法正常使用或者不具备货物使用性能，不能通过更换、修理、重作等方式解决的，买方有权给予退货处理；买方应提前「　」小时书面通知供方，当供方接到书面通知且收到技术文件后承诺最长不超过「　」小时内进行退货，并在退货处理不超过「　」小时内按照买方提供的银行对公账户进行全额退款处理。

六、减少价款。质量保修期内，如交付标的物虽不符合合同约定但不属于无法正常使用或者不具备货物使用性能的，买方可以选择减少价款的方式处理。如买方选择减少价款处理的，可共同委托中立的、具有相关资质的专业评估机构进行估价并出具估价报告，并以此作为减少价款处理的依据和标准，具体执行以双方另行签署有关协议为准执行。

上述有关更换、重作、修理、退货等处理的，买方应提前向供方交付有关证明文件和资料，并经过双方书面确认为准。

文书范本 12 《合同变更协议书》		文书范本 13 《合同转让协议书》	
文书范本 14 《解除合同通知书》		文书范本 15 《债务抵销通知书》	
文书范本 16 《债权债务抵销协议书》			

第三章 债权担保

债权担保，即债的担保，是指法律规定或当事人约定，以第三人信用或在特定财产上设定权利来确保特定债权实现为目的的制度。

债权担保根据担保的内容可以分为人的担保和物的担保。[①] 根据我国《民法典》的相关规定，法定担保方式包括保证、抵押、质押、留置。

对于应收账款债权人而言，不论是人的担保，还是物的担保，其最关心的就是，债务能否顺利清偿或债权能否顺利实现？

考虑到不同类型的担保各有优劣，为了最大限度地保障债权实现和应收账款的清偿，债权人企业最好选择人的担保和物的担保的两种结合。也就是说，选择“人保”和“物保”相结合的方式才是最优方案。

第一节 保 证

保证是指债权人和债务人以外的第三人（包括法人、其他组织或者自然人）作为保证人，以其信誉和不特定资产向债权人承诺，保证债务人履行债务，当债务人不履行债务时，由保证人按照约定履行债务或承担责任的担保方式。

保证涉及债权人、债务人和保证人三方主体的法律关系，这里的第三人就是保证人。保证法律关系如图3-1所示。

① 人的担保即保证，物的担保包括抵押、质押、留置。

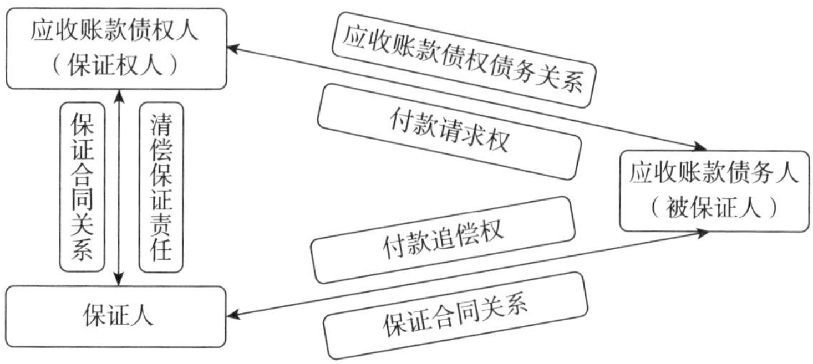

图 3-1 保证法律关系

一、保证人

（一）保证人资格

前文讲过，在企业应收账款债权担保中，应收账款的相关合同以外的第三人就是保证人，必须具有足以承担保证责任的财产，具有清偿债务能力的法人、非法人组织和自然人等。

（二）不能担任保证人

应收账款合同的债务人、机关法人、以公益为目的的非营利法人、非法人组织不得担任保证人。

（三）商业信息尽职调查

债权担保时，如果企业应收账款债权人要保障其债权顺利得到清偿，就必须对保证人的选任及其清偿债务能力进行尽职调查，并由企业内部负责信用管理的部门或第三方出具调查报告，具体调查主体、调查对象、调查内容、调查程序、调查渠道与方法等详见本书第一章“商业信用管理”第一节“商业信用尽职调查”之内容。

根据商业信用尽职调查报告，债权人应慎重进行评估、核实保证人的清偿债务能力并与保证人签署《保证合同》（详见文书范本 17）。

二、保证方式

根据《民法典》第 686 条第 1 款的规定，保证的方式包括一般保证和连带保证。

（一）一般保证

一般保证，是指在保证合同约定、没有约定或者约定不明确的，债务人不能履行债务时，由保证人承担保证责任的保证。

在债务人不能履行债务时，一般保证人并不是不需要承担保证责任，只是一般保证人依法享有先诉抗辩权，这是一般保证人与连带责任保证人最大的区别。

一般保证人只有在主合同纠纷未经审判或者仲裁，并就债务人财产依法强制执行仍不能履行债务前，有权拒绝向企业应收账款债权人承担保证责任，这是一般原则。

有原则就有例外，在以下情形下，一般保证人是不能行使先诉抗辩权的：

一是债务人下落不明，且无财产可供执行；二是人民法院已经受理债务人破产案件；三是债权人有证据证明债务人的财产不足以履行全部债务或者丧失履行债务能力；四是保证人书面表示放弃先诉抗辩权的权利。

（二）连带保证

连带保证，也称连带责任保证，是指在保证合同约定保证人和债务人对债务承担连带责任的保证。

连带保证人不享有先诉抗辩权，如债务人不履行到期债务或者发生保证合同约定的情形时，企业应收账款的债权人可以请求债务人履行债务，也可以请求连带责任保证人在其保证责任范围内承担连带保证责任。

三、保证责任

保证责任，是指在债务人不能履行债务时，保证人应当承担债务履行和实现债权的法律责任。

保证责任范围可以由当事人进行约定，根据《民法典》第 691 条的规定，保证责任范围包括主债权及其利息、违约金、损失赔偿金和实现债权的费用。

保证责任的范围并不是一成不变的，保证责任的范围受到法律规定、主合同、保证期限、合同变更和转让、债务转移、抗辩、撤销等因素影响而发生变化，具体如下：

1. 当事人就保证责任的范围进行了具体约定，从其约定。

2. 企业应收账款的合同无效导致保证无效的，债权人、债务人、保证人根据各自过错各自承担相应的民事责任。

3. 保证期限届满,债权人未在保证期间内提起诉讼或申请仲裁的,或者未在保证期间请求保证人承担保证责任的,保证人不承担保证责任。

4. 未经保证人书面同意,主合同发生变更的,按照有利于保证人原则处理。

5. 未通知保证人发生债权转让,或者未经保证人书面同意发生债务转移,对保证人不发生效力。

6. 债务抵销或债权撤销时,保证人在相应范围内拒绝承担保证责任。

7. 同一债务有两个以上保证人的,可以约定保证份额,按照份额承担保证责任。如未约定份额的,债权人可以要求任何一个保证人在其保证范围内承担保证责任。

四、保证合同设计

保证合同,①是指为保障债权的实现,保证人和债权人约定,当债务人不履行到期债务或者发生当事人约定的情形时,保证人履行债务或者承担责任的合同。保证合同是主债权债务合同的从合同,在企业应收账款领域,就是企业应收账款合同的从合同。

为了使债权人的应收账款能够顺利得到清偿,我们就要对保证合同做好设计,避免从源头上带来风险,可以从风险点和源头上进行具体的条款设计:

1. 保证人资格条款。

风险点是保证人是否具有保证人资格,常见的风险点在保证人是国家机关、学校、幼儿园、医院等以公益为目的的事业单位社会团体、企业法人的分支机构、职能部门,分支机构提供担保未经过总公司的同意,法人机构提供担保未经过董事会或股东会决议,保证人不具有债务清偿能力等。

2. 保证种类。

风险点在于保证种类不明确,如多个保证人提供保证时,未明确是连带保证还是份额保证;没有明确是一般保证还是连带保证。

① 关于保证合同的具体条款,详见文书范本17《保证合同》。

3. 应收账款债权。

风险点在于保证对应的债权不清晰和没有特定，如主债务具体数额、履行期限、利息及其计算方法等，合同编号、金额数字、字母大小写不一致或非一一对应等，特别是最高额保证的，对应主债务的计算和累积计算方法是否明确和清晰。

4. 保证责任。

风险点在于保证责任范围是否明确具体，如担保责任范围是否包括主债权及其利息、违约金、损失赔偿金、实现债权的合理必要费用等，都要具体进行约定。以实现债权合理必要费用为例，通常可以约定包括差旅费、食宿费、诉讼费、保全费和担保费、律师费、公证费、翻译费、司法鉴定费、调查费、档案费等。

5. 保证期间。

风险点在于保证期间是否存在约定，通常应约定为自主债务履行期限届满之日起一定期限作为保证期间，不要低于 6 个月，当然是越长越好。

6. 保证责任顺序。

风险点在于保证责任的顺序是否作出约定，如果同时存在人保和物保时，一般将物保放在优先于人保的顺序。

7. 保证责任安排。

风险点在于应收账款合同发生变更、转让时效力如何安排问题，如发生主债权转让、债务转移、主债务延期、债务抵销和撤销情况时，对保证责任作出有利于债权人和债务清偿的处理，合理安排保证责任。

8. 合同效力。

风险点在于主债权合同与保证合同的效力问题，严格审查主合同的合法性和有效性，对保证合同独立性作出适当安排。

9. 风险通知。

风险点在于保证人的偿债能力下降如何预防，可以要求保证人定期披露和维持其资信及代为清偿能力，当出现资信和清偿能力下降时，及时通知债权人并做好债权保全措施。

10. 违约责任。

风险点在于明确保证人违约行为认定问题，对保证人提供虚假资信、代为清偿能力或者违反合同约定义务、违反保证责任的行为进行明确，并有具体的补救措施和惩罚机制。

11. 送达条款。

风险点在于是否明确约定送达地址、联系人与联系方式、送达变更等问题,明确送达地址、联系人信息、送达方式以及变更送达的法律后果。

12. 争议解决。

风险点在于管辖权条款问题,尽可能选择符合实际交易连接点的管辖法院或仲裁机构。

五、承诺函①

承诺函,又称保证函或担保函,是债务人及债务人以外的第三人发给债权人的一种书面陈述,通常是政府或母公司分别为政府下属机构或者子公司的债务向债权人出具的书面文书,表明该第三人对债务人清偿债务承担道义上的责任,或者是作为关联企业对债务人的经营状况和资产状况等作出保证,或督促债务人清偿债务等信息。

承诺函不是保证合同,一般不具有法律约束力;但作为一种书面表述,在特殊情况下,可以构成保证合同。在司法实践中,承诺函的出具人是否为保证人并承担保证责任,需要从以下几个方面进行综合考量:

一是结合承诺函产生的社会背景与用途;二是从承诺函出具人的主体身份判断;三是从函件名称判断;四是从函件内容判断;五是从债权人催收债权的情况判断。

对于企业应收账款债权人而言,为了保障债权实现和债务清偿,在条件允许的情况下,尽可能让出具承诺函的承诺人就主债权确认、债务履行保障、保证意思、保证责任范围、保证期限等具体内容,向符合《民法典》规定的保证合同相关条款上靠拢,把承诺函做成保证合同,最大限度地保障债权实现和债务得到清偿。

---

① 本书所称承诺函、保证函或担保函等函件无本质区分,为同一函件,但与独立保函具有本质区别,不能混同,特此说明。关于承诺函的法律性质,目前法学理论和司法实践都具有不同观点和看法,本书采取通说认为承诺函法律性质上不属于担保。关于承诺函的具体内容拟写,请参考文书范本 18《承诺函》。

文书范本 17 《保证合同》		**文书范本 18** 《承诺函》	

第二节 担保物权

担保物权,是指在债务人不履行到期债务或者发生当事人约定实现担保物权的情形,债权人依法享有就担保财产优先受偿的权利。根据《民法典》的规定,担保物权适用于借贷、买卖等民事活动中发生的债权债务关系,企业应收账款债权是一种付款请求权,即金钱债权,属于民事债权债务关系,因此企业应收账款同样可以适用。

设立担保物权一般是订立担保合同(包括抵押合同、质押合同等),是主债权债务合同的从合同,如果主债权债务合同无效,则担保合同无效。担保物权的担保范围基本跟保证一样,也包括主债权及其利息、违约金、损害赔偿金、保管担保财产和实现担保物权的费用,当然当事人可以另外约定。由于担保物权法律性质属于在财产(物)上设立一种权利,如果担保财产在担保期间发生毁损、灭失或者被征收时,债权人可以就该财产获得的保险金、赔偿金或者补偿金等获得优先受偿的权利。第三人提供财产担保时,未经其书面同意,债权人同意债务人转移债务的,担保人不再承担相应的担保责任。

当一个债权上既有人的担保(保证),又有物的担保,债务人不履行到期债务时,债权人应当按照约定实现债权;如没有约定或约定不明确,债权人应当就债务人自己提供物的担保实现债权,再对第三人提供物的担保实现债权,也可以要求保证人承担保证责任。

担保物权包括抵押、质押、留置。

一、抵押

抵押,是指为担保债务的履行,债务人或者第三人不转移财产的占有,当债务人不履行到期债务或者发生当事人约定的情形时,债权人有权就该财产优先受偿。

抵押涉及债权人、债务人和抵押人(有时抵押人与债务人为同一主体)之间的法律关系,具体如图3－2所示。

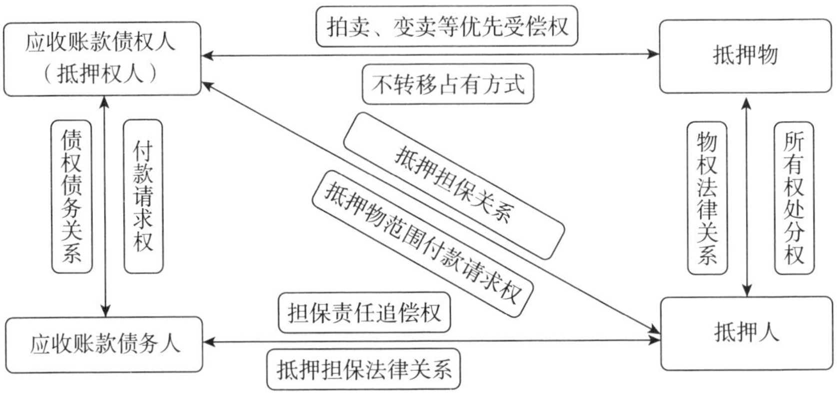

图3－2 债权人、债务人和抵押人之间的法律关系

根据《民法典》第395条的规定,[①]可以抵押的财产主要包括不动产、动产或者权利。但不是所有的财产都可以进行抵押,[②]如土地所有权、集体土地的使用权、非营利法人的财产、有争议的财产、被查封扣押监管的财产等,不能作为抵押的财产可能是权属不明确、非法性财产、转让受限制,也可能是法律上不允许进行抵押。

法律规定的抵押类型具体包括不动产抵押、动产抵押、浮动抵押和最高额抵押。

(一)不动产抵押

不动产抵押,是指债务人或者第三人将不动产,以不转移占有的方式作为债务履行的担保。可以作为该抵押的财产包括建筑物和其他土地附着物、建设用

① 详见《民法典》第395条第1款规定,债务人或者第三人有权处分的下列财产可以抵押:(1)建筑物和其他土地附着物;(2)建设用地使用权;(3)海域使用权;(4)生产设备、原材料、半成品、产品;(5)正在建造的建筑物、船舶、航空器;(6)交通运输工具;(7)法律、行政法规未禁止抵押的其他财产。

② 详见《民法典》第399条规定,下列财产不得抵押:(1)土地所有权;(2)宅基地、自留地、自留山等集体所有土地的使用权,但是法律规定可以抵押的除外;(3)学校、幼儿园、医疗机构等为公益目的成立的非营利法人的教育设施、医疗卫生设施和其他公益设施;(4)所有权、使用权不明或者有争议的财产;(5)依法被查封、扣押、监管的财产;(6)法律、行政法规规定不得抵押的其他财产。

地使用权、海域使用权、正在建造的建筑物,最为常见的就是房屋抵押。

要发生不动产抵押的法律效力,必须按照法律规定进行抵押登记,抵押权自登记时设立。

(二)动产抵押

动产抵押,是指债务人或者第三人将动产,以不转移占有的方式作为债务履行的担保。可以作为该抵押的财产包括生产设备、原材料、半成品、产品、正在建造的船舶、航空器、交通运输工具等。

动产抵押以动产抵押合同生效时设立,与不动产抵押不同的是,如果动产抵押未办理登记的,不得对抗善意第三人。所以,建议债权人对动产抵押办理登记手续。

(三)浮动抵押

如果企业、个体工商户、农业生产经营者需要抵押融资时,可以将其所有的全部财产包括现有的以及将有的生产设备、原材料、半成品、产品为标的设立动产抵押,当债务人不履行到期债务时,债权人可以就上述抵押财产确定时的动产优先受偿,这就是浮动抵押。

浮动抵押,本质上是动产抵押,与动产抵押不同的是:一是不像一般动产抵押,抵押财产在合同约定前就是确定的;浮动抵押财产是不断发生变化的,只有到约定或者法定的事由发生时,抵押财产才确定。二是抵押期间,一般动产抵押人未征得债权人同意是不可以自行处分抵押财产的。但浮动抵押人只要不是恶意的,都可以不必经债权人同意自由处分抵押财产。

(四)最高额抵押

最高额抵押,是指债务人或者第三人对一定期间将要连续发生的债权提供担保财产的,债务人不履行到期债务或者发生当事人约定的实现抵押权的情形,债权人有权在最高债权额限度内就该担保财产优先受偿。与上述不动产抵押、动产抵押、浮动抵押不同的是,最高额抵押是一种限额抵押,是债务人为将来发生的债权提供担保,所担保的债权是确定的但实际发生不确定而已,同时也是一种持续或连续性的债权担保,既可以是不动产也可以是动产作为抵押财产提供担保。

(五)抵押合同设计[①]

抵押合同,是指抵押人(债务人或第三人)与抵押权人(债权人)订立的有关

---

① 关于抵押合同设计有关具体条款,详见文书范本 19《不动产抵押合同》和文书范本 20《动产抵押合同》。

抵押权、明确双方抵押权利义务关系的协议。

抵押合同属于应收账款合同的从合同，抵押合同与应收账款合同的成立与生效一样。债权人要导致抵押权的产生，对于《不动产抵押合同》而言，除签署《不动产抵押合同》外，取得法律约束力还需要办理抵押公示登记；对于《动产抵押合同》而言，虽然不像《不动产抵押合同》一样需要办理抵押公示登记，但为了保证债权的实现和对抗效力，同样需要办理抵押公示登记。

1. 抵押财产条款。

抵押物不存在《民法典》第 399 条规定的禁止抵押的财产范围，如抵押物为建筑物，该建筑物占用范围内的建设用地使用权一并抵押；如抵押物为建设用地使用权的，则该土地上的建筑物一并抵押。同样，使用虚假的不动产权证书办理的不动产抵押无效。

2. 流押条款。

流押条款，是指抵押权人与抵押人约定，当债务人届期不履行债务时，抵押权人有权直接取得抵押财产所有权的条款。该条款是无效的。实务中，可以约定“当债务人不履行到期债务时，债权人可以抵押物折价方式清偿债务”，这就是通常所说的“以物抵债条款或者协议”。[①]

3. 抵押权生效条款。

对于不动产抵押而言，签署《不动产抵押合同》仅发生合同效力，但不能启动不动产抵押权，按照法律规定，必须依法办理公示登记，因此在《不动产抵押合同》应当设计“抵押权生效条款”，如本合同签署后应在「 」日内，双方到不动产登记机构办理不动产抵押登记，否则抵押人应承担违约金「 」。

对于动产抵押而言，《动产抵押合同》成立生效，就启动了动产抵押权的效力，但是为了保障债权顺利实现，双方同样应当设计“抵押权生效条款”，如本合同签署后应在「 」日内，双方到动产登记机构办理动产抵押登记，否则抵押人应承担违约金「 」。

4. 抵押财产禁止转让条款。

虽然法律没有禁止抵押人不能转让抵押财产，但为了保障债权实现，应当设计“抵押物禁止转让条款”，并同时约定违约金和损失赔偿条款，以防抵押人不

---

① 有关以物抵债，参见本书第二部分“盘活处置管理”的第五章“以物抵债”。

当处分抵押财产或者非法转移财产逃避债务。

5. 抵押权自由转让条款。

对于债权人而言，抵押权是一项可以自由处分的权利，因此应当在合同中约定，债权人对抵押人依法享有的抵押权可以自由转让给第三人，无须抵押人同意的条款。

6. 抵押保全条款。

无论是不动产抵押，还是动产抵押，该抵押财产都是抵押人占有，而不是债权人进行转移占有，因此为抵押人非法处分抵押财产提供了便利条件。因此，应当设计好"抵押保全条款"，如抵押人未征得债权人同意，私自处分抵押财产导致抵押财产价值减少时，必须按照债权人要求或法律规定提供保全措施，恢复抵押财产的担保价值，否则债权人可以提前要求债务人清偿债务。

7. 抵押权利实现条款。

抵押担保的目的在于，当债务人不能如期履行债务时，债权人有权按照双方约定的方式或者法定的方式实现抵押权，如折价、拍卖、变卖等。实务中应注意以下几个问题：

一是同一个抵押财产上多个抵押权的抵押权顺序问题。在解决该问题时，可以设计合同条款为，"本合同约定的抵押财产，债权人的抵押权为排他性的、唯一的抵押权，优先于该抵押财产上任何第三人的优先受偿的权利"。但仅仅约定是不够的，还需要对该抵押财产进行法律尽职调查和排查。

二是担保财产上既有抵押权又有质押权的清偿顺序问题。根据《民法典》的规定，同一个抵押财产上既有抵押权又有质押权的清偿顺序是按照登记、交付的时间先后确定的。因此，建议债权人除约定"债权人对该抵押财产拥有唯一的、排他性的优先于任何第三人的优先受偿的权利"条款外，必须结合法律尽职调查进行排查；否则，就算是约定了上述条款也不能约束抵押人。

三是不动产抵押财产新增部分如何实现抵押权问题。抵押人将建设用地使用权进行抵押时，如果在土地上新增了建筑物，按照法律规定是不属于抵押财产范围的，因此建议债权人及时就原来《不动产抵押合同》进行变更或补充，将新增的建筑物归入抵押财产的范围，这样就能更有效地保障债权的实现。

8. 抵押财产的租赁权冲突处理条款。

根据《民法典》第 405 条的规定，抵押权设立前，抵押财产已经出租并转移占有的，原租赁关系不受该抵押权的影响。因此，考虑到该条属于法律强制性规定，双方不能通过合同约定进行排除，债权人必须提前就要考虑到该抵押财产上是否存在租赁权以及冲突处理问题。

建议债权人先要对抵押财产进行法律尽职调查确定该租赁权形成合同和实际履行情况，可以通过抵押权生效条款进行约定，如本合同签署成立和生效前，抵押人必须保证该抵押财产不存在任何第三人主张任何权利等权利瑕疵的情况，如存在则抵押人必须在本合同签署前「　」日内进行涤除处理并解决，保证该抵押财产不存在任何第三人主张权利等权利瑕疵问题。

二、质押

质押，是指债务人或者第三人将其动产或者依法可转让的财产权利出质给债权人占有，债务人不履行到期债务或者发生当事人约定的实现质权的情形，债权人有权就该动产或者财产权利优先受偿。质押涉及债权人、债务人和质押人（有时抵押人与债务人为同一主体）之间的法律关系，具体如图 3 - 3 所示。

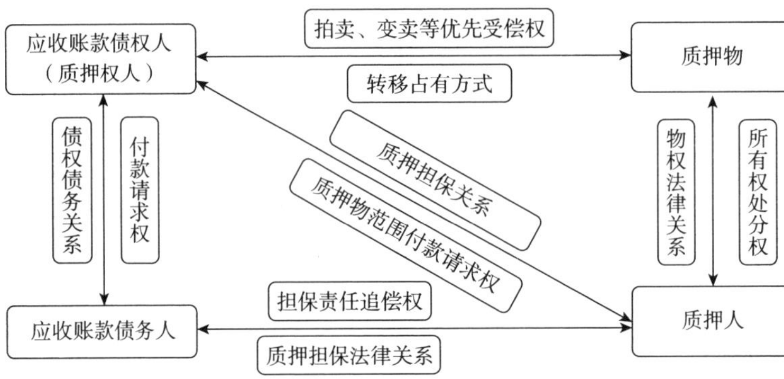

图 3 - 3　债权人、债务人和质押人之间的法律关系

构成质押需要具备的条件：(1) 以动产或者财产权利为限；(2) 必须是依法可以转让的动产或者财产权利；(3) 必须是不违背现行法规定以及权利性质的动产或者财产权利。

根据《民法典》的规定，质押包括动产质押和权利质押。

（一）动产质押

动产质押，是指债务人或者第三人将其动产出质给债权人占有，债务人不履行到期债务或者发生当事人约定的实现质权的情形,债权人有权就该动产优先受偿。

动产质押与动产抵押最大的区别是,是否需要转移占有,前者需要质押人将动产转移给债权人占有,后者则不需要。债权人在设立动产质押时,需要注意的是,法律、行政法规禁止转让的动产是不能进行质押的,如毒品、管制枪支等。动产质押是在出质人将动产交付给债权人占有时设立的。不像动产抵押那样,不需要进行转移,更不用为了保证动产抵押的对抗效力而进行公示登记。同样地,与抵押权一样,设立动产质押时,不得约定“如债务人不履行到期债务时质押财产归债权人所有”无效条款,但可以约定通过折价、拍卖、变卖等方式实现优先受偿。

动产质押期间,债权人不仅不能擅自使用、处分质押财产(但征得出质人同意的除外),也不能将质押财产为他人或者自己提供担保,还得以善良管理人方式对质押财产进行妥善保管,否则要承担损失赔偿责任。质押期间,如果因不可归责于债权人的事由导致质押财产毁损或者价值减少,足以危害债权的,债权人有权要求出质人另行提供担保;如果出质人不提供,则债权人可以要求提前清偿债务、提前行使质押权或提存。

(二)权利质押

权利质押,是指债务人或者第三人将其所有权以外的依法可以转让的财产权利出质给债权人占有,债务人不履行到期债务或者发生当事人约定的实现质权的情形,债权人有权就该权利优先受偿。

根据《民法典》及其他法律规定,可以作为权利质押的财产权利范围包括汇票、本票、支票等票据,债券、存款单、仓单、提单、可以转让的基金份额和股权等有价证券,可以转让的注册商标专用权、专利权、著作权等知识产权中的财产权利,现有的以及将有的应收账款,以及法律法规规定的其他财产权利。

根据权利质押的财产标的物不同,一般分为有价证券质押、基金份额和股权质押、知识产权质押、应收账款质押等。由于权利质押财产类型不同,设立权利质押方式也不同,如以汇票、支票、本票、债券、存款单、仓单、提单出质的,交付权利凭证即可;没有权利凭证的,办理出质公示登记。

基金份额、股权,知识产权的财产权利,应收账款出质时,应当到不同的登记管理机关办理出质公示登记。[①]

有关质押期间，债权人的妥善保管义务、禁止转质、损失赔偿责任、出质人转移占有义务、质押财产保全措施等同样适用权利质押。

目前市场上有一种称为“出口退税专用账户托管质押”[②]的新型质押，其本质属于权利质押的一种新类型，其设立和生效按照权利质押处理即可。

(三)质押合同设计[③]

为了保障债权实现，债权人可以通过设计质押合同来实现风险预防和控制。

1. 质押财产条款。

不得将法律、行政法规禁止出质的财产作为质押财产，否则会导致合同无效。特别是设立权利质押时，一定要满足前述提到的质押设立的构成要求。

因此，建议债权人在设立质押担保时，提前做好排查，并提前咨询办理质押登记的主管机构的意见和建议，尽量避免虽然质押合同签署了但无法办理质押登记的情况出现。

针对上述情况，债权人可以在合同中约定，如出质人提供了法律、行政法规禁止出质的动产或权利，或者提供的质押财产无法办理质押登记导致合同无法履行或无效的，出质人应当承担违约金「　　」。

2. 质押成立生效条款。

为了防止质押合同不能依法成立和生效问题，债权人可以设计这样的条款，“出质人知悉，本质押合同必须到相应等级主管机关办理质押登记，否则无法成立并生效。如非债权人原因而导致本合同无法成立并生效的，出质人应提供其他担保方式保障本合同约定债权实现或债务清偿，并承担由此导致的损失赔偿责任和承担违约金「　　」”。

---

① 关于质押登记，需要到不同的登记管理机关办理登记手续。如以应收账款质押的，需要到中国人民银行征信中心进行办理；以证券登记结算机构登记的股权质押的，需要到证券登记结算机构进行办理；以其他非上市公司股权质押的，需要到当地市场监督管理机构进行办理；以知识产权的财产权利质押的，需要到相对应的知识产权管理部门进行办理；以中国证券投资基金业协会备案的基金份额质押的，需要到中国证券投资基金业协会进行办理。

② 关于“出口退税专用账户托管质押”，详见《最高人民法院关于审理出口退税托管账户质押贷款案件有关问题的规定》。

③ 关于质押合同设计的具体条款，详见文书范本21《质押合同》。

3. 质押保全条款。

无论是动产质押，还是权利质押，通过交付或办理登记来设立质押权，一般出质人不太可能通过擅自处分质押财产来实现危害质押权的情形，经常容易出现的问题是，质押财产价值减少或者质押财产价值评估过高。这时，建议债权人设计好“质押保全条款”，如质押财产价值减少时，必须按照债权人要求或法律规定提供保全措施，恢复质押财产的担保价值，否则债权人可以要求债务人提前清偿债务。

4. 质押权利实现条款。

关于本条款的设计，可以参考本章节“（五）抵押合同设计”之“7. 抵押权利实现条款”，具体可以这样设计：

质押合同期间，当债务人不能如期履行债务时，债权人有权按照双方约定的方式或者法定的方式实现质押权，如折价、拍卖、变卖等。

实务中要注意以下两个问题：

一是同一个质押财产上多个质押权的质押权顺序问题。在解决该问题时，可以设计的合同条款为，“本合同约定的质押财产，债权人的质押权为排他性的、唯一的质押权，优先于该质押财产上任何第三人的优先受偿的权利”。但仅约定是不够的，还需要对该质押财产进行法律尽职调查和排查。

二是担保财产上既有抵押权又有质押权的清偿顺序问题。根据《民法典》的规定，同一个质押财产上既有抵押权又有质押权的清偿顺序是按照登记、交付的时间先后确定的。因此，建议债权人除约定“债权人对该质押财产拥有唯一的、排他性的优先于任何第三人的优先受偿的权利”条款外，必须结合法律尽职调查进行排查；否则，就算是约定了上述条款也不能约束质押人。

三、留置

留置，属于法定担保的一种，当事人不能自由约定，是指对于法律规定可以留置的债权，债权人依法占有属于债务人的动产，在债务人未按照约定的期限履行债务时，债权人有权依法留置该财产，以该财产折价或者以拍卖、变卖的价款优先受偿的法定担保。

由于留置是法定担保,双方无法约定具体条款,但可以约定“不得留置的动产”,因此对于债权人而言,可以在有限条件下合理使用留置来达到清偿债务的目的和保证债权实现。

留置的前提条件是,债权人如果想留置债务人的动产,该动产应当与债权属于同一法律关系,只有企业间留置可以例外,可以基于债务人动产与其债权不属于同一法律关系也可以采取留置措施,保障债权实现。

因此,债权人要利用留置制度实现债权,一般也就是与债务人存在运输合同、技术合同、服务合同、承揽合同、保管合同、仓储合同等法律关系的情形下,作为应收账款的债权人通常是运输企业、技术服务企业、服务企业、承揽人、保管单位、提供仓储服务企业等。

虽然法律规定当事人不得自行约定留置,但可以在应收账款合同中通过设计留置条款来达到债务清偿或实现债权。

建议企业应收账款债权人可以设计以下留置权条款:

「留置权条款」

如定做人未能按照约定支付加工款的,承揽人有权将定做人委托加工的货物留置。定做人在收到承揽人催告通知之日起「　」日内仍不履行付款义务的,承揽人有权将留置的货物委托第三人评估,并以评估价格将留置的货物变卖后以变卖所得价款优先受偿,或者直接将留置的货物以评估价格优先受偿。

承揽人的受偿范围包括但不限于定做人所欠加工款及其利息、违约金、损害赔偿金、留置物的保管费用、提存费用和实现留置权的费用(如律师费、资产评估费、公证费、鉴定费、翻译费、差旅费等)等。

文书范本 19 《不动产抵押合同》		文书范本 20 《动产抵押合同》	
文书范本 21 《质押合同》			

第四章 信 用 保 险

信用保险,是指以信用销售和金钱债权中的债务人信用作为保险标的,以债务人到期不能履行其债务清偿义务为保险事故,由保险人承担被保险人(债权人)由此遭受的经济损失赔偿责任的一种保险。

信用保险保障的是债务人(客户)因破产、资金短缺、故意赖账等商业信用方面的原因造成的企业应收账款债权人的经济损失。

信用保险一般分为国内信用保险、国际信用保险。本书主要讨论发生在国内的企业应收账款的风险管理,因此仅限于讨论基于国内贸易合同为基础的国内信用保险。

第一节 国内信用保险

国内信用保险,又称国内贸易信用保险,是指国内保险公司作为担保人按照被保险人的要求,受债务方约请,为债务方所欠债务承担连带责任的一种保险。

在企业应收账款管理中,最为常见的就是赊销信用保险,又称卖方保险,投保人是卖方(销售商或制造商、应收账款债权人),保险人承保买方的信用风险,即在延期或者分期付款过程中,买方可能由于各种原因拖延或者逃避应该承担的付款义务而对卖方所造成的经济损失。

一、保险法律关系

国内信用保险法律关系,涉及保险人、被保险人、投保人、债务人 4 个法律主体,是为在中国境内注册的企业保障在国内贸易中,因买方商业风险造成的应收货款损失,或因供应商商业风险造成的不能收回预付款的损失。

在保单有效期内，经销商（卖方）按合同约定把货物交给购货商（买方）且购货商接受货物之后，如遇保险事故发生导致未收取货款的，保险人将按保险合同的约定，首先向保险权利人（被保险人或投保人）履行赔偿责任，同时自动获得向债务人进行代位求偿的权利。国内信用保险法律关系如图4－1所示。

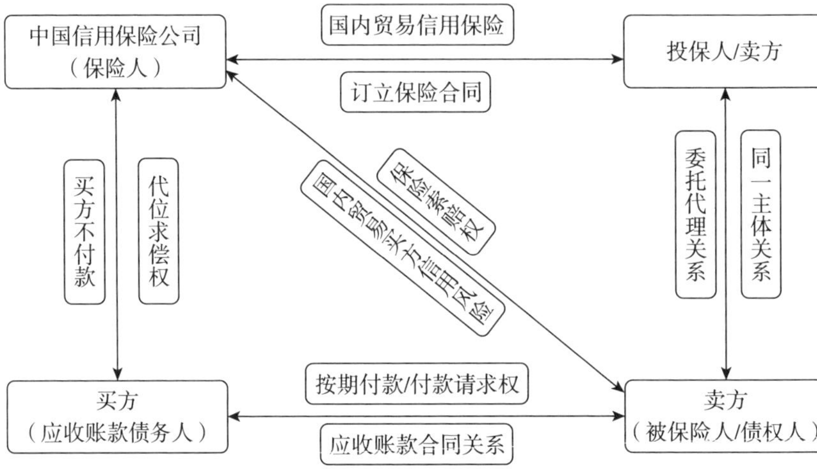

图4－1 国内信用保险法律关系

二、承保范围

国内信用保险与其他保险不同，适用于在中国境内注册的企业，贸易合同以书面形式订立，且真实合法有效。

保障的是客户因破产、资金短缺、故意赖账等企业信用方面的原因造成的损失。具体来说，信用保险的风险赔偿责任主要是企业信用风险，也称买家风险，主要包括买方破产或丧失偿付能力，买家拖欠货款超过一定时间（通过规定为3个月或6个月），买方在发货前无理终止合同或者发货后不按合同约定提货、付款。

三、除外责任

国内信用保险的除外责任，包括由于下列原因造成买方不按时偿还欠款导致被保险人的经济损失时,保险人不负责赔偿:战争、军事行动、核爆炸、核辐射或放射性污染,买方的违法犯罪行为以及经济纠纷致使其车辆和其他财产被查封、扣押抵债,因所购商品的质量问题致使买方拒付或拖欠货款,被保险人对买方资信调查的材料不真实或销售手续不全。

第二节 信用保险实务

一、承保

第一步是风险评估。投保人按照保险人要求提交基础贸易合同相关的证明材料,保险人对贸易合同相关的债务人、投保人、被保险人以及合同履行等情况进行风险评估,从而确定保险费率。

第二步是投保。经过保险人对债务人、投保人和被保险人等进行第一步有关国内贸易相关事项的风险评估后,企业应收账款的债权人作为投保人向保险人进行投保。

第三步是签订保单。由投保人与保险人签订《国内信用保险合同》(详见文书范本22),双方建立保险法律关系。

二、资信调查和信用限额审批

第一步是资信调查。保险人根据投保人的申请,评估买方(债务人)的偿付能力、付款习惯及记录、业务范围及业务规模、财务分析报告、经营情况、双方往来交易的坏账历史、法律记录与历史前科等,并定期跟踪买方付款表现以及突发事件引起的风险变化等,结合投保人的内部经营管理水平与以往承保、理赔记录,以及基础贸易合同履行情况,并出具《资信调查报告》,以便授予投保人的信用额度。

第二步是申请与批复信用额度。保险人根据投保人的申请,调查核查被保险人的商业信用状况,批复确定投保人的信用额度。

三、缴纳保险费

投保人与保险人签署保险合同后，投保人根据合同约定的保险费率向保险人缴付保险费。

四、保险理偿

第一步是可能损失通知。在保险合同有效期内，发生了合同约定的保险责任事件后，被保险人按照合同约定时间和流程向保险人进行有关保险责任产生的可能损失的通知。

第二步是索赔。在保险责任事件发生后，导致投保人损失的，保险权利人（投保人）依法向保险人进行索赔。

第三步是理赔与追偿。在接到被保险人逾期未付账款通知或可能损失通知书后，保险人应该及时与被保险人取得联系，督促被保险人及时采取避免或减少损失的措施并提醒被保险人注意搜集有关书面材料、单证等，包括详细陈述案件发生经过和处理情况的书面报告函件，证明保险标的的材料，证明索赔涉及的已有承保材料，证明损失原因及金额的材料，证明被保险人已及时履行损失通知义务和采取了一切可以采取的措施减少或避免损失的材料等其他材料和单证。

保险人接到可能损失通知书和相关资料后，了解事件详情。同时，在审核出险申报、有效信用限额和保费缴纳情况后进行积极处理，针对不同的风险采取相应措施，控制风险，尽力减损。一旦损失确定或者赔偿等待期届满时，即正式提交理赔，保险人按照合同约定履行保险赔偿责任。

保险人向投保人履行保险赔偿责任后，保险人就取得投保人作为债权人的法律地位向债务人追偿的权利。

文书范本 22

《国内信用保险合同》

第2部分

盘活处置管理

第五章　以 物 抵 债

当债务人到期无法偿还应收账款债务时,债务人是否可以用自有房屋、土地、车辆、生产设备、应收账款债权、股权、知识产权等财产来替代履行债务或偿还债务呢?答案是可以。这就是我们俗称的“以物抵债或以资抵债”(以下统称以物抵债)。

第一节　基 本 问 题

一、法律性质

以物抵债,本质就是替代履行债务,也称为代物清偿,是我国法律允许的一种债权实现、债务清偿的常见方式。根据债法原理,是指原债权债务人达成协议,由债务人给付他种替代物或财产替代原来的给付,从而消灭原债权债务关系。

以物抵债中的物,以下统称为“抵债物”,具体表现为动产、不动产、有形财产、财产性权利等无形财产等。

在以物抵债中存在两个债权债务法律关系,一是原来应收账款的金钱债权债务的法律关系,二是通过以物抵债而设立的新的债权债务法律关系。

二、构成要件

以物抵债要达到债权债务消灭或者终止的法律效果,须具备以下要件:

一是须原有债的关系存在。也就是说,原来债权债务人之间只要有债权债务,就可成立以物抵债,至于原债的标的如何,在所不问。

二是须以他种给付代替原定给付。给付的形态可以是交付动产,也可以是不动产;可以是有形财产,也可以是无形财产;法律上并无太多限制,只要以特定物替代原金钱债务的清偿即可。

三是须有当事人的合意。由于代物清偿改变了原债中的给付,因而须有债权人、债务人合意才能成立,否则不产生代物清偿的法律后果。

三、类型

司法实践中的以物抵债,根据抵债协议设立的不同时间可以分为债务清偿期届满前的以物抵债、债务清偿期届满后的以物抵债。

根据抵债物的权属是否转移可以分为已发生物权变动的以物抵债和尚未发生物权变动的以物抵债。

根据抵债物的不同形态可以分为动产以物抵债和不动产以物抵债(凡是能为人力所支配、具有价值的有体物、财产性权利均可成立以物抵债)。

根据以物抵债在诉讼的不同阶段可以分为诉讼前的以物抵债、诉讼调解中的以物抵债和执行程序中的以物抵债。具体如图 5-1 所示。

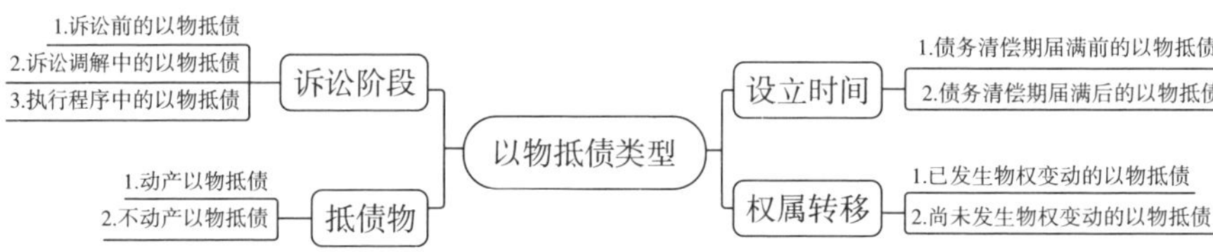

图 5-1 以物抵债类型

四、法律效力

根据不同的标准将以物抵债分为不同类型,[①]但具体到不同类型的以物抵债法律效力会有所不同,具体如下:

① 详见本章本节"三、类型"的具体划分。

1. 债务清偿期届满前的以物抵债与债务清偿期届满后的以物抵债。[①]

对于债务清偿期届满前的以物抵债，其合同法律效力不予认可，理由在于"流押、流质条款"应属无效，但不影响债权人根据原债权合同约定主张抵押权和质押权的权利。

对于债务清偿期届满后的以物抵债，只要不存在恶意损害第三人合法权益和虚假诉讼的情形，则承认合同的有效性。如果要达到债权的实现结果，建议债权人及时依法完成交付或物权变动登记手续。

2. 已发生物权变动的以物抵债与尚未发生物权变动的以物抵债。

对于已发生物权变动的以物抵债，只要不存在恶意损害第三人合法权益等情形或者虚假诉讼的情形，其法律效力能得到认可，并能产生债务清偿的法律效果。

对于尚未发生物权变动的以物抵债，债权人不能取得该物的所有权，故不具有法律效力，但不影响双方达成的以物抵债协议的法律效力。

3. 动产以物抵债与不动产以物抵债。

对于动产以物抵债，如果在债务履行期限届满后达成以物抵债协议，且已经依法进行了交付或动产登记的，其法律效力一般可以得到认可。对于不动产以物抵债，如果在债务履行期限届满后达成以物抵债协议，且已经依法办理了物权变动的登记手续，其法律效力同样得到认可。

4. 诉讼前的以物抵债、诉讼调解中的以物抵债和执行程序中的以物抵债。

对于诉讼前的以物抵债，按照"1. 债务清偿期届满前的以物抵债与债务清

---

① 关于履行期限届满前或后达成的以物抵债协议的法律效力问题，详见2019年11月8日最高人民法院颁布的《全国法院民商事审判工作会议纪要》(法〔2019〕254号)第44~45条规定：44.【履行期届满后达成的以物抵债协议】当事人在债务履行期限届满后达成以物抵债协议，抵债物尚未交付债权人，债权人请求债务人交付的，人民法院要着重审查以物抵债协议是否存在恶意损害第三人合法权益等情形，避免虚假诉讼的发生。经审查，不存在以上情况，且无其他无效事由的，人民法院依法予以支持。当事人在一审程序中因达成以物抵债协议申请撤回起诉的，人民法院可予准许。当事人在二审程序中申请撤回上诉的，人民法院应当告知其申请撤回起诉。当事人申请撤回起诉，经审查不损害国家利益、社会公共利益、他人合法权益的，人民法院可予准许。当事人不申请撤回起诉，请求人民法院出具调解书对以物抵债协议予以确认的，因债务人完全可以立即履行该协议，没有必要由人民法院出具调解书，故人民法院不应准许，同时应当继续对原债权债务关系进行审理。45.【履行期届满前达成的以物抵债协议】当事人在债务履行期届满前达成以物抵债协议，抵债物尚未交付债权人，债权人请求债务人交付的，因此种情况不同于本纪要第71条规定的让与担保，人民法院应当向其释明，其应当根据原债权债务关系提起诉讼。经释明后当事人仍拒绝变更诉讼请求的，应当驳回其诉讼请求，但不影响其根据原债权债务关系另行提起诉讼。

偿期届满后的以物抵债”的论述内容就法律效力进行认定和处理。

对于诉讼调解中的以物抵债,当事人已达成调解的,法院将会严格审查该协议的法律效力,只要不存在协议无效、违反平等自愿、重大误解或显失公平、利用协议损害其他债权人利益或规避公共管理政策、虚假诉讼等情形,就可以确认其法律效力并制作调解书。①

对于执行程序中的以物抵债,②属于执行和解协议,为双方私法自治达成的协议,法院不得依据该协议作出以物抵债的执行裁定,即从侧面不予认可其法律效力。如果要取得预期法律效力,仍需通过诉讼或仲裁的方式进行确认。

五、面临难题

应收账款债权人好不容易与债务人达成《以物抵债合同》(详见文书范本23),也顺利接收了动产或办理了不动产物权变动登记手续,但仍然会面临实际处置和变现的问题:

1. 估值难。

如果对抵债物进行定价和估值,是一门非常专业的技术工作。在评估标准、评估费用、选择评估机构等方面面临一系列的难题,如面对市场上评估随意性问题该如何解决,就是一个难题。

---

① 详见最高人民法院 2016 年 11 月 21 日发布的《第八次全国法院民事商事审判工作会议(民事部分)纪要》第 16 条规定:“当事人达成以房抵债协议,并要求制作调解书的,人民法院应当严格审查协议是否在平等自愿基础上达成;对存在重大误解或显失公平的,应当予以释明;对利用协议损害其他债权人利益或者规避公共管理政策的,不能制作调解书;对当事人行为构成虚假诉讼的,严格按照民事诉讼法第一百一十二条和《最高人民法院关于适用〈中华人民共和国民事诉讼法〉的解释》第一百九十条、第一百九十一条的规定处理;涉嫌犯罪的,移送刑事侦查机关处理。”

② 关于执行程序中的以物抵债的规定,详见《最高人民法院关于适用〈中华人民共和国民事诉讼法〉的解释》第 489 条规定:经申请执行人和被执行人同意,且不损害其他债权人合法权益和社会公共利益的,人民法院可以不经拍卖、变卖,直接将被执行人的财产作价交申请执行人抵偿债务。对剩余债务,被执行人应当继续清偿。第 490 条规定:被执行人的财产无法拍卖或者变卖的,经申请执行人同意,且不损害其他债权人合法权益和社会公共利益的,人民法院可以将该项财产作价后交付申请执行人抵偿债务,或者交付申请执行人管理;申请执行人拒绝接收或者管理的,退回被执行人。《最高人民法院关于执行和解若干问题的规定》第 6 条规定:当事人达成以物抵债执行和解协议的,人民法院不得依据该协议作出以物抵债裁定。

2. 管理难。

债务人的“物”一旦用于抵债，债权人接受了，就要考虑如何进行有效管理才不至于贬值并能尽快变现，同时考虑到抵债物的物质性质、用途、处理方法各不相同，都面临着大量难题。

3. 变现难。

就算债权人自己有专门管理人员或者委托第三方有效地管理了“抵债物”，除了有些抵债物可以由债权人直接利用外，大部分的抵债物都是需要通过市场进行变现的，考虑到抵债物的估值难问题，加之供求市场的变化等因素，往往会造成抵债的“物”都有所损失，加之因转让发生的税费负担等问题，这也是一个需要重点解决的难题。

上述情况所面临的问题，建议应收账款债权人在采取“以物抵债”实现债权时，全面通盘考虑清楚。

第二节 实务操作

一、合同设计

我国目前尚无以物抵债的明文规定，司法审判实践中对于以物抵债的法律性质、效力、归责原则、责任承担等存在较大分歧。这就需要当事人在订立《以物抵债合同》（详见文书范本 23）或者协议或条款[①]时，注意以下事项：

1. 明确签订主体。

《以物抵债合同》的主体一般是应收账款的债权人与债务人。如果涉及第三人的财产抵债的问题，建议由债权人、债务人与第三人等三方签署以物抵债协议或条款。

2. 把握好签订时间或时机。

根据 2019 年 11 月 8 日最高人民法院颁布的《全国法院民商事审判工作会

---

① 有关以物抵债、以资抵债或者代物清偿协议，合同的名称可能有所不同，但本质是一样的，本书统一称为《以物抵债合同》，详见文书范本 23。

议纪要》(法〔2019〕254号)的相关规定,"以物抵债"属于诺成性法律行为,以物抵债协议或条款签订的时间或时机均会影响协议或条款的法律效力,因此建议在应收账款清偿期届满后、诉讼调解中或者执行程序中由当事人达成协议或条款,尽可能不要在应收账款清偿期届满前。因为应收账款债权人与债务人在债务清偿期未届满前达成的以物抵债协议或条款只能产生约束当事人的法律效力,但不能对抗其他债权人的法律效力。

3. 以物抵债实现合法有效性。

根据《民法典》的相关规定,当事人在签署《担保合同》情形下,如涉及以物抵债内容或条款的,禁止出现流抵、流质等条款。也就是说,应收账款的当事人不得在以物抵债协议或条款中约定"当债务人到期不履行债务时,作为抵押权人/质押权人的债权人有权直接取得抵押/质押财产的所有权"条款。

因此,建议当事人在签署以物抵债协议或条款时,可以约定:在债务人到期不能履行债务时,当事人可以抵押/质押财产折价或者拍卖、变卖、竞价的方式进行以资抵债,同时约定好折价合作和拍卖、变卖、竞价的处理方法。

4. 做好旧债与新债并存衔接。

建议在签署以物抵债协议或条款时,明确约定原来的应收账款的债务属于旧债,以物抵债属于新债务,如果以物抵债未清偿,债务人不履行的,债权人有权要求新债主张继续履行,也可以恢复旧债的履行,两者并行。

5. 及时办理法定登记手续。

除签署以物抵债协议或条款外,还要及时依法办理相关登记手续。如当事人在应收账款债务清偿期届满后就债务人的房屋、土地等不动产抵债达成以物抵债协议或条款,建议同时办理不动产变更登记手续。

如涉及像汽车、船舶等动产抵债,同样需要到车管所、海事局等行政主管机关办理动产登记手续。

如涉及债务人其他资产或财产的,虽然当事人是在应收账款清偿期届满后达成的抵债协议或条款具有法律约束力,但仍需要履行清算程序,对抵债的资产或财产进行折价、拍卖、变卖等程序。

如涉及股权、知识产权等财产权利抵债的,需要履行资产评估并办理股权转让和知识产权转让登记程序及手续。

6. 避免协议无效。

禁止出现违反法律、行政法规强制性规定，或者其他导致以资抵债协议或条款无效的情形。如不得将不能转让的财产或者不具有财产权利的无形资产进行抵债，或者应收账款当事人存在恶意串通、转移责任财产，损害第三人合法权益的行为，或者虚假诉讼等。

二、实务操作

应收账款债权人需要根据以物抵债不同情况采取不同处理措施：

1. 对于债务清偿期届满前的以物抵债，尽快签订《以物抵债合同》，根据不同抵债物分别采取动产交付、不动产依法办理物权变动登记手续，从而获取抵债物的所有权。

2. 对于债务清偿期届满后的以物抵债，如果无法按照上述 1 进行操作，尽快提起诉讼或申请仲裁，在法院或仲裁委员会的主持下达成调解并制作调解书。

3. 对于已发生物权变动的以物抵债，基本就无须额外的负担行为，接下来就是如何对抵债物进行处分和变现，清偿应收账款和实现债权。

4. 对于尚未发生物权变动的以物抵债，与提供抵债物的债务人或第三人取得联系，依法办理物权变动登记手续，获取该抵债物的所有权。

5. 对于债务人或第三人提供的动产以物抵债，及时补充签订《以物抵债合同》，依法完成交付并占有该动产。

6. 对于债务人或第三人提供的不动产以物抵债，及时补充签订《以物抵债合同》，依法办理物权变动登记手续，尽可能占有该不动产。

7. 对于执行程序中的以物抵债，在法院执行局的主持下签署执行和解协议，说服法院出具《执行裁定书》，并借助法院的力量敦促债务人或第三人履行完成抵债物的交付或办理物权变动登记手续。

文书范本 23

《以物抵债合同》

第六章 债 转 股

债转股[①]一般是商业银行、金融资产管理公司等机构处置不良资产的重要方式，目的是降低商业银行不良贷款率和企业资产负债率。对于企业应收账款的债权人同样可以借鉴使用。

债转股，就是债权人将对债务人的应收账款债权转为股权，通过增加债务人公司注册资本、新设项目公司或者股权转让方式，从债权人转变为公司股东的过程，从而消灭债权债务关系（债务消灭）和产生股权法律关系（股权产生），最终实现应收账款追回的一种方法。

本书从商业性债转股的角度，为国内企业的应收账款债权债务实现提供一种解决思路和方法。

第一节 基本问题

一、类型

（一）政策性债转股和商业性债转股

根据是否政府主导与参与不同，债转股分为政策性债转股与商业性债转股。政策性债转股，是指为了挽救由于负债过重而陷入财务困难的债务企业（主要是国企和央企），或为了改善负债企业财务状况而实施的，以政府为主导力量，通过将债权人对债务企业的债权转换成债权人对债务企业持有的一定数量的股

---

① 关于债转股的定义，可以参见 2012 年 1 月 1 日原国家工商行政管理总局令第 57 号《公司债权转股权登记管理办法》（虽然已经废止，但仍具有参考意义）第 2 条的规定，本办法所称债权转股权，是指债权人以其依法享有的对在中国境内设立的有限责任公司或者股份有限公司（以下统称公司）的债权，转为公司股权，增加公司注册资本的行为。

权的方式,消灭债务企业部分或全部债务的政策性安排。

商业性债转股,是指在自由市场的主导作用下,债权人与债务人经过协商将债权人对企业的债权转化为债权人对负债企业所持的股权,因而消灭负债企业的民事法律行为。

(二)实体法上的债转股和破产法上的债转股

从法律适用的角度,债转股可以分为实体法上的债转股和破产法上的债转股。

实体法上的债转股,是债权人与债务人或保证人之间,根据相应的实体法规范,如《民法典》《公司法》等,在自由协商的基础上达成代物清偿协议,即由一定数额的股权给付替代金钱给付,通过协议履行债转股完成这一清偿行为,实现债的消灭。

破产重整中的债转股,并非基于债权人与债务人之间的自由约定而完成,而是基于破产重整程序,通过破产法上的表决规则形成的集体清偿方案而完成的债转股,根据破产程序形成的债务清偿行为。

二、实现条件

1. 企业应收账款债权能否进行债转股?

根据《公司法》及相关规定,可以作为债转股的债权应当符合下列情形之一:

一是合同之债,债权人已经履行债权所对应的合同义务,且不违反法律、行政法规、国务院决定或者公司章程的禁止性规定;

二是判定之债,经人民法院生效裁判或者仲裁机构裁决确认;

三是破产之债,公司破产重整或者和解期间,列入经人民法院批准的重整计划或者裁定认可的和解协议。

因此,企业应收账款债权符合上述要求,可以进行债转股。

2. 怎样的债务人企业可以参与债转股呢?

债权人可以借鉴和参考《金融资产投资公司管理办法(试行)》规定的条件,债务人企业参与债转股一般需具备以下条件:

一是发展前景较好,属于待升值的行业,能够盘活大部分存量资产,外部经营环境好且具有可行的企业改革计划和脱困安排；

二是主要生产装备、产品、能力符合国家产业发展方向，技术先进，产品有市场，环保和安全生产达标；

三是信用状况较好，无故意违约、转移资产等不良信用记录；

四是对于债务人企业所处行业非常熟悉和了解，企业经营管理层开拓经营能力较强，或者债权人拥有该行业有经验的管理者或者职业管理人。

但债权人要特别注意，如债务人企业存在下列情形，不宜参与债转股：

一是有恶意逃废债行为的失信企业；

二是债权债务关系复杂且不明晰的企业；

三是不符合国家产业政策，有可能助长过剩产能扩张和增加库存的企业；

四是扭亏无望、已失去生存发展前景的"僵尸企业"。

三、商业模式

债权人可以参考专业资管机构处置不良资产的做法，可以采取增资扩股、优先股、售债转股和股债结合等方式实施债转股。

（一）增资扩股还债

增资扩股还债是目前大部分商业性债转股采用的常见模式，主要指债务人公司通过增加注册资本方式，将确定金额的债权认购增资部分的股权，从而抵销债务的模式。如一笔企业应收账款债权为50万元，债务人公司注册资本为100万元，经审计评估资产为50万元，则债务人公司应当将注册资本增加到200万元，债权人将债权认购了该公司股权100万元，持股50%，原股东合计持股50%。

（二）债转优先股

债转优先股主要指债权人将债务人公司的债权转化为优先股的模式，是商业性债转股的创新模式。简单地讲，就是债权人将债权转变为债务人公司股权，优先于债务人公司其他股东获得公司资产、利润分配等偿还分配的权利。但对公司事务无表决权、没有选举及被选举权、没有公司经营参与权，且不能退股，只能通过优先股的赎回条款被公司赎回。

（三）售债转股

售债转股是由专业的资管机构先向债权人一次性购买债务人公司的债权，

再以债权投资形式将债权转化为股权。这种模式本质上还是债权人将债权出售转让方式追回应收账款，是一种间接的债转股，也是目前债权人常见的操作模式。

（四）股债结合

对于债务规模庞大的债务人公司，难以仅使用售债转股或增资扩股还债解决的，有时会选择股债结合模式进行商业性债转股。顾名思义，债权人将债权转为债务人公司的股权，同时再以股权融资形式引入新股东（非债权人），实现两者相结合，最终应收账款债权得以实现。

第二节　实务操作[①]

一、债权评估

根据《公司法》的规定，债权作为非货币出资方式，必须经过评估作价程序，核实资产，不得高估或者低估作价。

企业应收账款债权属于以货币给付方式形成的债权，将其转为股权的，通过核查债转股协议、股东（大）会决议、银行进账单、转账凭证等材料，若可以确认债权真实、债转股程序合法合规，无须进行评估。且目前公司注册资本实行的是认缴制，实缴资金到位情况需企业自行在信用信息公示系统中公示，故工商只是增加企业的注册资本金额而不会核实实缴的债权价值，所以不会要求提供资产评估报告。但是考虑到各地市场监督管理部门对债权出资的法律性质认识不同，可能会认定为“非货币出资方式”，因此建议债权人聘请专业机构或双方协商对债权进行评估作价。

① 关于商业性债权转股权业务操作流程，请参见本章后附的《债权转让股权的业务操作流程》，但对于每个具体债转股项目的业务具体操作，会有所侧重和不同处理。

二、债转股协议

债转股过程中，需要签订债权人与债务人公司之间的《债权转股权协议书》，[1]就债转股的产生原因和时间，具体转变价格、方式、时间、程序债权总金额及各债权人所享有的份额，拟转为出资的债权数额，协议生效时间，争议解决及违约责任等条款具体明确约定。

建议债权人重新确认债权的合法性和债转股的可行性，并签署相关协议和法律文书。

三、决议与登记

因为债转股是以增加公司注册资本的方式实施的，属于特别决议事项，需要根据标的公司章程和《公司法》的规定召开股东（大）会，并获得相应的表决权比例通过。

目标企业为有限责任公司的，则必须经代表 2/3 以上表决权的股东通过。目标企业为股份有限公司的，则必须经出席会议的股东所持表决权过半数通过，但是股东大会作出修改公司章程、增加或减少注册资本的决议，以及公司合并、分立、解散或者变更公司形式的决议，必须经出席会议的股东所持表决权的 2/3 以上通过。

债转股企业应依法进行公司注册资本增加、股东与股权变更、董事会重组等，完成工商注册登记或变更登记手续。

四、退出保护

前文一直在讲债转股的可行性问题，但对于债权人而言，一旦债务人公司经营不善无法实现应收账款债权的追回时，那么如何有效退出且不会损害其利益呢？

---

① 详见文书范本 24《债转股协议书》。

目前债转股退出方式主要包括以下四种：

一是股权回购，由债务人公司按照《债转股协议书》约定进行回购。

二是股权转让，可通过并购、区域性股权交易市场转让给其他股东或第三人。

三是股权置换，将债务人公司资产注入上市平台，置换成上市公司股权，再通过减持退出。

四是挂牌或 IPO 退出，在全国中小企业股份转让系统挂牌或者在证券交易所 IPO 上市等渠道实现退出。

五、风险预防

应收账款债权人如何防范债转股存在的法律风险？

一是防范债务人公司相关人员的道德风险。债权人对债务人公司实行债转股时，首先要防范债务人公司股东、法定代表人、董事、监事、高级管理人员的道德风险，避免上述人员假借债转股之机恶意逃避债务。

二是防范债务人公司虚假信息。债权人在实行债转股前，务必查明债务人公司影响债转股实行的重要情况，如法定代表人及固定构成和变更情况，要求债务人公司提供财务报表，了解债务人公司的资产负债情况等，避免债转股无法实行。公司债权人拟实行债转股时要切实做好对投资公司运营、财务、管理等状况的调查工作，必要时可委托专业的律师事务所进行尽职调查。

三是防范债转股之后股东利益落实不到位带来的风险。如果债转股之后股东权益落实不到位，债转股之后公司的改革改制不到位，则债转股无法达到预期目的，不能实现资产的保值增值，公司债权人的合法权益将会受到损害。因而，在实行债转股时必须履行相应的法定程序，明确落实股东利益，签订正式协议，明确公司债权人股权份额，并完成股权登记手续。

四是防范债务人公司股权退出困难所带来的风险。由于债转股的债务人公司以强周期性行业的企业为主，即使债务人公司通过上市，IPO、并购重组等方式流程较为复杂，退出周期可能被拉长且退出难度较大。如果债务人公司在新三板或区域性股权交易市场挂牌转让，新三板转让股权等退出方式并不完善，且债转股的债务人公司大多经营情况较差，实操中再通过这种方式退出难度较大。

附:《债权转让股权的业务操作流程》

业务流程	具体操作事项说明
1. 明确适用企业和债权范围	由债权人与债务人相关市场主体依据国家政策导向自主协商确定
2. 自行、委托或通过实施机构开展市场化债转股	可以自行委托或者通过向实施机构转让债权、由实施机构将债权转为对象企业股权的方式实现
3. 自主协商确定市场化债转股价格和条件	债权企业、债务企业自行或委托专业实施机构自主协商确定债权转让、转股价格和条件
4. 市场化筹集债转股资金(如有)	债转股所需资金由债权企业、债务企业或实施机构充分利用各种市场化方式和渠道筹集,依法依规面向社会投资者募集资金
5. 规范履行股权变更等相关程序	债转股企业应依法进行公司设立或股东变更、董事会重组等,完成工商注册登记或变更登记手续
6. 实现股权退出	(1)债转股企业为上市公司的,债转股股权可以依法转让退出; (2)债转股企业为非上市公司的,鼓励利用并购、全国中小企业股份转让系统挂牌、区域性股权市场交易、证券交易所上市等渠道实现转让退出

文书范本 24

《债转股协议书》

第七章　债权转让

应收账款的债务人到期无法偿还债务时，债权人可以将该债权转让或出售给第三人，从而实现应收账款法律清收，这也是最为常见的一种处置方法。

债权转让，就是债权人通过“买卖”的方式将应收账款债权转让给第三人，类似房屋买卖、货物买卖，只是买卖的标的物不同，在这里买卖的是“应收账款债权”这个“东西”而已，这是一种非常常见的法律清收方法，简便易行。难点在于如何寻找到合适的买家，缺点就是即使找到了合适的买家但有可能卖不出好价钱。最大风险点在于一旦遇到一个没有偿付能力的买家，那真是刚出狼窝又入虎口。

目前商业化的债权转让根据转让方式和内容不同可以分为支付转让、债务重组转让、约定转让、法定转让和保理合同等。支付转让，就是债权人将应收账款债权作为支付手段代替货币支付给第三人。债务重组转让，在企业破产清算程序中，持有债权债务的各方通过协议或者其他途径协商债权转让的行为。约定转让，是一种最为常见的转让方式，就是债权人、债务人和第三人就应收账款债权债务通过协议约定条款的方式进行转让。法定转让，就是根据《民法典》第524条的规定，债权人、债务人和第三人就应收账款债权债务进行转让。保理合同，[①]本质是一种特殊的债权转让合同，是债权人将现有的或者将有的应收账款转让给保理人，保理人提供资金融通、应收账款管理或者催收、应收账款债务人付款担保等服务的合同。

---

① 关于保理合同，详见本书第八章“商业保理”第二节“保理合同”具体内容。

第一节 交易模式

实现应收账款债权转让的方法同样可以多样化,可以通过中介机构以公开竞价的方式进行拍卖,可以寻找买家进行协商谈判进而协议转让,也可以通过向社会公示转让信息和竞投规则进行招投标转让,还可以通过一定渠道公开发布转让信息进行竞价转让。

一、挂牌出售

挂牌出售,一般是指将应收账款债权通过产权交易所进行转让的交易方式。目前各省、自治区和直辖市以及各地城市基本都设有地方性或区域性的产权交易所,债权人可以将该应收账款债权通过挂牌的方式进行出售,从而最终实现债权和清偿债务。

以上海联合产权交易所为例,应收账款债权人可以与其签订《委托服务合同》,在上海联合产权交易所进行挂牌转让或出售给任何第三人,可以采取公开转让,也可以采取非公开转让方式进行交易,是一个非常简便快捷的处置应收账款债权的常见交易方式。

二、拍卖

拍卖,就是通过拍卖机构、法院等机构,以公开竞价的形式,将应收账款的债权转让给最高应价者的交易方式。

以拍卖方式处置应收账款债权常见的方式有两种:一种方式是拍卖机构拍卖。即与债务人协商,受债务人全权委托,交由拍卖中介服务机构对债务人担保物或其他财产进行拍卖。另一种方式是司法拍卖。即通过法院起诉、判决或者仲裁机构裁决后,由法院强制拍卖债务人的担保物或其他财产。目前比较常用的是司法阿里拍,或者可以登录人民法院诉讼资产网进行拍卖。

如果是委托拍卖机构将债务人担保物或其他财产进行拍卖的,建议通过招投标程序进行委托，并签署《委托协议》明确双方权利义务，要求拍卖机构提交风险保证金，以防拍卖机构出现道德风险。

如果是通过法院的司法拍卖，要做好整个拍卖流程的跟踪，及时与法院执行工作人员进行联系和联络，确保最快实现债权和清偿债务。

三、招标

招标，是指应收账款债权人自行或者委托中介服务机构作为招标人，对其所拥有处置权的债权，按照规定的条件和要求发布招标文件，按照公开约定的程序邀请投标人进行投标，按照既定的评标标准从中选择交易对象进行债权转让的交易方式。

招标的业务流程：首先，应收账款债权人可以自行组织和成立招标工作组织机构或者委托招投标中介服务机构，确定招标工作方案，编制招标文件；其次，发布招标文件，有意向的投标人进行投标并缴纳履约保证金；再次，按照约定的时间进行开标，并由评标委员会进行评标；最后，根据评标结果确定有意向的投标人中标，发出中标通知书和签署《债权转让协议》并按照约定时间和条件完成交割。

四、竞价

竞价与拍卖的不同之处在于，无须委托专业的拍卖机构进行处置，而是由应收账款债权人或债务人自行组织或非专业拍卖机构组织有意向的交易对象通过"最高应价者得"的方式进行债权转让。不论是债权人还是债务人，竞价组织者都不是专业的拍卖机构，为了保证竞价处置的权威性和公允性，建议竞价组织者邀请监管单位或者公证机构全程参与监督。

五、协议转让

协议转让，是指应收账款的债权人与第三人协商一致通过签订协议方式将债权转让给确定的受让人的交易方式。

以协议转让的方式处置债权，关键取决于双方具体谈判，通过设计合同条款从而明确双方权利义务，签署《债权转让协议书》，①完成交割最终实现债权和清偿债务。

文书范本 25 **《债权转让协议书》**	

第二节 实务操作

应收账款债权人不论采取上述何种交易模式进行处置，都应按照《民法典》有关合同订立、合同履行和债权转让等相关规定进行业务操作。

一、要约②

有时应收账款债权人或者委托人（如拍卖机构、产权交易所等）通过交易所挂牌、公开招标、公开竞价、邀请协商谈判等向不特定或特定交易对象发出转让债权的公告，有时也有准买家主动向债权人或债权人的委托人发出购买意向函，或者准买家看到有关债权转让公告后发出响应意向函，这些本质上一般属于要约，债权人或准买家都会受到法律的严格约束，各方当事人都要严格按照法律规定行事。

二、谈判

一旦双方就应收账款债权存在买卖的合意，就会就转让价格、流程、交割条

---

① 关于债权转让协议书条款设计，详见文书范本 25《债权转让协议书》。

② 有关订立合同的要约、谈判、签约和通知等法律规定，详见本书第二章"合同动态管理"第一节"合同签订管理"的相关内容。

件、转让时间、付款、违约责任等重要事项进行商议。在签署《保密协议》或支付保证金后,债权人或委托人可以准许准买家查阅该应收账款债权相关的基础合同、付款申请书、对账单、催收记录、法院生效判决书等档案资料。

三、签约

只要双方就涉及债权转让重要事项协商达成一致后,双方最终签署《债权转让协议书》《成交确认书》等法律文件。重点需要关注的是,如何设计好《债权转让协议书》的合同条款,并确保受让方依照合同约定履行付款、交割等合同义务。

四、通知

根据《民法典》的规定,债权转让要对债务人发生法律效力,债务人应履行通知义务,否则不对债务人发生法律效力。因此,债权转让要对债务人发生法律效力,就要做好如下工作。

1. 通知主体。

债权人履行向债务人通知债权转让的义务,受让人也可以向债务人发出债权转让的通知。

2. 通知形式。

对通知的形式现有法律并无明确要求,可以通过口头或电话、短信、挂号信、特快专递(EMS)或其他快递、公证送达、登报公告、起诉等方式通知,但最好选择证明力比较强的通知形式,如特快专递(EMS)或其他快递、公证送达、登报公告、起诉为首选形式。

以特快专递(EMS)方式通知为例,要注意以下事项:

第一,债权通知书在封装前应当先仔细检查内容(尤其需注意落款日期)是否已填写完整,并自留一份复印件/扫描件备用,以便后期与内件品名、快递记录相互印证,形成完整的证据链条。

第二,下单时在内件品名处或在快递信封外面明示标注“「　」合同债权转让通知”或其他类似内容,如条件允许,最好能对《债权转让通知书》装入信封内并封装交邮的过程进行拍照或拍摄。

第三,保留好快递单据,并及时在相关快递公司官网上查询送达情况并截屏保存。

第四,如有退件,则要保留好退件(不要拆开),如条件允许,最好再针对退件的债务人,以其他形式补充通知。

3. 通知时间和地点。

可由出让人和受让人约定,可约定即期通知或在一定条件具备之后通知。

4. 通知内容。

须明确将该笔应收账款债权转让给第三人的意思表示且真实。

五、交割

应收账款债权转让交割涉及两个方面:一是受让方付款,二是债权人移交债权。受让人应当按照合同约定付款方式、付款时间、付款地点等向债权人支付款项,债权人应当按照合同约定向受让方交付能够证明债权真实合法有效存在的基础合同、凭证、法律文书等原件资料。

第三节 注意事项

一、法律效力

债权转让行为,属于民事法律行为,因此只要符合《民法典》有关民事法律行为的有效条件就产生有效的法律效力。然而在实际商业活动中,还有一些与债权转让有关问题的法律效力需要明确。

1. 关于债权转让后原合同中约定的争议解决条款的法律效力问题。

如果债权转让协议并未对争议解决条款另行约定,则应按照原合同中约定的争议解决条款进行解决。

2. 关于债权受让人凭生效法律文书及受让证明直接申请执行问题。

受让人可凭生效法律文书及受让证明直接申请执行。受让债权的受让人将债权再行转让给其他普通受让人的,执行法院可以依据上述规定,依债权转让协议以及受让人或者转让人的申请,裁定变更申请执行主体。

3. 关于债权转让合同中,受让人以免除担保人的担保义务为条件受让债权,受让人再转让该债权时,未设定该条件,则后转让人向担保人主张债权问题。

债务人对债权受让人受让的债权确认后,不得再就该债权提出异议,债权转让通知到达债务人时诉讼时效中断。

4. 关于债权人将债权转让给第三人但未通知债务人,后债权人又接受了债务人的还款,第三人能否主张债权人构成不当得利的问题。

答案是可以主张。

5. 关于债权转让中,债权人未向债务人履行转让通知义务,是否影响债权转让本身的效力问题。

答案是不影响。债权转让通知义务未及时履行只是使债务人享有对抗受让人的抗辩权,它并不影响债权转让人与受让人之间债权转让协议的效力。

6. 关于如果当事人约定应收账款的债权不得转让,债权人转让给了第三人的是否有效问题。

答案是有效。应收账款债权本质上是金钱债权,因此根据《民法典》的规定,当事人约定金钱债权不得转让的,不得对抗第三人,无论第三人是善意还是恶意。

7. 关于债权人将债权转让给第三人,未通知债务人的,该转让的法律效力问题。

债权人与第三人就债权转让是有效的,只是该转让对债务人不发生效力而已。因为这是两个相互独立的不同的法律关系,一是债权人与第三人就债权转让的法律关系,二是债权人与债务人就原基础合同发生的应收账款的债权债务关系。

二、实务处理

(一)债权转让后诉讼管辖权

若重新达成的协议中未约定管辖或约定管辖条款无效,此时基础合同关系的管辖仍然需要按照原合同内容来确定,有约定的从其约定,无约定的按照被告住所地或合同履行地法院管辖。

（二）债权债务转让发生在诉讼或执行阶段处理措施

第一，诉讼阶段：债权转让若发生在一审诉讼过程中，二审中得知该转让事实，或者二审期间当事人才告知债权已于一审期间转让的事实，二审法院可以直接裁决变更诉讼主体。

第二，执行阶段：生效法律文书确定的权利人在进入执行程序前合法转让债权的，债权受让人即权利承受人可以作为申请执行人直接申请执行，无须执行法院作出变更申请执行人的裁定。

（三）破产债权转让问题

破产程序中，债权满足《民法典》相关规定时即可转让，债权转让后，由新的债权人代替原债权人申报债权、行使表决权并接受清偿，全体债权人的受偿比例不受债权转让的影响，但转让后债权表决权会受到相应的限制。

（四）工程款债权转让问题

与一般的债权转让相比，工程款债权转让具有工程款债权金额不确定，施工过程中的债权转让会导致后续工程停滞、工期和质量产生负面影响，施工企业的债权转让可能会导致农民工利益受损等问题。

第一，工程款债权转让合同纠纷的管辖法院应根据争议的合同、确定案由后确定，原合同类型或建设工程施工合同纠纷确定案由；如有仲裁条款，则适用仲裁解决。

第二，工程款债权属于可转让的债权，工程款债权转让合同只要符合《民法典》有关民事法律行为有效条件即可生效，施工合同无效不影响工程款债权转让合同的效力，工程款债权未确定金额的不影响工程款债权转让协议的效力。

第三，工程款债权转让金额确定，在法律没有特殊规定的情况下，工程款债权指向的内容应与其他债权相同，取决于转让人可向债务人请求支付的金额。未确定金额在诉讼过程中可以通过鉴定的方式确定具体金额。关于工程款中未到期的质保金能否进行债权转让，实践中存在争议。

第四，工程款债权转让时，优先受偿权一并转让。

三、债务人保护

在债权转让过程中，《民法典》赋予了债务人法律保护措施，如抵销权、抗辩权等,建议应收账款债权人谨慎对待,以免带来相应法律风险。

第一,到期债权转让后,债务人因债权人虚开发票给债务人造成经济损失形成的抵销权抗辩,可转而向债权受让人主张。

第二,执行和解不能作为债权转让纠纷案件抗辩的情形。债权转让后,次债务人依其与债务人达成的执行和解协议向债权人提出抗辩,不属于债权转让纠纷案件审理范围。

第三,债权转让前已因清偿而消灭,债务人可行使抗辩权。债务转移除非另有约定,否则应为并存的债务承担;债权转让前已因清偿而消灭,债务人可向受让人行使抗辩权。

第四,债务人就禁止让与的应收账款,可针对保理商抗辩。债务人虽就禁止让与的应收账款对保理商享有抗辩权,但债务人在实际履行中,以明示行为表示同意转让的除外。

第五,债权转让通知的撤销与债务人利益保护:债权出让人撤销转让通知仍需要经过受让人的同意,除非其获得了生效判决或者仲裁裁决,在转让通知撤销前,债务人也可对受让人主张转让合同无效等抗辩。

第八章 商业保理

商业保理是保理[①]的一种，根据《民法典》的规定，是指应收账款债权人将现有的或者将有的应收账款转让给保理商，保理商提供资金融通、应收账款管理或者催收、应收账款债务人付款担保等服务。

商业保理在法律上本质就是债权转让，通常涉及三方当事人，包括债权人、债务人和保理商。

作为企业应收账款债权人通常为卖家，可以有效利用保理服务实现资金融通，优化销售分户账管理，保障应收账款的有效催收，为坏账提供担保，从而最大限度清偿债务和实现债权。

第一节 商业模式

一、法律关系

通常在企业赊销贸易项下，商业保理一般涉及应收账款债权人、债务人、保理商之间的法律关系，还有登记机构的加入，有时也有资金来源方如金融机构、银行、金交所、地方融资平台等参与其中从而保证资金来源合法和充足，如图8－1所示。

---

① 关于保理的定义，国际保理商联合会（Factors Chain International，FCI）将保理界定为保理是融合了资金融通、账务管理、应收账款收取和坏账担保四项业务的综合性金融服务。

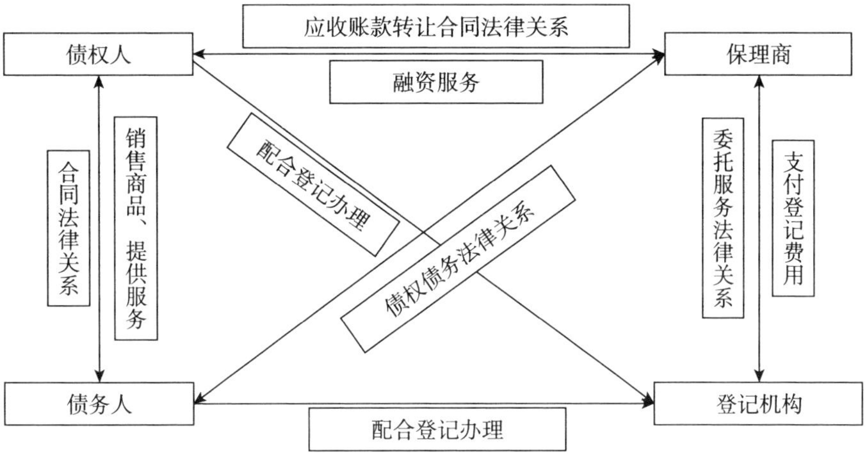

图8－1　赊销贸易项下保理一般涉及的法律关系

1. 保理商与债权人之间债权转让法律关系。

保理商一般通过与债权人签署《保理合同》来约定双方权利义务，根据约定保理商向债权人提供资金融通、应收账款管理、应收账款催收、坏账担保等综合性保理服务；债权人保证转让的债权及其基础贸易合同的真实性和可转让性、明确办理有追索权或无追索权业务、必须履行将有效的债权转让通知到债务人等。

2. 保理商与债务人之间法律关系。

保理商与债务人一般没有契约关系，但保理商可以根据《保理合同》约定按照基础贸易合同约定条件收取账款，可以取代债权人对债务人进行应收账款的催收；当然，债务人可以根据基础贸易合同向保理商主张有关货物质量、权利瑕疵担保、债务抵销、履行抗辩等权利。

3. 债权人与债务人之间的基础贸易合同关系。

债权人与债务人之间存在买卖合同关系或其他合同关系，债权人对债务人依法享有账款付款请求权，债务人依法享有有关货物质量、权利瑕疵担保、债务抵销、履行抗辩等权利，具体以双方签订的基础贸易合同约定以及法律规定为准。

4. 保理商、债权人、债务人与登记机构之间登记服务法律关系。

一般是保理商与登记机构签署《委托登记服务合同》，根据合同约定，保理商向登记机构支付登记服务费用，由登记机构为《保理合同》项下的债权转让进行登记,债权人与债务人给予协助。

二、商业本质

商业保理与其他贸易结算工具具有很多共同点,但也存在本质的区别。

(一)商业保理与信用证

信用证,是指开证行应申请人的要求并按申请人的指示,向第三人开具的载有一定金额,在一定期限内凭符合规定的单据付款的、不可撤销的书面保证文件。

在融资方面,商业保理仅限于债权人的应收账款,信用证对于买卖双方都可以办理。在手续办理及负担成本方面,与商业保理相比,信用证涉及的手续办理比较复杂且费用负担也比较高一些。在资金占用压力方面,商业保理一般不会有资金占用压力,而信用证需要提交保证金,故会有一定资金占用压力。在担保付款方面,商业保理对债权人有利,而信用证对债务人较为有利。

(二)商业保理与质押担保

质押担保,是指债务人或者第三人将其动产或者依法可转让的财产权利出质给债权人占有,债务人不履行到期债务或者发生当事人约定的实现质权的情形,债权人有权就该动产或者财产权利优先受偿。

在法律性质、设置和实现等方面,商业保理是债权转让,可以直接取代债权人获得付款请求权并可以在债务无法偿还的情况下获得对债权人的追索权(有追索权的商业保理);但质押是一种担保且办理质押登记才能设立质押权,只有在债务人无法履行到期债务情形下才能通过质押物优先受偿。在服务范围方面,商业保理服务范围更广,质押仅限于担保融资。在费用负担和手续办理方面,商业保理要比质押手续办理复杂且费用更高。

(三)商业保理与国内贸易信用保险

在服务范围方面,商业保理比国内贸易信用保险服务范围大,国内贸易信用保险仅提供保险服务。在结算方式方面,商业保理是基于赊销贸易项下付款期限在 180 天以下结算,国内贸易信用保险可以为所有结算方式的贸易提供保险。在成本负担方面,商业保理比国内贸易信用保险更高。在索赔程序方面,商业保理申请索赔手续比国内贸易信用保险更简便,时间也较短。

（四）商业保险与福费廷

福费廷(Forfaiting)，是指在国际贸易中，包买商向应收账款债权人(出口商)无追索权地购买已经由债务人所在地银行承兑互保或者担保的远期汇票或本票的业务，本质是对应收账款债权真正的买断。

在业务操作标的方面，商业保理操作是基于赊销项下产生的应收账款，而福费廷买入的是信用证项下经过银行承兑的票据。在贸易背景方面，商业保理服务的主要是消费品类商品，而福费廷则是偏向操作资本性商品。在结算期限方面，商业保理一般为 180 天以下，福费廷则主要是 180 天以上。在业务金额方面，商业保理单笔商业保理业务金额较小，而福费廷单笔业务金额较大。在服务范围方面，商业保理主要提供贸易融资、应收账款管理与催收、坏账担保等综合服务，而福费廷主要提供风险担保和贸易融资，范围较小。在融资额度方面，商业保理在应收账款的 80%，而福费廷则是 100%。在资信评估方面，商业保险偏向卖方商业信用风险，而福费廷偏向于开证行的信用风险。

三、保理类型

保理的类型比较多，根据 2013 年 3 月创刊号《中国商业保理》所列观点，保理类型及分类标准如表 8－1 所示。

表 8－1 保理类型及分类标准

序号	保理类型	分类标准
1	国内保理与国际保理	依基础交易当事人及基础交易行为是否跨境
2	银行保理与商业保理	依保理商的属性及行业管理不同
3	融资保理与服务保理	依据保理商是否提供融资
4	公开保理与隐蔽保理	依据是否将应收账款转让的事实通知债务人
5	有追索权保理与无追索权保理	依据保理商是否承担债务人的信用风险
6	预付保理与到期保理	依据保理商是否预先付款
7	现有债权保理与未来债权保理	依据受让时应收账款是否已经发生
8	直接保理与间接保理	依据债务人付款对象是保理人还是债权人
9	完全保理与部分保理	依据保理商服务范围是否包括四大功能

续表

序号	保理类型	分类标准
10	逐笔保理与批量保理	依据保理商是否逐笔叙做保理业务
11	循环保理与非循环保理	依据保理是否循环叙做保理业务
12	定向保理与非定向保理	依据保理商是否接受委托叙做保理业务
13	折扣保理与非折扣保理	依据应收账款转让是否折扣
14	单笔回款保理与分笔回款保理	依据债务人回款次数不同
15	单保理与多保理	依据保理商数量不同
16	正向保理与反向保理	依据发起保理业务的主体是债权人还是债务人

目前我国商业保理国内保护的业务产品主要是直接保理、反向保理、再保理、信保保理和租赁保理等。

(一)直接保理

直接保理,是指国内贸易中供应商(卖方)将其与购货商(买方)订立的销售合同所产生的应收账款转让给商业保理公司,并为其提供贸易融资、销售分户账管理、应收账款催收、信用风险控制与坏账担保等综合性金融服务。具体业务流程如图 8－2 所示。

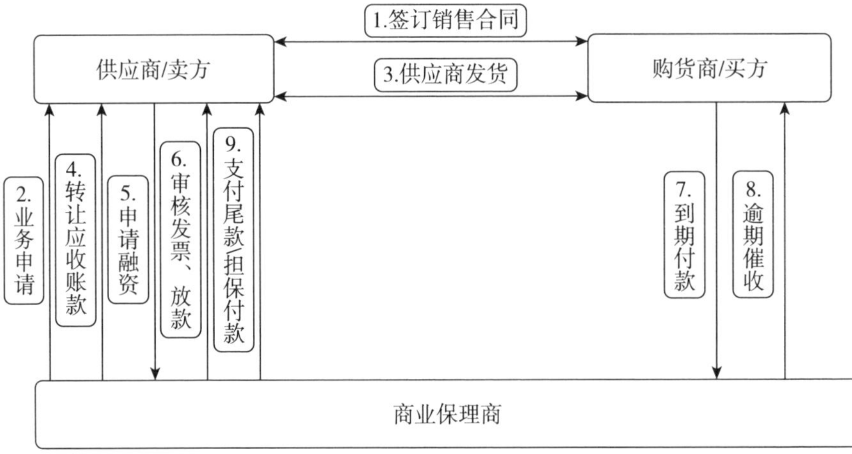

图 8－2 直接保理业务流程

(二)反向保理

反向保理,是指保理商与核心企业合作,通过受让供应商对核心企业进行赊销所产生的应收账款，向供应商提供保理融资及应收账款管理等服务。具体业务流程如图 8－3 所示。

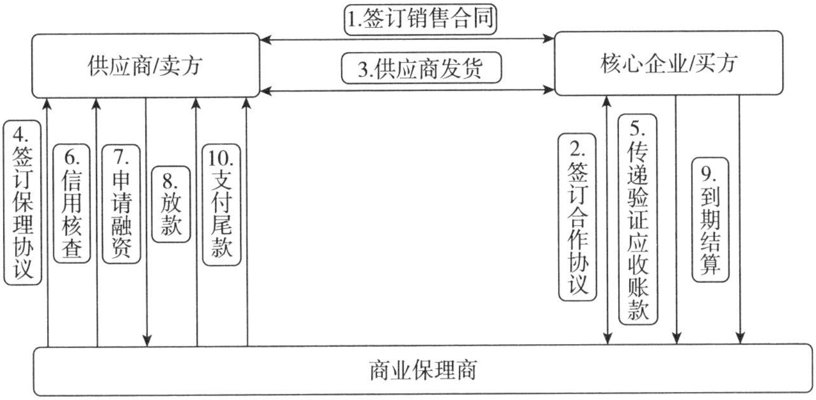

图 8－3　反向保理业务流程

（三）再保理

再保理，是指保理商从金融机构、租赁公司、其他商业保理公司等机构买入保理资产，从而在持有期内对原保理资产中的购货商（买方）享有债权的业务。再保理业务分为买断型再保理和回购型再保理。具体业务流程如图 8－4 所示。

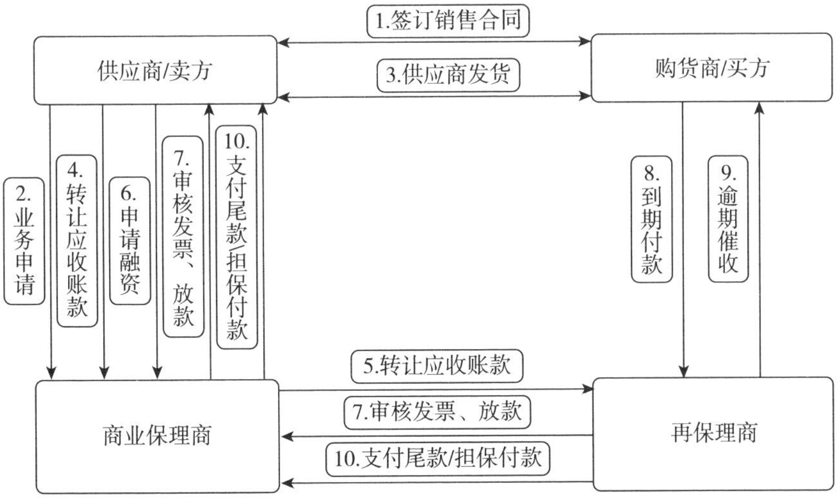

图 8－4　再保理业务流程

(四)信保保理

信保保理,即信用保险项下的保理,是指保理商受让由保理商认可的保险公司向卖方提供买方信用保险的应收账款,通过三方签订相关协议,约定卖方将其在保单项下的赔款权益转让给保理商,如果买方到期因信用保险未付款或未足额付款,保险公司向保理商支付赔款。具体业务流程如图 8-5 所示。

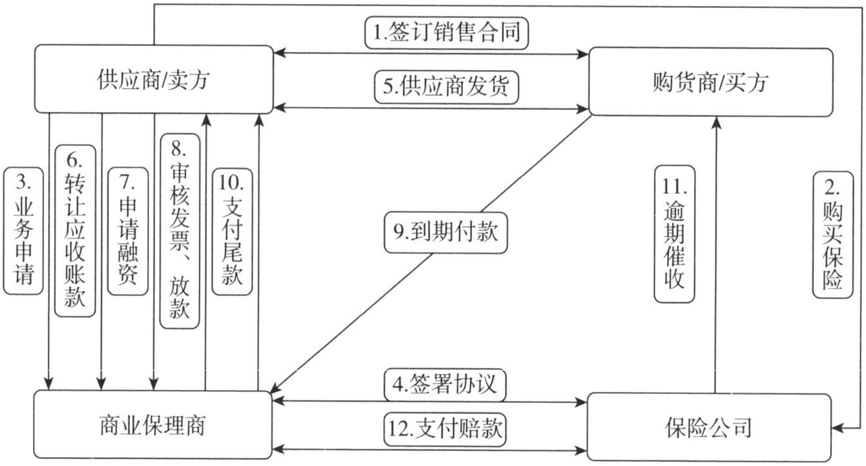

图 8-5 信保保理业务流程

(五)租赁保理

租赁保理,是指在租赁公司向承租人提供租赁服务,并将租赁服务产生的未到期应收租金转让给保理商,保理商在综合评价租赁公司的信用风险、经营水平、财务状况、担保安排以及承租人各项条件后,为租赁公司提供的保理业务。具体业务流程如图 8-6 所示。

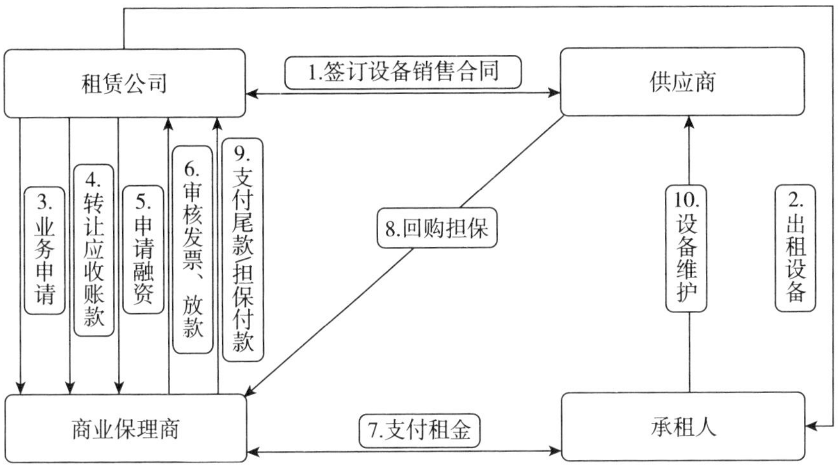

图 8－6　租赁保理业务流程

四、业务操作

因本书所讨论的企业应收账款发生在国内,故下面主要介绍国内商业保理(单保理)的基本操作流程。

1. 配合保理业务调查与额度审批。

配合保理人对债务人及基础交易进行保理业务贷前调查,协助保理人核定债务人信用风险担保额度及保理融资额度,配合做好内部沟通及确定业务操作方案,如签署何种保理相关合同、采取何种通知方式、审核何种交易单据等。

2. 保理额度启用与合同签署。

核实授信相关条件要求,以办理额度启用事宜;办理首次转让前,与保理人签订保理相关合同。

3.(协助)做好应收账款转让通知。

协助保理人落实全数转让的通知函或者明细账款转让的通知函中关于向债务人通知的手续,尽可能让债务人签字确认,并进行相关印鉴核验工作。配合保理人在每笔转让的发票上加盖转让字据,单据审核后同其他单据一并送至债务人。

4. 应收账款转让。

配合保理人审核自行提交的贸易相关单据,保证贸易背景的真实性;可以通过企业税控系统或税务局网站、柜台等方式先行进行真实性查验。配合保理人在中国人民银行的应收账款质押登记公示系统(以下简称登记系统)办理应收账款质押登记及排他性查询事宜。

5. 保理融资发放。

协助保理人接收并自行检查提交相关融资申请书,审核授信条件落实情况,登记系统中债权登记结果,转让通知落实情况;配合保理人审核保理业务相关合同及申请书,以及最近一笔此债务人回款情况;配合保理人审核发票查验情况。确认和核实保理人发放的融资款项。

6. 配合发票二次查验。

配合保理人对当月开具且当月发放保理融资款的发票,在规定时间内进行发票的第二次核查,如发现其他情况的发票,在发票尚未结清的前提下,配合保理人根据方案要求频次做好定期核查。

7. 协助保理人应收账款回款管理。

在保理人收到债务人直接付款资金后,协助其核对信息,催告保理人及时进行回款销账,回款解付偿还融资。如发现债务人间接付款,必须及时弄清原因,提前告知保理人共同处理和解决,防止保理人出现暂停发放保理融资或直接暂停所有保理融资的情况。

8. 应收账款催收。

根据保理设计方案的催收时点及频次要求在规定的应收账款到期届满期限内,协助保理人完成向债务人账款催收及核对工作;在与债务人发生商业纠纷时,如保理人决定向债务人采取法律手段追偿的,尽力给其协助和提供便利条件。

9. 实现担保赔付。

如保理人提供债务人信用风险担保,且债务人未提出商业纠纷,或商业纠纷处理结果有利于债权人,则按照《保理合同》约定要求保理人承担担保赔付的义务。

10. 商业纠纷处理。

如收到债务人商业纠纷通知,应及时告知保理人并进行沟通和协助处理;禁止出现未在规定时间内回复商业纠纷处理情况或发生其他违反《保理合同》相关条款约定事项的情形。

第二节 保理合同

根据《民法典》第761条的规定，保理合同[①]是应收账款债权人将现有的或者将有的应收账款转让给保理人，保理人提供资金融通、应收账款管理或者催收、应收账款债务人付款担保等服务的合同。

一、条款设计

保理合同一般包括业务类型、服务范围、服务期限、基础交易合同情况、应收账款信息、保理融资款或者服务报酬及其支付方式等条款。

1. 基础交易合同条款。

作为商业保理合同的基础合同，买卖双方的贸易合同需符合法律规定，具备合法性，不得存在合同无效、可撤销的情形，应收账款债权人要积极配合保理商提供基础贸易合同并保证基础贸易合同的合法性和真实性。

2. 保理服务条款。

由于保理服务包括四大功能，因此需要明确保理服务是否包括融资服务、应收账款管理、催收服务、坏账担保等具体服务。

3. 融资条款。

明确应收账款债权的具体金额，并据以确定债权人的融资比例，避免出现提前扣除利息、保理手续费等情形。

4. 债权转让条款。

应收账款债权人对债务人依法享有的债权具有可转让性，不得在基础贸易合同中约定禁止转让条款，应保证其符合《民法典》有关债权转让的构成要求，并能依法转让给保理商。

5. 保理费用条款。

双方应明确保理服务的具体费用和项目构成，如对保理佣金、单据处理费、

---

① 详见文书范本26《国内商业保理合同(示范文本)》。

保理预付款利息、融资利息等具体比例或金额进行约定,避免出现歧义。

6. 有无追索权条款。

根据保理商对债权人是否享有追索权,分为有追索权保理和无追索权保理,两者的费用和风险是不一样的,相较而言,签署无追索权保理合同对债权人有利,但是要考虑费用成本负担问题。

二、注意事项

作为应收账款保理合同的双方当事人应当注意以下事项。

(一)商业保理合同成立与生效问题

一是关于合同成立问题。双方应按照《民法典》有关要约、承诺方式或者其他方式订立书面(电子)保理合同。考虑到商业保理合同一般都是事先拟制好的格式合同,因此当涉及双方权利义务重大利害关系的条款时,提供格式合同的一方应采取合理的方式提示对方注意,按照对方的要求,对该条款予以说明。

二是关于合同生效问题。商业保理合同可以附条件,但不得违反《民法典》有关民事法律行为无效的情形,同时不得违反《民法典》有关合同无效的情形,不得虚构应收账款、应收账款的债权人和债务人无正当理由协商变更后终止基础交易合同对保理人产生不利影响等情形。

(二)商业保理合同对内、对外效力问题

根据《民法典》的规定,商业保理合同具有对内和对外效力,这是两个独立的法律关系。

一是关于对内效力问题。对内效力约束应收账款的债权人和保理人,有关法律效力按照《民法典》关于民事法律行为生效和合同生效的规定执行,为应收账款提供担保属于应收账款的从权利,一并转移给了保理人。

二是关于对外效力问题。按照有关《民法典》合同编关于"债权转让"之"债权人转让债权,未通知债务人的,该转让对债务人不发生效力"的规定执行,在保理人依法向债务人履行了通知义务后,便取代了债权人的地位,成了新的债权人,债务人应向保理人履行债务,不再向债权人履行债务。

(三)债务人的权利保护

根据《民法典》的相关规定,债务人接到债权转让通知后,债务人依法对保理人享有抗辩权和抵销权。

(四)应收账款的通知问题

对于通知主体,应收账款的通知可以是债权人发出,也可以是保理人发出。

对于通知方式,建议应按照《民事诉讼法》有关送达的规定进行通知,可以口头或电话通知、手机短信通知、挂号信通知、特快专递(EMS)或者其他快递通知、公证送达、登报公告、起诉通知等方式。有效可行的通知方式可以选择特快专递(EMS)或者其他快递通知、公证送达、登报公告、起诉通知等。

对于债权人通知是否可以撤销的问题,根据《民法典》的规定,债权人转让应收账款的通知不得撤销,但经债务人同意的除外。

对于应收账款通知的内容,应写明债务人规范和正确名称、应收账款具体金额、应收账款转让的意思明确具体真实,并注明债务人清偿应收账款金额时的回款账户等内容。

(五)其他注意事项

其他应注意事项如债权人免责声明等。

文书范本 26

《国内商业保理合同(示范文本)》

第九章　非诉清收

应收账款债权人除借鉴资产管理机构处置不良资产的方法外，同样可以采取非诉手段对应收账款进行清收，比较常见的手段主要是委托清收、电话催收、信函催收、拜访催收、律师函、债权文书执行公证、申请支付令等，我们称为非诉清收。

第一节　委托清收

前文我们介绍了应收账款债权人自行解决债务清收的问题，当然债权人通常也会委托第三方专业的追账服务机构去处理应收账款清收的难题，如委托商账追收机构、律师事务所、咨询机构、服务外包机构、信用管理公司等。

委托清收，是指应收账款债权人以与第三方建立委托服务合同支付服务费的形式，由第三方专业的追账机构利用社会信用体系建立起来的失信惩罚机制的力量，依法对债务人使用破坏信用记录的威胁、道德和心理压力、法律诉讼的威胁等手段，从而达到清收应收账款的目的。简单地说，就是债权人委托追账机构代为追偿应收账款的行为，本质上属于委托代理服务合同的法律关系。

目前市场上提供第三方的追账服务机构主要有商账追收机构、律师事务所、咨询机构、服务外包机构、信用管理公司等。

一、清收模式

我们可以将债权人自行清收、诉讼清收和委托清收三种模式的利弊进行对比，具体如表 9 – 1 所示。

表9－1　三种清收模式对比

对比因素	自行清收	诉讼清收	委托清收
效率	中等,清收成功与否对员工个人收入影响不大	较低,须按法定的程序、方法进行,期限较长	较高,第三方的收益直接与回收率成正比
与客户的关系	最好,债权人熟悉债务人的需要,也是应收账款逾期的原因之一	较差,最冲突的方法,具有不可逆性,但目前逐渐被接受	中等,较灵活,可以因债权人的要求改变
追讨时间	不确定	时间较长,一般为3～6个月	较短,签订合同后可以马上处理
费用	费用较少,考虑到机会成本、边际利润、商誉等费用也很高	费用较高	中等,事先商定费用,追讨不成功不用支付佣金
保障	保障性不强	保障性最好	保障性一般
弊端	缺少有经验的追账和催收工作人员	战线过长,体验感差	从业人员普遍专业度不高,常发生各种违法违规追收行为,易导致暴力催收,带来不确定风险和损失,严重的涉及刑事犯罪
其他	大部分企业没有设立专门的商业信用和商账管理部门	专业性强	熟悉当地的法律和商业习惯

通过以上分析和对比,建议债权人在选择第三方专业追账服务机构时,选择正规的、具备合法资质和许可的服务机构,且应做好严格监督管理工作。

二、机构选择

(一)严审资质

严格审核商账服务机构等第三方机构的资质、许可、资产规模、股东构成、人员组成情况和商誉以及从业人员专业度等准入标准和条件。

（二）签订协议

债权人与第三方追收服务机构签署书面的《委托清收服务合同》，[1]重点明确约定委托处置方式、委托权限、委托期限、清收目标、服务标准、服务费用、双方权利义务、保密义务、风险承担、禁止违法违规作业、违约责任等条款的具体内容。

（三）监督管理

实时要求服务报告和跟踪进展，严格服务流程的动态管理。由于第三方追收服务机构与应收账款债权人之间属于委托代理合同的法律关系，因此作为被代理人的债权人必须要求第三方追收服务机构在明确约定的委托权限范围内履行清收服务，服从债权人的指示处理清收事务，并及时进行报告，规避追收工作人员在作业流程中出现违法违规的暴力追收行为。

（四）自律和他律相结合

要求服务机构做好内部职业培训和自律管理，与相关政府监管部门和行业协会建立紧密联系，实现有效的外部监督。

（五）风险预控

重点预防服务机构引发的民事、行政和刑事责任，特别是要提前预防和规避因服务机构的工作人员使用违法犯罪方法进行清收可能发生的暴力性犯罪，如故意伤害罪、故意杀人罪、绑架罪、抢劫罪。预防冒充公检法等国家机关工作人员以虚假、误导性或威胁恐吓的方式向债务人进行清收可能导致的招摇撞骗罪；通过窃取、收受、交换、购买和侵入计算机信息系统或采用其他技术手段获取公民个人信息可能导致的侵犯个人信息犯罪；触犯伪造、变造、买卖国家机关公文、证件、印章罪；触犯伪造公司、企业、事业单位、人民团体印章罪；触犯编造、故意传播虚假恐怖信息罪；触犯非国家工作人员受贿罪；触犯侵犯商业秘密罪；触犯侮辱、诽谤罪；触犯非法拘禁罪、敲诈勒索罪等。

文书范本 27
《委托清收服务合同》

① 详见文书范本 27《委托清收服务合同》。

第二节　催收技巧

非诉催收，一般是通过电话、信函、口头等非诉讼的方式对应收账款进行催收，也是目前十分常见的应收账款清收方法，下面对电话催收、信函催收和拜访催收等非诉催收相关常见技巧进行介绍。

一、电话催收

电话催收，是指债权人利用电话快捷便利的特点，通过电话和债务人联系进行催款清偿债务的一种方式。

（一）优缺点分析

电话催收的优点在于及时便捷、成本低、可缓冲面对面的矛盾、规避侵犯个人信息或隐私的风险等；缺点是电话催收取证的证明力较弱，而且容易被债务人挂断无法达到催收的目的。

（二）实务技巧

一是提前做好准备。在给债务人打电话之前，尽量多方收集他们的资料，并确认这是最新、最正确的资料，如债务人名称、地址、欠款金额、付款期限、逾期时间和合同履行情况等。

二是找对人和时间。一定要联系到对债务清偿或付款具有决定权的关键人物，如签署合同的人、收货人、财务主管、采购主管等。电话催收的最佳时间一般是在债务人情绪最佳的时间进行，但实际很难掌握。所以，我们一般建议避开就餐时间、非工作时间、周一等特殊时间，可以在上午上班时间、周二上午、周四下午或周五下午两点之前等。但要注意最佳时间因人而异。

三是做好心理建设，积极应对。拿起电话之前，必须用积极的态度和争取的思维方式，微笑着开始每个对话，要注意谨慎措辞，简洁明了，尽可能消除债务人的抵触情绪，给对方百分百的注意力。无论债务人在多大程度上影响了你的情绪，或误解和侮辱你，与其对话时，都要始终保持冷静、专业的态度。

四是找出问题，协商解决之道。在仔细聆听债务人未及时付款的原因后，争取拿到债务人会在某个时间付清所欠款项的承诺，细致做好完整的催收工作日志，并按照债务人承诺的通话内容做成文件寄给对方。

二、信函催收

信函催收，是指通过向债务人发送书面函件或电子邮件的方式，向债务人主张债权，从而收回应收账款的一种催收方法，常见的有《债权确认函》《债权债务确认书》《对账函》《沟通函》《催款函》《询证函》[①]等。

（一）优缺点分析

信函催收的优点为有利于证据保存和取证、成本低、易于被接收等，但也存在被拒绝签收以及发生错误容易被对方作为证据利用等缺点。

（二）实务技巧

在多次电话催收无果后，可以采取信函催收。具体做法如下：

一是撰写一份简明、扼要、中肯，不语言攻击，确定债务人一定会看的催收信函。催款函主要包括债务人基本信息和情况、催款的事实与理由、债权人据以讨债的法定理由（债权债务的票据、合同等）、具体要求（如付款期限、付款时间、付款方式、具体款项和金额、违约金等）、债权人单位的相关信息等。

二是注重细节，不要让对方产生负面情绪。例如，在空白信封上手写债务人的姓名，不要使用事先印好公司名称、地址的统一信封；可以用彩色信纸写催收信函，不要企图以负面行为进行催收，不要出现语法和字词错误，寄出信函前仔细检查并留有备份收入管理台账和档案资料中，根据逾期和跟踪进展的情况不同分别采取温和、强硬和严肃等处理方式。

三、拜访催收

当以上电话催收、信函催收无效或者遇上重点客户时，则可以采取上门拜访的方式进行催收。

（一）优缺点分析

拜访催收的优点在于对债务人心理威慑大、易获得有效沟通等，但存在成本

---

① 有关信函催收的相关法律文书范本，详见文书范本 28《信函催收相关法律文书》。

高、容易涉嫌违法犯罪、生命财产不安全等风险。

(二)实务技巧

一是做好上门拜访之前的准备工作。准备好相应的票据和债权债务资料、制订好工作和清款计划、掌握债务人实际经营情况(如财务状况、现金流、生产和结账周期等)、了解债务企业负责人的动向、了解债务人的结款程序和要求,同时提高催收人员的个人修养等。

二是注意事项。催收人员要端正心态、坚定催欠信心,要找对人,要说对话,选对时间,做好沟通,学会沉默,有理有据催收,做好商业合作关系维护,学会拒绝各种借口和条件,坚持催收目标完成。

四、实务操作

前文我们简单介绍了几种目前比较常见的非诉催收手段,考虑到每一种催收手段都有优缺点,因此,按照国际惯例,债权人或催收主体应当结合应收账款的逾期时间,综合利用不同的催收手段,才能达到效益最大化。具体如表9-2所示。

表9-2 催收实务操作

步骤	逾期时间	负责主体	作用	催收手段	催账阶段	催收形式
1	1天	销售部门	提醒	电话催收	提醒客户	礼貌提示违约
2	1周	销售部门	了解	信函催收	了解客户	了解客户存在的问题
3	2周	销售部门	催款	拜访催收	第一次正式催账	显示证据取得还款计划
4	3周	销售部门	催款	电话/信函	第二次正式催账	严肃通知采取措施
5	1个月	信用管理部门	介入	电话/拜访	压迫客户谈话	停止交易,表达不满,提升催款级别
6	1.5个月	法务部门	警告	电话/信函	主管对话	全力催讨
7	2个月	公司	通牒	律师函	最后通知	最后通牒
8	3个月	律师	法律	法律催收	诉讼或仲裁	采取法律行动

文书范本 28
《信函催收相关法律文书》

第三节 律 师 函

律师函(lawyer's letter),是指应收账款的债权人委托专业的律师向到期未履行债务的债务人送达的具有法律效力的催收函件。

律师函属于信函催收的一种,应收账款债权人可以利用律师函这种简便易行的方式进行非诉清收。

债权人可以在正式进入诉讼流程之前,先发一封律师函给对方,先礼后兵,如果对方在收到律师函后,仍然不履行相关义务,再进行接下来的诉讼程序。

一、法律作用

对于应收账款债权人来说,律师函的主要作用为:一是可以主张权利,促进问题的和解。常见的口头主张权利并不能引起债务人足够的重视,而一旦发送律师函,则有利于提高债务人的重视度,促进问题和平解决。二是取得具有更强证明力的证据。律师函是诉讼的重要证据,发出的律师函即成为某事项已经过告知的证据,由于律师函代表律师已经对事实进行了审查,故其在诉讼中往往具有更强的证明力。三是中断诉讼时效。古希腊有句谚语“法律不保护躺在权利上睡觉的人”,我们也经常听说“权利不用,过期作废”。目前,我国实行的普通诉讼时效为 3 年,也就是说,过了 3 年没有主张权利,就会丧失胜诉权。可通过签发律师函来阻断诉讼时效,让诉讼时效从发出律师函之日起重新计算 3 年,以避免对方提出诉讼时效抗辩达到让主张权利方丧失胜诉权的目的。

二、律师函内容

通常催收欠款的律师函的格式包括首部、正文和尾部三方面，首部写明标题、函号和送达对象；正文中应当对基本事实陈述、法律依据及律师意见进行重点说明，基本事实包括欠款金额和欠款事实，据实描述即可；尾部写明落款和联系方式（详见文书范本29《律师函》）。

三、实务操作

一是发送律师函时，建议首选中国邮政EMS。虽然EMS一般没有顺丰快，也没有韵达便宜，但法庭认可邮政投递信息真实、合法性高于其他快递公司。有些法院甚至不收取邮政以外的快递公司的快件。

二是根据寄件人不同详细写明名称或姓名、地址、联系电话等基本信息。寄件人若为个人，最好本人寄，写清地址、联系电话。否则债务人可能会以寄件人信息与合同当事人不对应（拒收）为由进行抗辩，同时地址最好以合同注明地址为收件地址，若无合同（或合同未写地址），则以身份证上的住址为收件地址。寄件人若为公司，寄件人可写法定代表人名字或直接写公司名称；地址则以合同注明地址为收件地址；若无明确地址，则以该公司在工商等行政机关登记地址为收件地址；收件人可写法定代表人名字、负责人名字。

三是在快递单上写明邮寄的是什么文件，如"（202「　」）「　」函字「　」号催收「　」的货款「　」元"。若随便写个文件或者什么都不写，别人则无法知道邮寄的是何文件。在法庭中该快件也难以被法院认定为有效的证据。如果是打印的电子面单，需要在下单时在手机端备注好发送的函件信息。

四是将所发的函件全部复印一份并将寄件人的存单保存好，记清单号，作为证据保存。无论对方签收与否，尽快登录EMS官网把送达信息打印保存（网上的投递信息只保存半年）。如此，函件、寄件单、送达信息可形成向对方要求履行义务或提出主张的完整证据链，打赢官司也更有保障。

五是律师函必须有律师签章和律师事务所盖章，代表其对此函负法律责任。

文书范本 29
《律师函》

第四节 执 行 公 证

在应收账款债权清收的处置过程中，还有一种最为简便易行的处置方式：对债权文书进行强制执行公证（以下简称执行公证）。①

执行公证，是指根据法律规定，对公证机关依法赋予具有强制执行效力的债权文书，当债务人不履行到期债务时，债权人可以依法向法院申请强制执行，从而实现债权和清偿债务的一项法律制度。

一、前提条件

根据《最高人民法院、司法部关于公证机关赋予具有强制执行效力的债权文书执行有关问题的联合通知》的规定，债权人要想通过执行公证来获取债权实现和清偿债务，能够被赋予具有强制执行效力的债权文书是申请强制执行的前提，根据法律规定，公证机关赋予强制执行效力的债权文书应当具备如下条件：

1. 债权文书具有给付货币、物品、有价证券的内容；

2. 债权债务关系明确，债权人和债务人对债权文书有关给付内容无疑义；

3. 债权文书中载明债务人不履行义务或不完全履行义务时，债务人愿意接受依法强制执行的承诺。

以工程还款协议的债权文书为例，具体详见文书范本 30《工程还款协

---

① 关于对公证机关依法赋予强制执行效力的债权文书的相关规定，详见《民事诉讼法》（2022 年 1 月 1 日施行）第 245 条规定，对公证机关依法赋予强制执行效力的债权文书，一方当事人不履行的，对方当事人可以向有管辖权的人民法院申请执行，受申请的人民法院应当执行。公证债权文书确有错误的，人民法院裁定不予执行，并将裁定书送达双方当事人和公证机关。

议书》。

二、实务操作

（一）管辖法院

债权人应当向被执行人（债务人）住所地或者被执行的财产所在地人民法院（一般为基层法院）申请强制执行。

（二）提交申请

债权人应当按照《民事诉讼法》《最高人民法院关于公证债权文书执行若干问题的规定》等规定，提交作为执行依据的公证债权文书等申请执行所需的材料以及证明履行情况等内容的执行证书。

关于债权人申请执行的公证债权文书，[①]应当包括公证证词、被证明的债权文书等内容。权利义务主体、给付内容应当在公证证词中列明。

（三）受理

执行法院收到债权人有关执行公证的申请后，如果未收到当事人、利害关系人提出的书面异议，法院应当受理；如果收到当事人、利害关系人提出的书面异议，法院应当自收到书面异议之日起 15 日内审查，理由成立的，裁定撤销或者改正执行公证申请，理由不成立的，裁定驳回异议，受理申请人的执行公证申请。

（四）执行

根据《民事诉讼法》第 233 条的规定，人民法院自收到申请执行书之日起超过 6 个月未执行的，申请执行人可以向上一级人民法院申请执行。上一级人民法院经审查，可以责令原人民法院在一定期限内执行，也可以决定由本院执行或者指令其他人民法院执行。

有关执行的其他事项，详见本书第十四章“强制执行”部分内容，此处不再赘述。

① 关于债权人申请执行的公证债权文书的内容要求，详见文书范本 30《工程还款协议书》。

文书范本 30
《工程还款协议书》

第五节 支 付 令

向法院申请支付令是一种便捷省钱的法律清收方式。支付令具有及时、方便、催偿债务快和程序简单等特点。

支付令，又称督促程序，是指人民法院根据债权人的申请，发出支付令催促债务人限期履行金钱债务的程序。只要债务人不提出异议，人民法院基于债权人的申请发出的支付令即发生法律效力。

就法律性质而言，支付令是一种督促债务人偿还债务的简便程序，专用于债权债务关系明确的非诉案件。

一、申请条件

一是债权人与债务人没有其他债务纠纷。也就是说，支付令的申请人只能是应收账款的债权人，并且债权人对债务人不负有其他履行义务或该义务已履行完毕。例如，已经将货物完全交付给客户(义务已履行完毕)的债权人，可以通过支付令要求对方支付货款。

二是只能请求债务人给付金钱(用于流通和支付的货币)或有价证券(本票、汇票、支票、股票、提货单、抵押单等)，若要求债务人给付特定物、返还建筑物、做出一定行为，均不能采用支付令形式。

三是债务已到期且数额确定，申请书应当写明请求所根据的事实和证据。

四是支付令能够送达债务人。如果债务人下落不明或者不在中国境内居住，一般视为不能送达。

五是支付令必须向有管辖权的人民法院提出。一般来说，有权管辖该类案件的法院通常是债务人住所地的基层人民法院，当然，双方事前对管辖事项有约定的按照约定。

六是支付令的申请必须向人民法院提交书面申请，并且附有债权文书。申请书内容应当包括双方当事人名称、地址，请求法院发出支付令，请求给付的金钱、有价证券的种类和数量，请求给付所根据的事实和证据等。

二、提交材料

申请支付令时应当提交相应的、必要的证据材料。以买卖合同应收账款为例，债权人/申请人必须提供以下证据材料：

一是证明当事人诉讼主体资格的材料：当事人为自然人的，提交身份证或户口簿；当事人为法人或者其他组织的，提交营业执照副本或工商登记机关出具的工商登记清单、社团法人登记证等。

二是证明买卖合同关系建立和存在的证据，如买卖合同（或《购销合同》《采购基本合同》等）、订货单，关于建立买卖合同关系的邮件、微信、QQ等往来通信记录。

三是证明合同实际履行情况的证据，如交收货凭证，交货单、送货单、提货单、运单等。

四是证明货款未支付的证据，如结算单、对账单、财务征询函、欠条，还款计划书、还款承诺书，其他能够证明欠付货款事实的往来信函等。

五是收货方提出质量异议的证据，如检验报告书、有关单位的证明、客户投诉记录、退货及索赔记录等。

三、支付令申请书

本书提供《支付令申请书（范本）》供大家参考，详见文书范本31《支付令申请书》。

四、实务操作

如果应收账款债权人现有证据材料符合支付令申请条件，那么支付令（督促程序)后续法律流程如何操作?

一是债权人向基层人民法院申请了支付令后,法院应当在5个工作日内通知债权人是否受理。

二是法院受理后,应当由审判员一人对申请进行审查,具体包括主体资格审查、请求内容审查、请求事实和证据的审查、支付令能否送达债务人的审查,并在受理之日起15日内作出处理。

三是法院经过15日审查,并根据不同情况进行处理,如果经审查认为提供的事实和证据对债权债务关系明确、合法,则直接向债务人发出支付令;如果经审查认为当事人主体不符合申请条件、给付金钱或有价证券等债权证明文件无法确定、已经进入诉讼程序等不符合申请条件,或者债务人收到支付令之日起15日内提出书面异议,则法院裁定予以驳回支付令申请。

四是如果债务人收到支付令后15日内向法院提出书面异议,法院裁定驳回支付令申请的,建议债权人及时向法院启动应收账款的诉讼程序。

文书范本31

《支付令申请书》

第十章　债务重组

在债务人发生财务困难的情况，但未进入破产清算程序时，债权人可以借鉴资产管理公司的做法，对现有债务进行重新组合和安排并作出让步，最终实现应收账款的清收。

第一节　基本问题

一、法律性质

债务重组，[①]是指在债务人发生财务困难的情况下，债权人按照其与债务人达成的协议或法院的裁定作出让步的实现。债务重组是通过"和平"方式解决债务企业与债权企业之间债权债务困境的方案，债权企业的目标是通过债务重组使暂时无法追回的债权尽可能全部收回，避免债务企业破产而导致债权变为坏账。

在法律性质上会涉及不同法律关系，如代物清偿、合同变更、债务转移、债务加入、债务抵销、债务混同、债务减免等。典型的债务重组，其业务架构包括债务减免、债务更新、债转股、债权担保等权利义务内容，通常包括债务企业、债权企业、担保人与不良资产经营主体等相互之间的法律关系，具体如图 10 - 1 所示。

---

① 在财务上，债务重组是指在不改变交易对手方的情况下，经债权人和债务人协定或者法院裁定，就清偿债务的时间、金额或方式等重新达成协议的交易，详见《企业会计准则第 12 号——债务重组》第 2 条规定。本书采取了《财政部、国家税务总局关于企业重组业务企业所得税处理若干问题的通知》（财税〔2009〕59 号）对"债务重组"的定义。

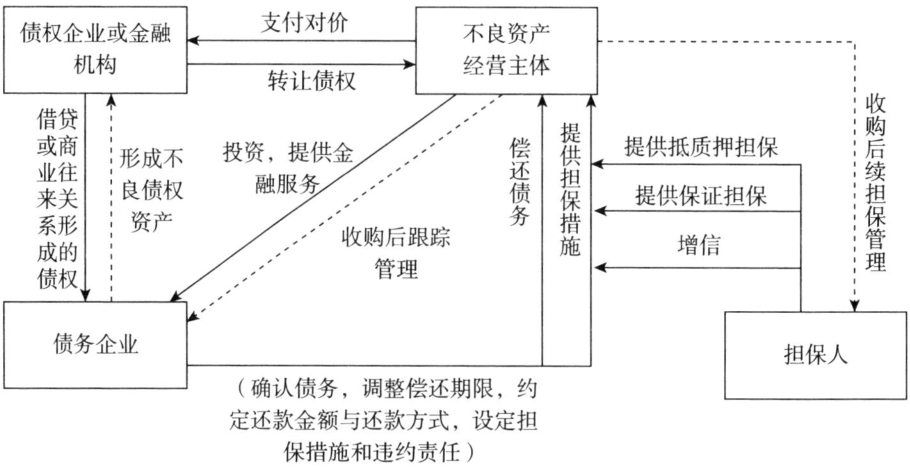

图 10－1　典型债务重组业务架构

二、前置条件

并非所有的债务人都适合采取债务重组的方式进行处置，一般能够采取债务重组的债务企业应当具备如下条件：

一是债务人确实陷入债务危机，此时若要追讨债款，则只能迫使其破产清算；

二是债务人面临的财务困难是暂时的，其生产经营状况并未发生根本性变化；

三是债务重组不会危及债务人生产经营的继续进行。

三、商业模式

目前，市场上针对应收账款等不良资产采取债务重组的方式进行处置的情况比较常见，常见债务重组的商业模式①一般包括以物抵债②、资产置换、债务更

---

① 本书所说的债务重组的商业模式与《企业会计准则第 12 号——债务重组》第 3 条规定的债务重组的几种方式（如债务人以资产清偿债务、债务人将债务转为权益工具或者采取调整债务本金、改变债务利息、变更还款期限等方式修改债权债务的其他条款形成重组债权和债务等）有所不同，会比其范围和外延更大一些。

② 关于债务重组方式的以物抵债，与本书第五章“以物抵债”内容是一样的，参见该章节内容，此处不再赘述。

新、折扣变现、债转股[1]、债务转移、债务加入、债务抵销、债务混同、债务减免等。[2]

(一)资产置换

资产置换,是指两个市场主体之间为了各自的经营需要,在通过合法的评估程序对资产进行评估的基础上,签订《资产置换协议》,[3]从而实现双方无形资产或者有形资产的互换,是以债权换取实物资产及股权的行为。

目前主要发生在上市公司与非上市公司,用于置换的资产包括应收账款、长期股权投资、投资性房地产、固定资产、在建工程、生物资产、无形资产等,在法律本质上与以物抵债是一致的。

(二)债务更新

债务更新,又称"债务更改""债务更替",是指当事人双方以成立新债务而使旧债务消灭的法律行为。

债务更新产生如下法律效果:原债因更新而消灭;新债发生。债务更新是以新债消灭旧债,因此,在旧债消灭时,新债也就发生了。

(三)折扣变现

折扣变现,是指债权人经与债务人或保证人协商,将其拥有的全部债权进行打折后,由债务人一次或分期偿还部分债务,并了结债权债务或担保关系的处置方式,本质上属于债务减免的范围。

(四)修改其他债务条件

修改其他债务条件,是指债权人和债务人就应收账款债务协商变更协议,修改债务偿还条件的方式,如减少偿债金额、降低利率、延长还款期限、免去部分利息等,本质上属于债务变更的范围。

(五)组合方式

组合方式,是指债权人与债务人协商一致,采用债务人以物抵债、资产置换、

---

① 关于债务重组方式的债转股,与本书第六章"债转股"内容是一样的,参见该章节内容,此处不再赘述。

② 有关债务转让、债务加入、债务抵销、债务减免、债务混同有关法律性质与具体法律规定,详见《民法典》第三编"合同"第551条"债务转移"、第552条"债务加入"、第568条和第569条"抵销"、第575条"债的免除"和第576条"债权债务混同"的法律规定,同时请参见本书第二章"合同动态管理"第三节"合同履行管理"有关债务转让、债务加入、债务抵销、债务免除、债务混同有关论述,此处不再赘述。

③ 详见文书范本32《资产置换协议》。

债务更新、折扣变现、债转股、债务转移、债务加入、债务抵销、债务混同、债务减免、修改其他债务条件等各种方式中的几种组合清偿债务的债务重组方式。

无论债权人采取何种方式对债务人的债务进行重组，都各有优劣，目前市场比较常见的债务重组的模式主要是组合方式，如股权 + 债权模式、股权 + 贷款融资模式等。

文书范本32
《资产置换协议》

第二节 实务操作

前面章节我们介绍了目前市场上比较常见的债务重组方式，本节就以“股权 + 债权”债务重组的操作模式采取项目管理方式进行简单介绍。

在重组存续期，采取项目管理制，针对涉及债务企业、债权人、不良资产经营机构等的几方主体，对项目资金、印鉴证照、债务企业、保证人、抵质押物、债务重组形成的股权资产等进行监督管理，具体债务重组的项目交易结构如图10－2所示。

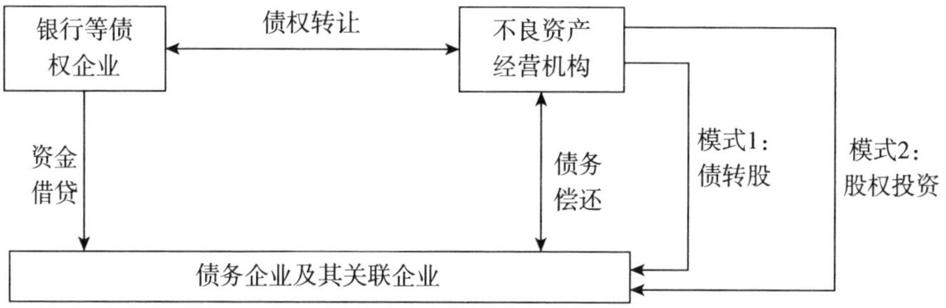

图10－2 债务重组的项目交易结构

一、项目管理

(一)资金监管

第一,核查资金使用与项目方案要求的一致性,落实项目自筹资金是否按计划到位,资金流向是否与批准的用途一致,有无挪用资金的情况。

第二,落实资金账户监管措施。

一是严格执行资金账户监管协议,通过网银密钥管理等方式控制资金划转,确保资金按约定用途支出。

二是通过控制销售合同中公司法人章和合同专用章的用印,加强项目销售管理,确保销售资金(租金)进入资金监管专户。

三是落实资金归集方案的执行情况。

四是对于已控制财务(网银密钥、预留印章等)的项目,严格审批费用支出,有效控制成本;项目资金大额划转和费用支出,经项目组判断需进行审批的,由债务企业提出申请,项目组报所在部门负责人、公司分管领导审批同意后实施。

五是关注债务人在履行还款义务时涉及的账户信息是否与协议约定相符。因第三方代偿等原因造成还款账户信息变更的,应由第三方和债务人提供说明文件。

(二)印鉴及证照监管

对企业的印鉴及证照监管包括但不限于公章、财务章、合同专用章、营业执照副本、银行开户卡等,如为房地产企业,还应包括房地产项目“五证”(建设用地规划许可证、建设工程规划许可证、建筑工程施工许可证、国有土地使用证、商品房预售许可证)等,具体范围按照项目具体方案执行。

第一,印鉴及证照可由债务重组方监管,也可和企业双方共同监管。

第二,印鉴及证照的监管需建立完整的使用台账。每次使用前,一般由项目组所在部门负责人进行审批;经判断有重大影响的,由公司分管领导审批。

(三)债务人的公司治理

第一,加强企业所处行业信息的收集与管理,准确判断企业在同行业中的地位及发展变化趋势,重点关注内容包括:一是政府对所属行业进行严格限制的;

二是国家产业、货币、税收等宏观经济政策变化，对债务人经营产生负面影响的；三是行业和区域出现不利变化及有关配套政策变更，对行业和企业发展产生影响的。

第二，检查企业主体资格及资信的有效性，主要检查内容包括：一是查询企业的工商登记信息，关注其股权结构的重大变化、营业执照是否正常年检等情形；二是了解查询企业金融负债信息，关注其在银行等金融机构授信的重大变化、不良记录等；三是查询全国法院失信被执行人名单信息公布与查询系统、中国裁判文书网等，了解企业涉诉及被执行情况；四是关注企业在公开市场融资及履约情况。

第三，关注企业经营状况，防止出现逃废债现状，关注内容包括：一是生产经营活动出现停产、半停产等显著变化的；二是失去不可替代的关键原材料供应商、主要产品销售商，或存在不能履行重大合约情况的；三是受到税务机关惩处，或卷入重大法律诉讼的；四是发生重大安全事故或遭受重大灾害等情况的；五是主要在建项目工期大幅延长或预算进行重大调整的；六是业务性质、经营目标或习惯做法发生明显改变的；七是企业经营地点搬迁或分支机构发生重大调整的；八是出售、变卖主要的生产性、经营性固定资产的；九是发生对外投资、合资、并购重组、破产、股改等情况的。

第四，关注债务人财务状况及时收集企业财务报表，关注异常的财务变动和不合理的财务数据，特别关注现金流分析，加强企业财务数据的纵向、横向数据比较。一是资产负债率大幅提高，流动资产占总资产比重下降，金额较大或前后变化较大的资产负债科目。二是短期负债增加失当，长期负债大量增加，短期贷款偿还长期债务，到期票据无力支付。三是关注潜在负债，如对外担保数额巨大，或有负债急剧增加。四是产品积压、存货周转率下降。销售额大幅下降，成本提高、收益剧减，出现亏损；应收账款激增，账龄增长。五是财务管理混乱，未按照会计制度记账。六是经营性净现金流持续为负值，筹资活动现金流与上报方案存在重大不利偏差或现金流量结构不合理等。七是关注企业审计情况，是否频繁更换审计机构，审计报告是否被出具保留意见、否定意见或无法表示意见。

第五，关注企业管理状况，重点关注内容包括：一是企业发生重要人事变动，如高级管理人员或董事会成员变动，主要领导行为和健康状况异常，或陷于诉讼纠纷,无法正常履行职责;二是主要股东、关联企业等发生重大不利变化;三是股东、实际控制人或关联企业有抽逃资金的现象;四是高级管理人员或财务管理人员频繁变更。

第六,在债务人管理事项上,对需要监管的项目应做好以下管理:一是对需派驻专人现场监督的项目,应严格按照有关协议约定履行监管事项;二是签订资金账户监管协议的,应确保项目租售(销售资金/租金)收入资金按照协议约定进入资金监管专用账户,对设置预留印鉴进行监管的项目,需落实每笔支付款项实现都已加盖银行预留印鉴;三是对工程进展、工程质量、工程投资等方面需要监管的,通过要求企业提供监理机构监理报告等方式,重点关注已完成的投资情况,施工单位有无变更等情况,必要时可聘请专业咨询机构对项目情况作出分析和判断;四是对租售情况需要监控的,要求定期提供项目租售信息,包括租售面积、租售价格、累计合同额、累计回款额等,并从多种渠道进行核实,结合租售实际,分析项目租售情况是否符合预期,项目租售现金流能否覆盖融资金额等;通过账户分析、台账分析等方式核查项目租售回款是否符合收购方案测算的预期。

(四)保证人管理

第一,加强保证时效的维护。关注保证期间是否在有效期内,在保证期间和诉讼时效内及时主张权利。

第二,关注保证能力。一是应通过关注保证人基本情况,如经营及管理状况、财务状况、对外担保状况等,综合审查保证人代偿能力;二是为专业担保公司提供保证的,要关注其信用等级的变化,代偿执行率、实有资本、担保金额、对外担保金额的变化等;三是对保证能力明显恶化的,要及时提出有效的应对措施并报告。

第三,关注保证意愿变化。一是应通过日常管理和定期现场检查,掌握保证人承担保证责任的主观意愿变化情况,是否有更改保证的倾向。二是关注债务人与保证人的关系密切程度、债务人对保证人的依赖程度、是否存在互保关系。如债务人与保证人的关系恶化,要准确掌握保证人承担责任和风险的意愿,及时采取有效措施并报告,确保债权的安全性。三是针对自然人提供担保或被追加为保证人的情况,还应关注其名下资产、婚姻状况及国籍变化。

(五)抵质押物管理

第一,抵质押物价值管理。一是要密切关注抵质押物价值变动趋势,分析其价值变化对债权资产价值的影响;二是抵质押物出现价值贬损等不利变化的,要及时提出有效的应对措施并报告。

第二,抵质押物变更。涉及抵质押物变更的,按照方案变更要求履行相应审批程序,取得变更后的抵质押物权证后,办理权证移交入库。

第三,抵质押物解押。项目执行过程中,涉及抵质押物解押(包括部分解押)的,需确保收到汇款及解押后抵质押率不高于原方案批复所要求的抵质押率,方能办理解押手续。债务重组方案中有明确要求的,按照方案执行。

(六)日常管理尽职调查

第一,有侧重地对所管辖项目开展日常尽职调查,主要了解债务人履约能力、保证人担保能力、抵质押物价值、监管措施落实等方面的变化,排查潜在的履约风险隐患。风险隐患一经发现,项目组应尽快采取有效措施,保证项目安全,降低风险暴露的安全性。

第二,除现场尽职调查外,应每半年至少一次对债务人、保证人、还款来源项目及抵质押物开展现场走访和调查,并形成存续期管理报告(内容包括项目基本情况、风险控制措施、履约情况、存在情况及应对措施、其他需报告的事项)。

第三,及时掌握债权资产的价值变动趋势,根据会计核算要求,定期(每半年至少一次)判断是否存在减值迹象并进行定期估值,撰写估值报告。

第四,加强项目有关客户的管理和维护,及时了解客户业务需求,发掘业务合作机会。

(七)重大事项管理

存续期重大事项是对项目权益产生重大影响的事项,除上述需报告事项外,还包括重大重组、重大涉诉案件、营业执照被吊销或注销,银行等金融机构集中抽贷,抵质押物被重复抵押或擅自处置,面临贬值或灭失,重大负面舆情、影响社会稳定的重大事项,实际控制人被司法控制、失联、去世等情况。一旦出现上述情况,应结合债务重组预案管理情况,或提前终止债务重组,或对既有资产进行处置以保护既有收益。

(八)项目逾期管理

如出现债务人在存续期不能正常履行重组协议约定义务或发生逾期还款情形的,项目组应及时告知债务人及其相关方并催收,要求债务人按照重组等相关协议中约定的违约条款履行相应义务。

（九）项目退出管理

债务重组业务退出需要以期间财务尽职调查和最后商务谈判为基础，围绕初期拟订的债务重组方案，论证退出结构的合规性、合理性、可行性，再结合项目具体情况推进退出方案。在项目终结认定上，应同时满足如下要求：一是债权债务关系已经终结或消灭，相关法定权利已主张完毕或协议约定义务已履行完毕，其中取得生效判决书或调解及实施破产项目已结案。二是未处置债权余额已为零，回收资金已全部到账，如债权处置回收的资产中有非现金资产，已全部变现且资金已全部到账。三是没有账销案存的债权。

二、注意事项

在重组存续期间，债权人进行债务重组需注意如下事项：

一是不论采取何种形式对债务企业进行债务重组，均需明确约定债权人与债务人解除债权债务法律关系的前提条件，即规定在债务重组协议中约定的有关支付/偿还义务未完全履行之前，债权人保留对债务人追偿的权利；如有抵押或保证债权的，需明确约定解除抵押或保证债权的前提条件是在债务人按照债务重组协议约定履行全部偿还义务之后。

二是对于以物清偿或资产置换方式的，在协议中要明确债权人和债务人双方具体资产的名称、数量、价值等要素，明确办理资产抵债手续的相关事项及双方权利义务。

三是如果采取债权转股权的方式，有关注意事项请查阅本书第六章“债转股”具体内容，此处不再赘述。

四是如果采取债务更新、折扣变现或者修改其他债务条件等债务方式的，关键在于：无论是采取延长偿还期限、减免债务金额、减免利息，还是债务更新、折扣变现等组合方式，务必在协议上明确债务人偿还债务的前提条件，即通过签署《债务重组协议》[①]使债务人的还款意愿和还款能力有明显改善和提升。

① 关于债务重组协议，除签署《资产置换协议》外，还可以签署通用版的《债务重组协议》，明确重组方式、业务模式、操作流程等有关权利义务内容，详见文书范本33《债务重组协议》。

文书范本 33

《债务重组协议》

第十一章　资产证券化

正如前文谈论的利用信用保险、商业保理等手段对应收账款进行法律风险预防或者盘活处置，本质上是融资手段。同样地，对应收账款债权进行资产证券化处理并达到清收的目标，其本质也是一种融资手段和融资工具。

第一节　基本问题

应收账款资产证券化，是指以特定基础资产或资产组合（企业应收账款）所产生的现金流为偿付支持，通过结构化方式进行信用增级，在此基础上发行资产支持证券的业务活动。

目前企业应收账款资产证券化的主要模式包括贸易项下的应收账款资产证券化和嵌套保理通道的应收账款资产证券化两种类型（本书所称的资产证券化或资产支持专项计划，都是指企业应收账款资产证券化，不作具体类型区分）。

一、基本特点

无论是贸易项下的应收账款资产证券化，还是嵌套保理通道的应收账款资产证券化，其本质都是企业资产证券化或者资产支持专项计划，从法律方面来看，都具有共同性：对企业资产证券化的监管和立法是一个渐进的过程，从开始的严格审批制到注册备案制，方便了企业利用资产证券化这个融资工具进行融资。

目前企业应收账款资产证券化具有如下基本特点：

一是主管部门是中国证监会；二是中国证监会审核方式为事后备案制；三是组建证券公司或者基金子公司资产支持专项计划作为具有破产风险隔离功能的

特殊目的载体(SPV);四是对于发起人并未明确规定具体要求;五是发行方式采用非公开发行;六是主要面向合格投资者且合计不超过200人;七是基础资产不是列入负面清单的资产,符合法律法规规定,权属明确,可以产生独立、可预测的现金流且可特定化的财产或财产权利或者财产构成的资产组合,显然,企业应收账款符合要求的基础资产;八是受托机构为证券公司、基金管理公司子公司;九是信用评级,应由取得中国证监会核准的证券市场资信评级资格的资信评级机构,对该资产支持专项计划证券进行初始评级和跟踪评级;十是可以在证券交易所、股权交易服务机构、机构间私募产品报价与服务系统、证券公司柜台市场等场所进行交易;十一是登记托管机构为中国证券登记结算有限责任公司或中证机构间报价系统股份有限公司;十二是主要法律依据为《证券公司及基金管理公司子公司资产证券化业务管理规定》《资产支持专项计划备案管理办法》《资产证券化业务基础资产负面清单指引》及配套规则。

根据实际情况设计的应收账款资产证券化的交易结构,涉及多方参与主体,同时涉及多方复杂的法律关系,具体如图11-1所示。

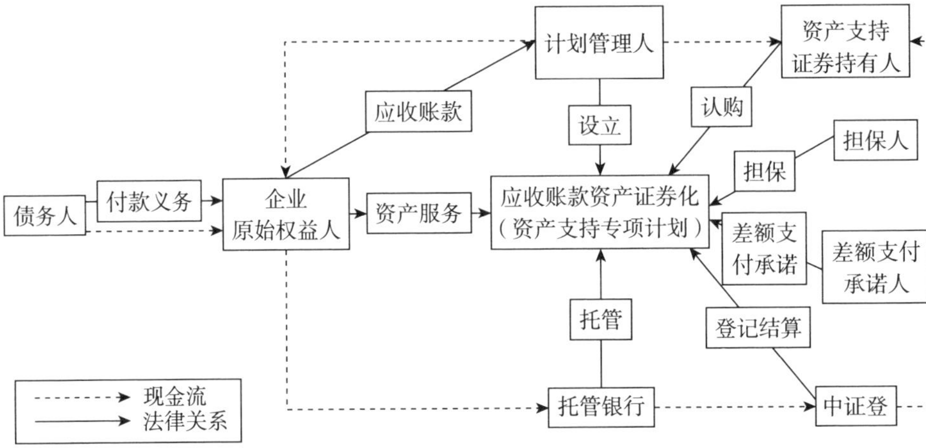

图11-1 应收账款资产证券化的交易结构

二、参与主体

应收账款资产证券化业务操作中涉及的主体非常多,一般包括原始权益人

(发行人、应收账款债权企业,一般为保理公司)、证券公司或者基金管理公司子公司(管理人或受托人)、销售机构、资产服务机构、资金保管机构(商业银行)、中介机构(如律师事务所、会计师事务所、评级机构等)、登记结算机构(中证登)、投资者(认购人、资产证券持有人)等。

(一)原始权益人

原始权益人,是指按照《证券公司及基金管理公司子公司资产证券化业务管理规定》(以下简称《49 号文》)及约定向资产支持专项计划转移其合法拥有的基础资产以获得资金的主体,即融资方。

根据基础资产类型不同,原始权益人也不同,在应收账款管理中,一般为贸易公司、保理公司或融资租赁公司,即非金融机构,且为特定原始权益人,其业务经营可能对该资产证券化投资者的利益产生重大影响。

法律上对原始权益人有相应的要求,如企业设立、存续情况、股权结构、组织结构、治理结构、财务状况及主要债务信用状况等方面均不存在异常或不合法、不合规的情况,其取得并持有基础资产应具有相关政府部门颁发的相应资质或批文,其主营业务情况及持续运营能力等满足尽职调查的要求等。

(二)特殊目的载体及其管理人

特殊目的载体,是资产证券化过程中,作为管理人的证券公司、基金管理子公司专为开展资产证券化业务和风险隔离而设立的特殊实体,其设立目的在于在证券化资产或专项计划资产与发起人的其他资产之间实现破产隔离,最大限度地降低发起人的破产风险对证券化的影响,从而保护投资者的权益。

该特殊目的载体的资产独立于原始权益人、管理人、托管人及其他业务参与人的固有财产。原始权益人、管理人、托管人及其他业务参与人因依法解散、被依法撤销或者宣告破产等进行清算的,专项计划资产不属于其清算财产。

该特殊目的载体的管理人一般由开展资产证券化业务的证券公司、基金公司或其子公司担任。

管理人在资产证券化业务中主要承担对该专项资产计划成立前的全面尽职调查,资产支持专项计划的发行及相关信息披露、募集资金交付等,专项资产计划存续期间的管理、监督检查、督促合同履行、建立基础资产现金流归集、分配收益、信息披露等,在该专项资产计划终止后的清算等义务。

(三)销售机构

对于企业资产的专项资产计划,不需要委托特定的承销机构,可以由管理人同时作为该专项资产计划的销售机构，当然管理人也可以委托其他销售机构对专项资产计划进行推介和销售提供服务。

（四）资产服务机构

资产服务机构主要负责对基础资产的管理、对专项资产计划现金资产进行归集，并向投资者进行转付等提供专门的服务，一般交由原始权益人担任。

（五）监管/托管银行

为了防止资产服务机构、原始权益人自身挪用资金风险，管理人和资产服务机构共同委托一家商业银行作为资金的监管/托管银行，对该专项资产计划产生的基础资产、现金流资金等提供资金监管或托管服务。

（六）资产支持证券持有人（投资者）

资产支持证券持有人，是指具有投资资产支持证券的所有合法权利、授权及批准，以其资金来源及用途均合法的资金，在遵守《风险提示书》中认购人声明的前提下，购买资产支持证券的投资者。

（七）登记托管机构/支付代理机构

登记托管机构/支付代理机构是为资产支持证券提供登记托管和支付结算服务的机构，如果是在上海证券交易所挂牌的，则该机构为中国证券登记结算有限责任公司上海分公司；如果是在深圳证券交易所挂牌的，则该机构为中国证券登记结算有限责任公司深圳分公司；如果是在北京证券交易所挂牌的，则该机构为中国证券登记结算有限责任公司北京分公司。

（八）增信机构

增信机构，是指通过外部增信方式为资产支持证券提供提高信用等级服务的外部机构，一般包括差额支付承诺人、担保人、流动性支持机构。

（九）中介机构

中介机构，是指为资产支持证券提供法律意见书、财务审计报告、市场资信评级、资产评估等特定服务的专业中立的第三方机构，一般包括律师事务所、会计师/审计师事务所、评级机构、资产评估机构等。

三、法律关系

企业应收账款资产证券化的交易结构中涉及法律关系非常复杂，但总体上体现为信托法律关系、委托法律关系、担保法律关系等，具体以贸易项下的应收账款资产证券化为例。

(一)贸易项下应收账款的法律关系

贸易项下应收账款法律关系，是指根据贸易合同产生的应收账款的债权人和债务人，基于应收账款合同或者基础合同而产生的债权债务法律关系。

(二)管理人与特殊目的载体之间的法律关系

由于该特殊目的载体是管理人为从事企业资产证券化业务而依据法律规定形式设立的特殊主体，在法律性质上属于非独立的法人主体，管理人通过服务合同按照该特殊目的载体的指示，为其提供相应的管理服务。因此，两者之间应当属于委托代理法律关系，管理人作为受托人有权以自己的名义，在作为委托人的专项资产计划的授权范围内与第三人签订合同，并处理专项资产计划存续期间的各项事宜，包括将专项资产计划募集资金用于购买基础资产、管理专项计划资产、分配专项计划利益等。

(三)投资者与特殊目的载体之间的法律关系

根据《49号文》和《证券投资基金法》的规定，结合投资者与管理人签署的《资产支持证券认购协议》约定条款来看，约定管理人接受投资者的委托，设立专项资产计划，按照交易文件的约定，对投资者的认购资金进行管理、运用和处分，相应的投资风险由投资者自行承担，因此双方应属于委托代理法律关系。当然，也有不同的观点，认为投资者与特殊目的载体之间符合《信托法》规定，应属于信托法律关系。

(四)原始权益人与特殊目的载体之间的法律关系

在专项资产支持计划中，原始权益人在其业务开展中形成能够在未来产生稳定现金流的基础资产，基于其对基础资产所拥有合法的处分权利，通过签署《专项计划资产买卖协议》以真实出售的方式将基础资产转让给特殊目的载体，获得转让对价。因此，原始权益人与特殊目的载体之间就形成了买卖法律关系。

(五)销售机构、服务机构、监管/托管银行、登记托管机构/支付代理机构、中介机构与特殊目的载体之间的法律关系

作为该特殊目的载体代理人的管理人与销售机构、服务机构、监管/托管银行、登记托管机构/支付代理机构、中介机构签订相应的《专项计划资产销售协议》《专项计划资产服务协议》《专项计划资产监管协议》《专项计划资产托管协

议》《专项计划资产登记托管协议》《资产支持专项计划服务聘用协议》等，委托上述机构为该专项资产计划支持证券的销售、基础资产的回收与转付，专项计划资金的监管、托管，资产支持证券持有人本息的兑付、尽职调查及报告的出具等事宜提供专业的服务，因此双方之间形成了委托代理法律关系。

（六）增信机构与特殊目的载体之间的法律关系

增信机构主要是为专项资产计划提供担保，与管理人签署《专项计划资产担保协议》并承担担保责任，故双方之间存在担保法律关系。

有时会有差额支付承诺人为应收账款资产证券化的投资者提供差额支付的承诺，向管理人和投资者出具《差额支付承诺函》并履行差额支付的担保责任。

四、交易流程

对于应收账款资产证券化交易结构设计，主要考虑两个问题：一是顺利完成基础资产向特殊目的载体的转让；二是通过特殊目的载体向证券交易市场投资人发行收益凭证。

因此，应收账款资产证券化的交易流程具体包括遴选基础资产、设立特殊目的载体、转让和交割基础资产、发行资产支持证券、增级信用和偿付等。

第二节　实务操作

一、业务流程

应收账款资产支持专项计划操作流程包括监管审核流程和具体操作流程。

（一）监管审核流程

第一步，提交证券交易所事前审查；第二步，取得证券交易所无异议函后发起设立资产支持专项计划；第三步，专项计划成立后5个工作日内向基金业协会申请备案；第四步，管理人持备案证明办理证券交易所挂牌转让；第五步，专项计划存续期间进行日常报告；第六步，专项计划终止后向基金业协会报告。具体如图11-2所示。

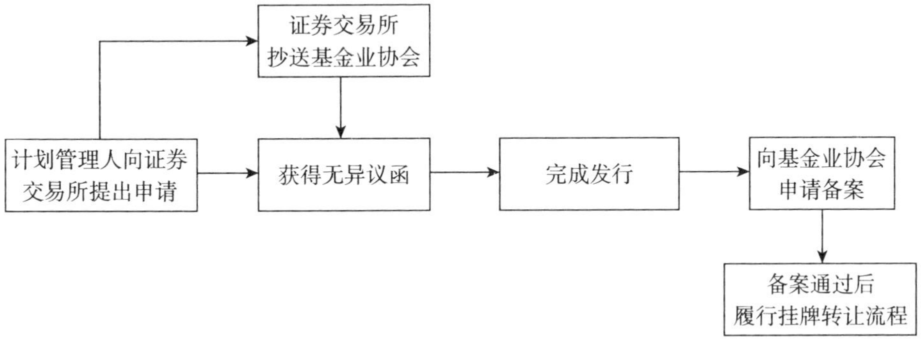

图 11-2 应收账款资产支持专项计划监管审核流程

(二)具体操作流程

第一,准备阶段。首先由原始权益人对开展资产证券化的必要性、可行性和基本方案进行内部讨论和决策;其次对原始权益人的确定和基础资产进行选择;再次选择和确定中介机构;最后确定基本融资要素,包括确定交易结构、产品方案增信措施、现金流归集与分配方案等。

第二,执行阶段。首先中介机构对特定原始权益人和基础资产等进行尽职调查;其次进行交易文件起草和讨论;再次原始权益人对开展资产证券化履行内部决议流程;最后对信息系统进行搭建或改进。

第三,发行阶段。发行阶段主要工作是路演推介和产品定价。

第四,后续服务管理。包括资产服务管理、循环购买管理和信息披露管理等工作。

二、操作难点

一是应收账款的回收不能与原始权益人完全隔离;二是票据支付方式带来的后续操作成本增加;三是应收账款无利息收入与资产支持证券利息兑付之间存在不匹配情况;四是应收账款转让对价难以合理确定;五是目前企业间的应收账款存在普遍的非恶意逾期情形,会给应收账款证券化现金流的预测和管理、产品设立后资产支持证券的按期本息兑付带来一些不确定性;六是应收账款的确认和管理存在一些操作难度。

三、法律关注点

（一）基础资产

根据《49号文》第3条的规定，基础资产是指符合法律法规规定，权属明确，可以产生独立、可预测的现金流且可特定化的财产权利或者财产，可以是单项，也可以是多项或者资产组合。具体要求如下：第一，基础资产的创设、持有和转让符合合法合规性；第二，权属明确，在计划设立时属于原始权益人；第三，可特定化，具有可描述性和界定性，可以在时间、空间和金额上进行量化；第四，基础资产在法律属性上独立，且能够实现风险及破产的双重隔离，具有独立性；第五，基础资产产生的现金流具有可预测性及持续稳定性；第六，基础资产不得附带担保负担或者其他权利限制，即无权利负担；第七，规模及存续期限与资产支持证券相匹配；第八，基础资产具有多项财产且是同一基础合同或基础法律关系项下产生的，具有可组合性；第九，不属于中国基金业协会颁布的《资产证券化业务基础资产负面清单指引》（以下简称负面清单）。

（二）交易结构选择

一种是采取内部归集机制。如果作为应收账款债权人的关联企业均作为出卖人与相应的债务人之间存在产品供销关系，都拥有应收账款债权的，可以考虑由其中一家公司或集团内其他公司与该等供应商之间签订应收账款转让协议，对应收账款进行内部归集，再由该受让方将其享有及受让的全部应收账款债权及其附属担保权益作为基础资产进行转让，设立资产支持专项计划。采取内部归集的应收账款开展资产证券化项目时，重点关注归集合同的有效性、应收账款转让的对价、应收账款转让后现金流归集方式等重要事项。

另一种是采取循环购买机制。在应收账款的账龄短于专项计划存续期间的情况下，为了将基础资产的期限与专项计划期限相匹配，就可以采取“一次发行、循环购买”的交易结构，即专项计划回收款扣除利息和税费后，不会先用于偿付资产支持证券的本金，而是向原始权益人购买新的应收账款。在循环购买期限内，管理人有权按照资产买卖协议的相关约定，于循环购买日持续买入符合合格标准的新增基础资产。在循环购买期限届满后发生提前结束循环购买期事件后，管理人不再向原始权益人购买新增基础资产。

（三）权利完善措施

通常情况下，原始权益人作为转让人尽量避免或减少对基础资产底层债务人的打扰，一般会进行约定的权利完善事件①后，向基础资产项下的债务人、受让人、计划管理人、担保人等发出权利完善通知，从而保证基础资产的合法有效转让性。

表 11－1　法律关注点

原始权益人资质要求	合法拥有一定规模应收账款权属的一般工商企业
基础资产定义	原始权益人依据销售合同对买受人享有的应收账款及其附属担保权益 ● 贸易项下的应收账款：企业因销售商品、产品、提供服务而产生的基于贸易合同的应收账款债权及其附属担保权益 ● 嵌套保理通道形成的应收账款：保理商先行受让贸易项下应收账款后，该等保理合同项下的保理合同债权及其附属担保权益
资产部分筛选标准	● 原始权益人已履行义务且债务人未提出相关拒付应收款的抗辩主张 ● 基础资产不属于违约基础资产 ● 设置应收账款对应的债务人在行业、区域上一定的分散度标准
交易结构选择	● 可选择出表或者不出表 ● 可采取循环购买方式延长融资期限 ● 是否对灭失基础资产（折扣、法定理由主张拒付、账目错误）赎回 ● 未来应收账款是否可入池，是否采取嵌套信托模式 ● 对于债务人采取票据作为支付结算手段，票据到期被以现金形式兑付/承兑时或被原始权益人背书转让后到期被以现金形式兑付承兑时才认为专项计划产生回收款
已发行案例参考	● 出表案例：五矿发展应收账款资产支持专项计划 ● 不出表案例：宝钢集团新疆八一钢铁应收账款资产支持专项计划

四、经典案例

● 项目名称：五矿发展应收账款资产支持专项计划。

① 关于权利完善事件，是指下列任一事件：（1）发生任何一起资产服务机构解任时间，导致资产服务机构被解任；（2）评级机构给予原始权益人的长期主体信用等级下降至低于一定等级；（3）发生与原始权益人有关的丧失清偿能力事件；（4）买受人未履行其在应收账款合同、基础合同项下的任何义务，以致须针对提起法律诉讼或者仲裁申请。

- 原始权益人：五矿发展股份有限公司。
- 基础资产：五矿发展依据销售合同及与其下属全资子公司签订的应收账款转让合同而享有的对买受人的应收账款及其附属担保权益。
- 规模、分层与评级：

	优先级	次级
规模(亿元)	26.47	2.94
发行利率(%)	6	N/A
期限(年)	3	N/A
评级	AAA	N/A

- 增信措施：优先/次级(10%)分层、现金流超额覆盖、回收款转付频率调整、差额支付承诺。
- 项目亮点：

1. 首单应收账款资产证券化项目，也是首单央企资产证券化项目；

2. 循环购买模式解决了应收账款期限短于资产支持证券期限的问题；

3. 基础资产来源于五矿发展多个全资子公司，通过债权转让由五矿发展先行归集，并作为单一原始权益人发行专项计划，充分利用五矿发展主体信用评级优势的同时，避免尽职调查及信息纰漏的烦琐。

第3部分

法律救济管理

第十二章　法律谈判

利用法律谈判解决应收账款清收问题，是目前大多数债权人常规的选择和共识。

法律谈判与诉讼、仲裁相比，具有很大优势，[①]如避免了审判结果的不确定性和法律救济的有限性，节省了经济成本（包括社会成本和心理成本），缓和了审判带来的心理压力和双方紧张关系等。

但要记住一点，虽然法律谈判简单易行、省时省力，但其受到主客观因素的影响，实际效果不好把控，具有易变性和不稳定性的特点。

第一节　基本问题

法律谈判，是指律师借助法律知识、法律技能和谈判技巧为实现一定权利、利益与相对方达成合意而进行的一系列沟通、磋商，旨在协调其相互关系，赢得或维护各自利益的行为过程。其本质是通过沟通和让步来解决民商事纠纷。

本书主要对企业应收账款的民商事纠纷方面的法律谈判进行讨论。

一、谈判本质

无论是法律谈判，还是其他任何形式的谈判，都是为了解决法律纠纷而进行的讨价还价，本质就是妥协和让步。妥协让步是一个关键因素，是一项有意义的

---

① 关于法律谈判的优势，详见［美］拉里·L. 特普利：《法律谈判简论（原书第三版）》，陈曦译，中国政法大学出版社 2017 年版，第 2 页。

交流,是一项困难且富有挑战的工作,[①]是一种科学的冲突管理工具和艺术。

二、谈判目标

法律谈判中所有的行为都是为了接近你的目标,明确谈判目标是谈判的第一步。简单来讲,就是满足当事人的真正利益和合理需求,维护其利益并使之最大化。法律谈判者不要被“输赢”的念头冲昏了头脑,不要以击败对手为目标。律师仅是当事人的代理人,为当事人就谈判提供相关事实、法律以及对当事人利益进行分析和评估,律师不享有法律谈判的决定权,当律师与当事人对法律谈判存在认知和价值观冲突时,律师应当忠于当事人的决定。

三、基本原则

法律谈判应遵循两个基本原则:诚实信用原则、专业化原则。

诚实信用原则是谈判的基础,如果谈判对手认为你不具有诚信度,则谈判无法进行。在谈判对手认为你的诚信度存在问题时,即使谈判能够进行,对方的报价中必然包含一部分你的诚信风险的对价,也就是说,你要付出更高的对价才能达成交易。

就专业化原则而言,法律人谈判的最大特色在于其对法律的精通,同时需要对冲突的业务非常熟悉和了解,谈判中涉及的法律问题要充分掌握话语权,这是赢得当事人乃至对手尊重的基础。

为此,法律人在谈判前需要认真仔细地做准备工作,交易的性质、过程以及可能的方案中所涉及的法律问题都应该事先做周详的准备。

四、谈判要素

影响谈判成功与否的要素较多,因此谈判者需要提前做好准备,具体要素包

---

① 关于法律谈判的本质,详见[美]拉里·L.特普利:《法律谈判简论(原书第三版)》,陈曦译,中国政法大学出版社2017年版,第3页。

括冲突地带、核心诉求、限制因素、妥协空间、表外条款等。①

1. 冲突地带。

关于冲突地带，谈判者需要详细列出双方的分歧所在。例如，我们是否存在法律冲突？法律冲突发生在哪里？我们是否能够达成协议解决法律纠纷？达成协议解决法律纠纷的空间在哪里？

2. 核心诉求。

关于核心诉求，重点是要明确自己必须达到的谈判结果。作为代理当事人的律师，可以利用 SMART 模型②设定谈判目标，明确当事人的核心诉求，可以用公式诉求 = 核心诉求 + 妥协空间。

3. 限制因素。

关于限制因素，一般包括法律的规定、职业道德与规范的要求、双方的谈判底线等。

4. 妥协空间。

关于妥协空间，可以利用 ARCI 沟通模型（以下简称阿喜法则），③明确法律谈判过程中协助任务相关者的不同角色和定位，进行有预谋的让步，不仅适用于己方，同样适用于对方，这样就有助于谈判者达成法律谈判的目标。如：

■ 哪位是负起最终责任者 Accountable？

■ 哪位是实际任务完成者或执行者 Responsible？

■ 哪位是在最终决定或行动前必须事先咨询者 Consulted？

---

① 谈判的要素通常采取"5C 谈判筹划模型"，有关谈判的要素详见李雪松：《逆势谈判——助华为突破僵局的降维谈判法》，北京联合出版公司 2021 年版，第 39 页。

② 关于 SMART 模型，是乔治·多兰在《管理评论》中发表《用 S. M. A. R. T. 方法写出愿景及管理目标》，即 Specific 具体的行动、Measurable 可测量的标准、Attainable 可达到的可能性、Relevant 有相关性的结果、Time bound 有明显截止日期的时间。

③ 关于阿喜法则，来源于以服务为导向的 IT 服务管理，目前逐渐成为全球企业重视的管理概念与标准，最主要是用来对抗"本位主义"，强调的是"当责"，如果说"负责"是对自己的承诺，那么"当责"就是对别人的承诺，把对的事情做对。阿喜法则的目的是协助任务相关者的分析与项目的规划，进而确认责任范围。有助于角色的分配与协调，根据阿喜法则，一个管理项目的角色可分为 Accountable 当责者（负起最终责任者，是经理人，有否决权，每个活动内只有一位 A）、Responsible 负责者（实际完成任务者，是执行者，负责行动与执行，可有多人分工，其程度由 A 决定，他遵循 A 的领导做事）、Consulted 事先咨询者（在最终决定或行动前必须咨询者，可能是上司或外人，为双向沟通的模式，须提供 A 充分资讯，简单地说就是顾问）、Informed 事后被告知者（在决策之后或行动完成后必须告知者，是有关人员，在各层及部门为单向沟通之模式，是执行的一部分）。

■ 在决策之后或行动完成后必须告知者 Informed?

5. 表外条款。

关于表外条款,实际就是双方就法律纠纷达成协议的具体条款。可以通过加入新的变量将法律纠纷升到高维空间,如利用时间进行转换(用时间换空间)、集思广益等,从而达成符合当事人需求的合同条款。

五、高效谈判者

在法律谈判中,要成为一个高效的法律谈判者,这样才有能力识别和理解谈判对手在法律谈判中通常会采取的基本谈判模式以及可能运用的基本策略,最终达成谈判协议,顺利解决双方之间的民商事纠纷。

一位高效的法律谈判者,会被视为具有准备充分的、对法律机敏的、务实的、理性的、善于分析的、讲理的、有创造力的、多面手的、随机应变的、老练的、有道德的、值得信赖的、诚实的、自控的、善于识人察物的、敏锐的、有说服力的、高效的出庭律师等特征。

六、谈判策略

法律谈判策略,是谈判者首先需要解决的一个问题,是在法律谈判中采取具体谈判技巧、方法、模式等综合体,是方向性、指导性的思路、观念的统称。

法律谈判策略通常分为竞争策略(对抗策略)、合作策略和解决问题策略。

(一)竞争策略

竞争型法律谈判策略,是指以某种有统治力的、竞争的、强力的、强硬的、好斗且不乐于合作的方式去谈判,在心理上通过言辞或者行动针对对手为客户争取有利的和解方案的谈判策略。对于高效的竞争型法律谈判者而言,他/她会希望为客户争取最有利的和解方案、为自身获得最可观的律师费、希望超过或以策略战胜或击败对手、利用胁迫方式扩展有利于客户的事实,但有时也会作出妥协。

(二)合作策略

合作型法律谈判策略,是指以某种相对客观、公平、可信的方式去谈判,在心理上亲近谈判对手,并通过公开信息交换达成谈判协议的策略。对于高效的合作型法律谈判者而言,他/她会十分关注伦理行为、希望尽可能为客户和解、关注客户所需、希望与对手建立或维持良好的人际关系。

(三)解决问题策略

解决问题型法律谈判策略,是指合作的、值得信赖的,同时又是强硬的谈判策略,是合作策略和竞争策略的混合体。运用这种谈判策略的法律谈判者,会让谈判对手相信,谈判者的主张强而有力且其有能力捍卫其主张,为了解决纠纷不得不作出重大让步,这样做最符合自身的利益。

七、影响因素

法律谈判是通过说服对方来实现其目标和达到目的的,但会受到很多因素的影响。

(一)谈判对手

在进行谈判时,首先应该了解谈判对手是怎样的,其次应该理解和了解他们的观点、认知、需求和感情。研究表明,谈判成功的因素往往与事实没有关系。

(二)信息

信息不仅包括己方的信息,最重要的是对方的信息,第一步要分析信息,寻找我们和对方的共同点与共鸣点。

(三)沟通

谈话的方式非常重要,不要先入为主,要从情绪上与对方进行连接,理解他们,看重他们的想法,了解他们的思想和思维。

(四)情绪与情感

保持情绪稳定。不要说过于情绪化的语言,要有同理心,能够尊重别人的想法。如果有了情绪,应该先冷静下来,让别人替代你进行谈判。

注重与谈判对手建立情感联系。最为重要的是要就事论事,或者不要认为对手在指责我们。了解人们获得自己身份认识的来源,如家庭、朋友、性格、爱好、职业、“成见”(包括种族、宗教、性别、国籍、族裔等)等,应该与谈判对手产生连接。

(五)其他因素

法律谈判过程中,还需要考虑其他问题,即对方的核心利益、面对的谈判局势、手中的“牌”、所处的谈判阶段、时间因素、心理因素、法律规制、法律因素在整个谈判中的比重、对手因素等。

八、注意事项

法律谈判过程中应避免如下错误：

一是尽量不要运用权力和手段。运用权力和手段只会带来不良后果,如报复性对抗、浪费时间等。

二是尽量不要威胁对方。威胁会带来各种各样的不良后果,但在现实中威胁并没有用。正确的做法是,用不同的方式去了解对方的底线是什么。一定要注意,谈判时用的每一个词,一定要经过非常慎重的选择,必须让对方听着舒服,所以谈判的本质是以对方为中心的沟通。

三是尽量不要给对方时间压力。首先,需要给自己和对方更多有效沟通的时间。其次,选择最容易的地方入手,不要抠那些最难谈的条款。最后,不要提及谈判协议的最佳备选方案。所以建议大家,找到一个可以谈判的条件,一定要坚持到底,而不是中途告诉对方还有其他对象可谈。

四是尽量不要把自己变成问题所在。不管是中美贸易摩擦的谈判,还是巴以谈判,其实就是一群人在一起试图达成一个共识。

五是尽量不要情绪失控。情绪失控是高风险的行为,包括不再倾听、报复、惩罚等。此时,需要做的最重要的一件事情是想办法重新冷静下来。可以道歉、可以表示理解、可以通过情绪的手段去打动他们,不要跟别人吵架,不要去对抗,学会重视别人、关注别人,管理好自己的情绪。

六是没有足够地去关注人。一定要记住,你是谈判当中最不重要的人物。

第二节 谈判流程

法律谈判与其他谈判相同,一般包括谈判前准备、开局、控场、磋商和终局。

一、谈判前准备

当面临谈判的时候,成功的谈判者往往只有一个选择,即去准备。这就意味着要花费必要的时间来确保你的假设和信息是准确的、详细的,有足够的细节让你掌控整个谈判。

谈判前准备,第一个问题:需要准备什么?

第一,第一印象。提前准备好你的外表、服装、言谈、举止和风度,有意识地培养人际交往的技巧,让委托人肯定一个事实:你的委托人选择你是正确的。

第二,有效交流。控制住最开始的会谈,尽可能客观并保持怀疑;做好有效交流,表达一定要准确、简洁,做一个积极的聆听者,不要轻易打断谈话。

第三,当事人目的分析。对委托人的目的进行分析,如果谈判中的一切可以如他人所愿,委托人希望谈判的最终结果是什么?如果谈判中的一切都对我们不利,委托人希望得到的最差结果是什么?委托人的交易点、次要点和贸易点是什么?对方的交易点、次要点和贸易点是什么?

第四,评估案值,[①]各方的利益、权利和权力。首先,根据案值的基本要素,如基本事实、己方和对方的信息、法律依据、拟定谈判问题清单等进行评估,通常按照公平和解价值公式计算得出。[②] 其次,根据各方的利益进行评估,利用开放式提问方式,确认各方的真实需求和利益,分清利益的先后顺序并根据重要性进行排序,如表 12 - 1 所示。

表 12 - 1　各方利益排序

利益的种类	客户的利益	对方的利益
1. 财务		
2. 履行		

---

① 案值,是指案件的价值,此处是指与法律谈判相关的事件、纠纷或案件等涉及的标的物、款项、经济成本与利益、损失等价值。

② 关于案件的公平和解价值 FSV = (PAV × PPV) - UV - PC + DC ± I,其中,PAV 是指最可能形成的通常裁定;PPV 是指利于原告裁定的概率;UV 是指裁定中无法实现的部分;PC 是指原告获得裁定的成本;DC 是指被告抗辩的估算成本;I 是指无形因素的价值。详见[美]拉里·L. 特普利:《法律谈判简论(原书第三版)》,陈曦译,中国政法大学出版社 2017 年版,第 112 页。

续表

利益的种类	客户的利益	对方的利益
3. 自由		
4. 心理		
5. 名声		
6. 关系		
7. 人类基本需求		
8. 最重要的利益		

再次,对谈判各方权利进行准确评估,以法律纠纷诉讼案件为例,具体如表12－2所示。

表12－2　谈判各方权利评估

对索赔的分析	原告	被告
1. 法律依据 2. 抗辩 A. 优势 B. 劣势 3. 事实依据 A. 优势 B. 劣势		
4. 达成协议所需要的额外信息 5. 哪一方可能占据优势 6. 如何改变双方的权利关系		

最后,对谈判各方权力进行准确评估,具体如表12－3所示。

表12－3　谈判各方权力评估

权力的种类	客户的权力	对方的权力
1. 经济 2. 社会 3. 心理 4. 政治 5. 专业知识		
6. 这些权力关系对交易谈判的影响如何 7. 如何改变权力关系		

通过一些评估方法进行分析和评估，最终确认双方的谈判优势和劣势，为接下来制定谈判策略奠定基础。

第五，准备好谈判策略。根据委托人的目标进行规划，根据对方的交易点、次要点和贸易点，保持灵活的谈判策略，同时准备好谈判的最佳替代方案（Best Alternative to a Negotiated Agreement，BATNA）。

二、开局

开局重点把握事项：如何取得谈判的控制权？

开始谈判的原则：理性地停、看、听，不要落入泄密的陷阱，如反应过激、说的太多、没有核实重要的信息、没有足够的信息就采取行动、没有掌握程序中的要点、准备不充分、泄露战略计划等，要尽可能获取双方信息、营造和谐气氛和建立信任、均衡理解双方、界定谈判的参数和合理利用优势地位等。可以利用个人直接联系、电话、信件或电子邮件、面谈等。

三、控场

控制谈判的每一个阶段，包括谈判的时间、地点、节奏、强度等。开场措施的一个主要目的就是要获得谈判的主导权，同时坚持权利是控制谈判的关键。

一是做好谈判时间和地点的选择。最好选择自己谈判状态最佳的时间和我方办公室。把握谈判的每个节奏点，如我方处于劣势或在僵局时，可以采取拖延措施让时间成为同盟；如果你是喜欢进攻型谈判模式的律师，可以通过加速使事情尽快终结。记住：在谈判的任何阶段都不要使对方处于优势，如对方处于优势，立刻采取措施使我方实力取得均衡。

二是学会控制谈判强度。控制的重点是使谈判不偏离正题，学会重复，重复，再重复，集中精力聆听对方的讲话，但是要把聆听的重点放在我方认为的重要的问题上，不聆听或理解对方将会阻止我方获得各方都能接受的可行的解决方案。

四、磋商

一是提高谈判优势：利用巧妙的谈判策略。利用最后期限，并坚定我方的立场让制裁予以执行。切忌没有耐心、轻松决定。利用意外作为有用的谈判策略,要有耐心,并坚持不行动,不要放任事态恶化、承认失败。在适当时候作出弹性、有计划的让步,避免被设计,为以后的让步提高要价。

二是以退为进:处理挫折的系统措施。当谈判处于不利情形下,不要把情况弄得更糟,去赢得时间并改变策略缓和对手,不要攻彼之强,调用不确定这一手段,打出离开战略这张牌,有条件地妥协,减少损失,不要一次性全部妥协,在次要的条款上妥协以挽救协议,去夸大妥协条件的机制,掩饰损失,但要及时通报你的委托人并保持心态的职业化。

五、终局

做好尽可能完美的结束。结束谈判的适当时机就是当每一个人都准备好并愿意对计划中的合同的每一个条款都表示同意的时刻。给出一个最后期限,促使交易结束,但不要着急结束,一定要做好以下三点:

第一,除非我方获得了所想要的信息并可以作出明智的要价或者对要价作出有见地的回应。

第二,除非对方已经做好结束的准备并将会把你的努力看作有信用。

第三,除非我方已经做好了结束的准备。

一旦对手接受条款,就要立刻结束谈判,并快速完成文书工作。

第三节 实务操作

一、法律调解

在处理应收账款的问题时,为了以后能够重新建立信任关系,同时考虑到调解的自愿性、保密性、便捷性和低成本的独特优势。因此,债权人和债务人更倾向于采取“调解”来解决应收账款清收问题。

调解,是指中立的第三方在当事人之间调停疏导,帮助交换意见,提出解决建议,促成双方矛盾化解的活动。目前调解主要有五种形式:诉讼调解[①](法院在诉讼前或诉讼过程中的调解)、行政调解(行政机关在执法过程中的调解)、民间调解(民间组织机构在解决争议过程中的调解)、律师调解(由律师参与民商事争议的调解)和人民调解(群众性组织即人民调解委员会的调解)。

本书主要从诉讼调解、民间调解、人民调解和律师调解的角度来讨论企业应收账款清收的实务操作。

(一)诉讼调解

根据《民事诉讼法》的相关规定,因企业应收账款清收发生的争议可以在诉讼前、诉讼中,根据双方当事人自愿的原则,在事实清楚的基础上,由法院进行调解。包括诉前调解和诉中调解。具体特点如下:

第一,适用条件。无论是诉前调解还是诉中调解,一般是适用案件简单、法律关系明确、事实清楚和双方当事人同意的纠纷。但特别程序、督促程序、公示催告程序的案件,婚姻等身份关系确认案件以及其他根据案件性质不能进行调解的案件,不得调解。同样地,如发现当事人恶意串通,企图通过和解、调解方式侵害他人合法权益的,法院应驳回其请求,并根据情节轻重予以罚款、拘留;构成犯罪的,依法追究刑事责任。

第二,调解的期限。虽然《民事诉讼法》并未对诉讼调解期限作出明确规定,但是法院调解也是人民法院审结案件的方式之一,结合调解制度的立法本意,法院调解期限至多不能超出《民事诉讼法》关于案件审理期限制度的相关规定。因此,民事调解一般为立案后 3 ~6 个月,但受当事人意愿的终止影响。法院在主持调解时,不能久调不决,应当及时判决。

第三,调解的保密。法院主持调解时,调解过程和调解协议内容均不公开,主持调解以及参与调解的人员,对调解过程以及调解过程中获悉的国家秘密、商业秘密、个人隐私和其他不宜公开的信息,应当保守秘密。

第四,调解的诉讼费减免、司法确认与效力。开庭审理前,当事人自行和解而申请撤诉的,免交案件受理费。在此阶段当事人申请法院出具调解书的,在诉讼费标准减半的基础上再按缓减免规定进行办理。在诉前调解阶段,当事人如

---

① 关于诉讼调解,本属于诉讼追偿部分的内容,考虑到诉讼调解本质属于法律谈判的一种类型,故将诉讼调解放在本章节进行讨论。

果申请司法确认,依法不收取诉讼费,可以按照确认调解协议案件特别程序依法审查确认,文书经过送达生效后,可以依法申请强制执行。人民法院调解成功的,只要调解书送达双方当事人后即具有强制执行的效力,除非调解不是双方自愿或者内容违反法律的规定。

(二)民间调解

民间调解,是指民间组织机构对应收账款争议进行的一种调解,属于诉讼外调解,目前担任民事调解的组织机构主要是企业内部调解委员会等。虽然目前有许多行业内的民间调解组织,俗称"行业调解",如行业性组织针对专业性的争议进行的一种调解,其本质上也是一种公益性的调解,属于人民调解性质,并不属于民间调解的范围。目前,行业调解主要有交通事故调解、医疗纠纷调解、知识产权纠纷调解、涉外商贸争议调解、物业纠纷调解、消费者权益纠纷调解,以及金融、保险、工程建设纠纷等专业性调解。

关于民间调解的特点如下:

一是适用范围。主要适用于民商事、经济领域的纠纷解决,故可以用于解决企业应收账款争议。不像诉讼调解要求那么严格的条件,只要债权人和债务人自愿将应收账款争议提交给民间组织进行调解即可。

二是调解的期限并没有严格的时间限制,短则几天,长则几年。债权人要特别注意诉讼时效的问题。

三是调解的保密义务。法律上没有明确规定,一般都是根据诚信原则,自觉保守秘密的,在此建议债权人和债务人如果采取民间调解方式,最好签署保密协议。如发生民间调解组织的人员侵犯当事人商业秘密、个人隐私的,可以按照《民法典》的侵权责任有关规定进行维权处理。

四是费用和法律效力。民间调解组织机构不收取任何费用,基本都是基于双方信任而居中进行调解。在民间调解下达成的协议,属于民事合同,并不能自然取得法律强制力,仅约束于双方当事人;如果要取得法律强制力的效果,可以通过债权公证、司法确认流程从而产生法律强制力。

(三)人民调解

人民调解委员会是村民委员会和居民委员会之下设立的调解民间纠纷的群众性组织。我国《人民调解法》第 12 条规定:"村民委员会、居民委员会和企业事业单位应当为人民调解委员会开展工作提供办公条件和必要的工作经费。"

人民调解并非纯粹的民间调解，而是一种和民间调解等形态相并立的颇具中国特色的调解的复合体。

人民调解的特点如下：

一是调解范围。人民调解委员会调解民间纠纷的范围主要包括婚姻、家庭、收养、继承、民间债务、赔偿、析产等方面的纠纷。

二是法律效力。人民调解委员会根据当事人的申请进行调解，在人民调解委员会主持下达成的调解协议，对双方当事人具有法律约束力，当事人应当自觉履行。但没有强制执行力，如果一方当事人不履行的，另一方当事人可以向人民法院起诉。

建议双方当事人达成人民调解协议后，提交人民法院进行司法确认或进行债权公证程序，从而获得法律强制力。

三是关于费用和保密义务。人民调解同样是不收费的，但人民调解组织的人员要承担法定的保密义务。

（四）律师调解

律师调解，是指律师、依法成立的律师调解工作室或者律师调解中心作为中立第三方主持调解，协助纠纷各方当事人通过自愿协商达成协议解决争议的活动。

律师调解特点如下：

一是适用范围。可以受理各类民商事纠纷，包括刑事附带民事纠纷的民事部分，但是婚姻关系、身份关系确认案件以及其他依案件性质不能进行调解的除外。

二是调解期限。律师调解员根据调解程序依法开展调解工作，律师调解的期限为30日，双方当事人同意延长调解期限的，不受此限。

三是保密义务。除当事人一致同意或法律另有规定外，调解事项、调解过程、调解协议内容等一律不公开，不得泄露当事人的个人隐私或商业秘密。

四是调解协议与支付令对接机制。经律师调解达成的和解协议、调解协议中，具有金钱或者有价证券给付内容的，债权人依据《民事诉讼法》及其司法解释的规定，向有管辖权的基层人民法院申请支付令的，人民法院应当依法发出支付令；债务人未在法定期限内提出书面异议且逾期不履行支付令的，人民法院可以强制执行。

五是调解协议司法确认程序。经律师调解工作室或律师调解中心调解达成的具有民事合同性质的协议,当事人可以向律师调解工作室或律师调解中心所在地基层人民法院或者人民法庭申请确认其效力,人民法院应当依法确认调解协议效力。

六是调解费用。在律师事务所设立的调解工作室受理当事人直接申请调解纠纷的,可以按照有偿和低价的原则向双方当事人收取调解费,一方当事人同意全部负担的除外。调解费的收取标准和办法由各试点地区根据实际情况确定,并报相关部门批准备案。

在公共法律服务中心(站)设立的律师调解工作室和在律师协会设立的律师调解中心受理当事人直接申请调解纠纷的,由司法行政机关、律师协会通过政府采购服务的方式解决经费。律师调解员调解法律援助案件的经费,由法律援助机构通过政府采购服务渠道予以解决。

二、调解实务

调解是一门学问和艺术,要综合运用法律知识、社会阅历、心理能量和沟通技巧,晓之以理、动之以情,从情感上和利益上去说服双方,做到符合逻辑和人情,触动人心,并灵活运用策略,把握好时机。

1. 尊重当事人的意愿。

当事人的现实处境、经济条件和心理承受能力,决定着当事人是否同意协商以及协商的进程。涉及实体权利义务的处理,律师一定要及时向当事人汇报,事先征求当事人的意见,并且以书面的形式保存能证明当事人意见的证据。

调解协议和调解书必须由当事人亲自签署或盖章。若在特殊情况下,可由得到全权授权的律师代签,律师应当保存当事人确认调解书、调解协议内容的书面证据。

2. 提前预见、理解和控制当事人的非理性因素。

在应收账款纠纷案件中,协商双方面临利益纠缠,很难保持理性的经济人,可能会作出一系列不合理的让步,也可能不合理地放弃经济利益。律师对这些情况应当有预见性,和当事人事先充分沟通,推演各种情形和应对,或者约定好由律师出面协商,当事人保持沉默。

3. 提前做好准备。

首先要做到充分知己。律师先和自己的当事人进行详细的、反复的沟通，确认当事人的最佳方案、次优方案，以及不能让步的底线、底牌。

其次要充分知彼。不断试探对方的底线，压低对方的心理期待，给己方留出充足的谈判空间即筹码，在不得已的时候，可适当放弃一些不重要的筹码，作为和对方的交换条件，或给对方施加心理压力，促进双方不断缩小差距，达到一个双方都能接受的平衡点。比如，在甲方要支付较大额度的款项给乙方时，甲方律师可强调甲方的实际困难，先谈一次性支付，争取在总额上打折；如果不行，则争取分期支付（两个方案也可以反过来）。若乙方也要支付款项给甲方（可能尚未到期），则争取直接两相抵扣，将利弊告知乙方。

4. 抓住对方有利因素来说服对方。

如尽快协商解决，以节省时间、精力（用金钱换取时间和自由以及心灵的平静）和费用成本（节省评估费、鉴定费、诉讼费等费用），立足于双方长远的发展、将来可能的合作、双方共同的最大利益，促成握手言和。

5. 适当运用商业谈判“销售”和“交换”的技巧。

商业谈判中，讲究交换，你要我给你一样东西，那么你必须给我另一样东西，这样一来一往，双方容易达成协议，而不是单方一味地索要或退让。

商业谈判始终不放弃“销售”这个理念，在条件交换和让步过程中，一定要将这个交换的标的物和让步的标的物的价值“销售”给对方，让对方赋予这个标的物更多价值，不管是经济价值还是情感价值。

妥协的过程，一定要遵守三个原则：第一，递减原则——第一次让步大些，第二次让步就缩小些，第三次让步就要更小，最后死守不让；第二，对方要我方让步，不可以太痛快、太容易答应，要在心理上折磨对方，让对方明白我方作了很大让步，防止对方得寸进尺；第三，在同意让步之前，向对方确认是否还有别的条件，或者要求对方作出相应的让步。

6. 先抛出方案占据主动。

通常先抛出方案的一方会占据主动，因为先设定谈判的边界，这是“先入为主”的影响。当然，在双方信息不对称，完全不清楚对方的出价和底线的情况下，先报价的一方也可能吃亏。有时也可以采用“背对背”的方式同时报价，再进行协商。

7. 在限定的时间、地点促成谈判。

避免夜长梦多。在面对重大抉择时,人都有患得患失的心态和拖延的惯性。所以律师要注意,当双方谈好大致方案后,应尽快制作协议。即使当天无法签署,也应当让法院以笔录的形式让双方签名,固定战果,否则若当事人反悔,就前功尽弃了。

8. 充分利用各方资源。

可以请法官、行业协会、民间组织、人民基层组织、当事人的亲属、长辈、好友、领导进行协调。居间协调的人员,如果对双方都很熟悉,受到双方的尊重和信任,且对双方能有实际影响,通常效果会很好。

9. 不能太强势。

谈判时不能太强势但更不能示弱,哪怕是处于不利的地位,心理上的弱小也会让对方得寸进尺。要明示、暗示对方,如果协商不成,其可能面临哪些不利的后果,得到的更少,失去的更多,或是赢得经济利益,但失去客户、名誉、信誉、人脉等无形利益。有时候,一方可采取反制,但时机尚未成熟,要等此次诉讼结束后才能行动,这时当事人和律师就必须忍耐,不能透露丝毫给对方。否则极有可能激怒对方,导致谈判彻底破裂。暂时的妥协退让并不是懦弱,所谓君子,就要有涵容。

10. 避免两大忌讳:将自己卷入其中、评判是非对错。

律师一定要保持心平气和,置身事外,才能站在不同的角度,去帮当事人分析和解决问题。无论律师有怎样的情绪和感受,都不能流露出来,即使内心翻江倒海,表面上也要风平浪静,不能让对方看出我方的恐惧、胆怯或底线。如果当事人要表达其愤怒和悲伤,就让当事人适当流露和发泄,但也不能过度,不能违反法庭的纪律,不能激化矛盾。这一点律师要和当事人事先进行沟通,做一些思想辅导和心理安抚的工作。

律师更加忌讳的是去评判是非对错,这样会激化矛盾,不利于调解。对于婚姻家事,清官难断家务事,很多细节和真相外人是不清楚的,不能只听自己当事人的一面之词。何况公说公有理,婆说婆有理,不能从道德和情感的因素去评判。事情在现实层面、心理层面有很多复杂的原因。

11. 保持镇定冷静。

在受到对方律师、对方当事人的攻击甚至侮辱时,以退为进,化被动为主动。

有些谈判对手是经过专业训练的，在谈判过程中可能会出现场景设置、语气用词、言行举止的刻意怠慢、打压，我方一定要冷静、沉着，并利用对方的无礼回击对方，迫使对方付出代价，达成对我方有利的条款。作为律师，要保持职业操守和素养。

三、其他谈判

除上述谈论的法律调解外，解决法律纠纷的相关法律谈判还有商务谈判、涉外谈判等，无论是谈判的原则、本质、目的、模式，还是技巧、方法、措施、策略，都与上述的法律调解没有本质的区别，唯一的区别就是使用的场景不同，故此处不再赘述。

文书范本 34
《法律谈判分析报告》

第十三章　诉讼追偿[①]

在处理应收账款收回问题时，如果企业将各种非诉讼的追偿手段都用完了还是追不回应收账款，那就只有民商事诉讼或申请仲裁这个途径了，也就是俗称的“打官司”。

第一节　诉前准备

对于债权人而言，一旦决定通过诉讼程序进行应收账款清收，就必须提前做好准备，债权人一般可以围绕诉讼时效、诉讼主体、诉讼材料、管辖法院、保全措施、调查取证等方面进行全方位、缜密的核实和确认等准备工作。

一、诉讼时效

摆在债权人面前的第一个问题就是，其依法享有的应收账款债权能否得到法律的保护，或者说能否通过法院诉讼得到法律保障？这就涉及诉讼时效问题，诉讼时效，是指民事权利受到侵害的当事人，在法定的时效期间内不行使权利，当时效期间届满时，人民法院对权利人的权利不再进行保护的制度。换句话说，诉讼时效可以产生一种后果：权利人在一定期间不要求债务人履行义务，该期间过后，债务人可以拒绝履行。根据法律规定，诉讼时效期间为 3 年。自权利人知道或者应当知道权利受到损害以及义务人之日起计算。法律另有规定的，依照其规定。

---

① 为了论述方便，本章诉讼追偿包括债权人诉讼程序和仲裁程序，针对两者共性问题和内容，将在本章第一节至第四节进行论述，不同部分将在本章第五节“民商事仲裁”进行论述。

无论如何，应收账款的债权人都应该聘请专业法律人士对该笔债权是否经过诉讼时效进行核查确认，确保在法律规定的诉讼时效期限内尽快主张权利或到法院起诉，从而及时收回应收账款，法律可从来不会帮助懒人的！

债权人如发现其债权诉讼时效临近届满时，可以采取相关措施，使得诉讼时效中断、重新计算。具体方法：

一是向义务人提出履行请求，具体有要求债务人偿还应收账款（如发催款函、律师函、询证函、主张债权的短信或微信、邮件等并保留证据）、与债务人签订还款协议、与债务人对账并签章确认、要求债务人提供担保、与债务人洽谈偿还欠款事项并形成会谈纪要（适用于公司之间）等。债务人同意履行债务并保留相关证据，如还款计划、还款承诺书、欠条、愿意还款的录音、电话录音、信件等。

二是可以依法申请仲裁，申请支付令，申请破产，申报破产债权，申请诉前财产保全，诉前临时禁令等诉前措施。

二、诉讼主体

（一）原告

根据《民事诉讼法》的规定，公民、法人或其他组织可以作为民事诉讼的当事人。由于企业应收账款债权人一般是法人或其他组织，且向债务人主张偿还应收账款，故一般是原告的诉讼地位。

因此，债权人作为法人的，由其法定代表人进行诉讼；是其他组织的，则由其主要负责人进行诉讼。也可以委托律师或工作人员作为诉讼代理人进行诉讼。

（二）被告

企业应收账款的债务人为本类案件的被告，鉴于产生企业应收账款的基础合同或原因不同，故应当根据产生企业应收账款的案由来确定具体被告，如买卖合同纠纷诉讼案件中，原告一般是出卖方或供应方，被告一般是买受方或采购方；如涉及担保的，则被告或者共同被告为买受方或采购方、担保人等。

为了防止出现漏掉被告的情况，一般建议债权人采取“宁多勿少”的原则，将与应收账款纠纷案件的债务人、共同债务人、关联企业、利害关系人、担保人、代理人等列为共同被告或者第三人的诉讼主体地位。

三、诉讼材料

（一）证据材料

应收账款纠纷案件，一般都是买卖合同纠纷居多，以买卖合同纠纷为例，债权人需要准备核实好如下证据材料：

一是证明买卖合同关系建立和存在的证据，如买卖合同（如《购销合同》《采购基本合同》等），订货单，关于建立买卖合同关系的邮件、微信、QQ 等往来通信记录。

二是证明合同实际履行情况的证据，如交收货凭证，交货单、送货单、提货单、运单等（一定要债务方签收，是单位的最好加盖公章）。

三是证明债权、债务关系存在的证据，如结算单、对账单、欠条，还款计划、还款承诺书以及其他能够证明欠付货款事实的往来信函等。

四是提供债务人逾期不履行、不完全履行义务的证明材料和在诉讼时效期间主张权利的证明材料（如催款函、征询函、律师函等）。

注意，因特殊情况可能灭失或今后难以取得的证据，可以及时向人民法院申请证据保全，也可以聘请律师进行调查取证，或对证据进行公证；因客观原因不能自行收集的证据，可及时申请人民法院调查收集。

（二）起诉材料

以买卖合同欠款为例，原告（债权人）需要准备如下起诉材料：

一是民事起诉状（详见文书范本 35《民事起诉状》）。

二是当事人诉讼主体资格的证明材料、委托代理材料。

三是证明买卖合同关系建立和存在、合同实际履行情况、债权债务关系存在、债务人逾期不履行或不完全履行义务的证明材料和在诉讼时效期间主张权利的证明材料等。

四是如需要调查取证或申请保全措施等，则需提供调查取证申请书、保全申请书等材料。

四、管辖法院

企业应收账款纠纷的诉讼案件，其案由基本上为合同纠纷，因此，根据《民事诉讼法》的规定，一般由被告住所地或者合同履行地的人民法院管辖。如果债权人和债务人在基础合同中约定了管辖法院，则按照约定的管辖法院提起诉讼。具体约定管辖法院包括被告住所地、合同履行地、合同签订地、原告所在地、标的物所在地等与争议有实际联系地点的人民法院管辖，但不得违反级别管辖和专属管辖的规定。

建议应收账款的债权人可以在基础合同中约定为原告所在地、债权人所在地的人民法院管辖，这样可以节省差旅费用，便捷诉讼等。

通常债务人为了拖延债务履行或达到其他目的，如恶意转移财产、逃避债务等，向管辖法院提出管辖权异议，因此通常建议债权人在起诉时一并提出针对财产、证据或行为向法院依法申请保全措施。

五、保全措施

根据《民事诉讼法》及其相关司法解释，保全制度包括诉前/诉中财产保全、诉前/诉中证据保全等。

（一）财产保全

诉前财产保全，是指利害关系人因情况紧急，不立即申请财产保全将会使其合法权益受到难以弥补的损害的，[①]可以在起诉前向人民法院申请，由人民法院所采取的一种财产保全措施，通常采取查封、扣押、冻结或者法律规定的其他方法。

1. 提交申请材料。

债权人无论是在诉讼前还是在诉讼中都可以依法向法院申请财产保全，一般需符合由利害关系人提出书面申请、向有管辖权法院提出和提供适当的担保等条件，并按照法律规定依法向法院提交如下申请材料：

一是财产保全申请书（详见文书范本36《财产保全申请书》）。具体包括当事人的名称、通信地址、联系方式、请求事项（写明保全数额、争议标的）、事实和理由、明确的被保全财产信息或者具体的被保全财产线索、其他需要载明的

① 该种情形具体指债务人可能将其财产进行恶意转移、转让、隐匿等，影响后期应收账款债权人的债权实现。

事项。

二是财产保全担保材料。一般包括保险公司保函、担保书或者自有财产的财产清单及所有权证明材料,用现金提供担保的,必须提交存期为半年以上的定期存折或存单,存折或存单由法院暂为保管。

三是当事人诉讼主体资格的证明材料、委托代理材料。

四是证明存在争议事项民事法律关系的证据材料,如买卖合同、购销协议、欠条等。

五是被保全财产的财产线索及相关证据材料。这是办理诉前保全成功与否的标准,但需要注意:已抵押(已设定抵押但扣除优先受偿金额后的价值足以为本次保全提供担保的除外)或被查封、冻结的财产不能作为担保,担保人为第三人时,担保人本人需现场确认担保(单位除外)。

2. 提供财产线索。

一是查找财产线索。常见的财产线索包括房产、车辆、银行账户、股权、应收账款等,债权人可以通过以下方式进行查找:

第一,房产信息查询,如上海市的住房,需要去各区的不动产登记中心查询,律师可以拿着律师事务所介绍信、律师证、被申请人基本信息、案件受理通知书等去查询。

第二,车辆信息查询,如上海市的车辆,可以直接去上海市公安局公安交通管理局各区车辆管理所查询,查询的手续同查房产信息类似。

第三,银行账户的查询,可以通过被申请人的汇款凭证上的信息查询,或者如果被申请人存在多个银行账户,可以通过对方的缴费(如缴税、交电费)记录查找。

第四,股权信息的查询,较为简便,可以直接通过全国工商信息公示系统或启信宝等网络渠道查询,一般不用进行现场查询。

第五,如当事人能提供被申请人存在土地使用权、采矿权、出租车经营权、应收账款等财产线索,可以根据财产的种类和性质选取不同的查询机构,在了解各个查询机构需要的手续后进行调取。

二是提供财产线索时应详尽。

首先,在诉前财产保全阶段,法院不会依职权对被申请人的财产进行调查和查询。故申请人申请诉前保全时必须提供明确、清晰的被保全财产线索,在查找到被申请人的财产线索后，申请人应制作详尽的财产线索清单，该清单中需要标明保全财产的名称、保全财产的所有人、保全财产的价值、保全财产的权属证号。若系不动产，需写明保全财产的具体地址；如为银行账户，应明确开户行及银行账户；如为车辆，需要填写车牌号、具体登记的车管所，如果需要法官现场查封，需要提供车辆的具体位置。

其次，制订优良的保全方案。《最高人民法院关于人民法院办理财产保全案件若干问题的规定》第 15 条第 2 款规定，“可供保全的土地、房屋等不动产的整体价值明显高于保全裁定载明金额的，人民法院应当对该不动产的相应价值部分采取查封、扣押、冻结措施，但该不动产在使用上不可分或者分割会严重减损其价值的除外”，因此当资产价值超过诉讼标的时，需要结合资产实际价值、变现难易程度、市场接受度等确定拟保全的资产方案，最大限度保障债权的实现。根据实践经验以及法院的执行力，笔者认为，对常见资产的保全参照如下顺序：

有账面资金的银行账户 > 无争议且次债务人有履行能力的应收账款权利 > 房屋、土地等不动产 > 车辆 > 股权

上述顺序既便于法官执行，同时有利于抓住被申请人的痛点，迫使被申请人尽快解决问题。当然上述顺序并非固定的，可以充分通过相关途径对资产价值等因素进行调整。

3. 督促工作。

如何配合法官尽快采取保全措施？

一是及时督促法官出具保全裁定书。现在大部分法院都对诉讼保全实行“裁定与实施分离”原则，即由业务庭合议审查后出具保全裁定书，然后将保全裁定书及相关材料移交立案庭登记执保号案件，分配执行局保全组保全法官，之后由该法官实施保全措施。故当事人在立案后，应及时督促业务庭承办法官尽快出具保全裁定书，然后移送立案庭，并在承办法官审核材料完毕后，尽快根据法院要求交纳保全费。

二是积极配合执行法官完成保全任务。在保全材料移送立案庭后，需积极了解分配保全法官的情况，在确定保全法官后第一时间与其取得联系，沟通案件情况并积极协助其完成保全措施。在协助保全法官的过程中可以注意以下事项：

首先,及时与保全法官沟通案件紧急情况以及被申请人可供保全的材料。如了解到被申请人的车辆正在办理过户,应及时告知法官,请求其及时向当地的车管所发送民事裁定书和协助执行通知书,同时可以请求法官电话联系车管所,要求车管所先暂停过户等行为。

其次,规划保全线路,为法官节约时间。很多时候,因为情况紧急需要法官直接前往银行、房管局等办理保全措施,此时申请人可以先电话联系相关机构的上下班时间、地址等,帮助法官规划好保全线路,如有需要申请人可以提前踩点以确保地址正确性,避免给法官造成不必要的时间和精力浪费。

最后,善意提醒保全法官携带所需资料,避免遗漏。一般来说,实施保全一般由两名执行法官前往,需要法官准备的材料有两名法官的法官证和执行工作证(复印件及原件)、民事裁定书、协助执行通知书、送达回证等。其中,民事裁定书及协助执行通知书的内容应尽可能与法官核对清楚,避免保全时出现错误。

因法律对诉前财产保全的规定并不详尽,所以法院在受理及办理的过程中会更加严谨。只有在前期做好财产调查、书面文书整理等工作,才能更好地配合执行法官完成保全工作。

(二)证据保全

如果出现证据可能灭失的情况,建议债权人及时向法院申请诉前或诉中证据保全措施,并提交《证据保全申请书》(详见文书范本37)及相关材料。

根据《民事诉讼法》及其相关司法解释规定,证据保全,是指权利人在起诉前或诉讼中,认为证据可能灭失或者以后难以取得的情况下,向人民法院申请保全证据,人民法院经审查后主动采取的证据保全措施。由于诉前证据保全目前主要在知识产权案件以及海事案件中适用。在企业应收账款纠纷案件中一般采取诉中证据保全措施。

债权人向审理该案的法院申请证据保全措施时,需满足的条件:一是待保全的事实材料应当与案件所涉及的法律关系有关,即应当是能够证明案件有关事实的材料;二是待保全的事实材料存在毁损、灭失,或以后难以取得的可能性;三是诉中证据保全应在开庭审理前提出。

债权人申请证据保全,必须向正在审理该案件的人民法院提出申请,并依法提交证据保全相关材料。

六、调查取证

向法院申请调查取证目的在于核实和查清债务人有关财产情况和偿债能力相关证据材料，一般包括工商档案、车辆信息、房产信息、土地不动产信息、知识产权信息、股权信息、有价证券信息等，且需要按照法律规定向法院提交相关书面申请材料，具体包括《调查令申请书》（详见文书范本38）、律师执业证（两位律师）等，拿到法院出具的《法院调查令》后，带上律师事务所介绍信、代理案件的授权委托书、律师执业证、身份证等到待调查机构进行实地调查取证工作。

文书范本35 《民事起诉状》		文书范本36 《财产保全申请书》	
文书范本37 《证据保全申请书》		文书范本38 《调查令申请书》	

第二节　诉讼程序

一、民事一审

1. 立案：原告提交诉讼材料，法院立案。

2. 送达：立案之日起5日内将诉状副本送达被告。

3. 答辩：被告收到起诉副本之日起15日内提出答辩，法院收到答辩状之日起5日内将答辩状副本发送至原告。

4. 开庭通知：法院在开庭3日前通知当事人案由、开庭时间、地点。

5. 开庭审理：宣布法庭纪律—核对当事人、宣布案由、审判人员、书记员名单、告知当事人诉讼权利及义务、询问是否回避—法庭调查—法庭辩论—最后陈述—作出判决。

6. 一审审限：普通程序在立案之日起6个月内审结，特殊情况可延长。简易程序在立案之日起3个月内审结。

7. 送达判决书。

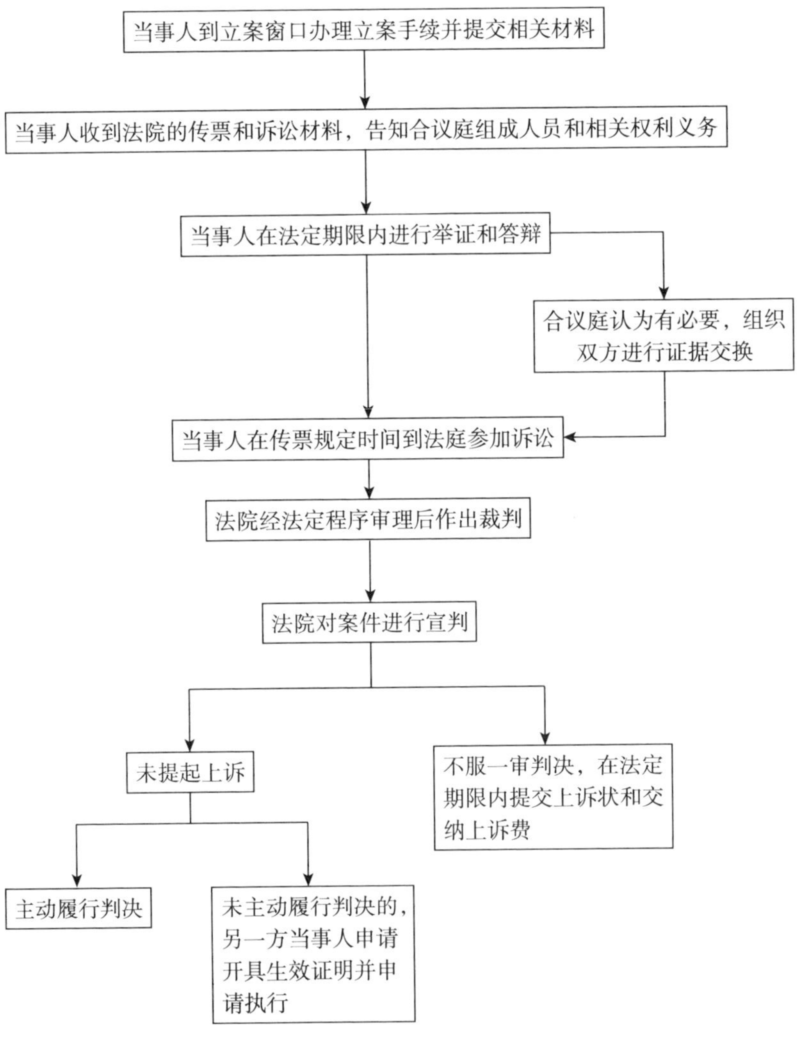

图13－1　民事审判庭一审案件指导流程（普通案件）

二、民事二审

不服民事一审判决的，在送达判决书之日起 15 日内提起上诉，审限为二审立案之日起 3 个月内。不服裁定的，在送达裁定书之日起 10 日内提起上诉，审限为二审立案之日起 30 日内。

具体二审案件流程如图 13 - 2 所示。

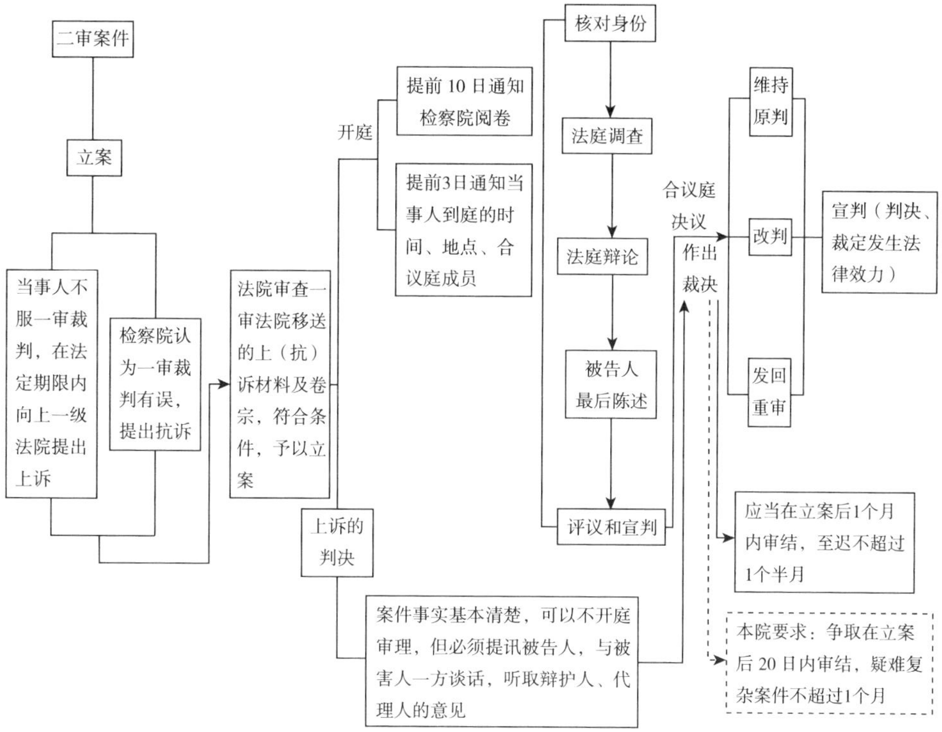

图 13 - 2　二审案件流程

三、审判监督程序

民事审判监督程序的启动，有三种情形：第一种是当事人申请再审；第二种是人民法院决定再审；第三种是人民检察院提起抗诉。以人民检察院提起抗诉的审判监督程序为例，具体流程如图 13 - 3 所示。

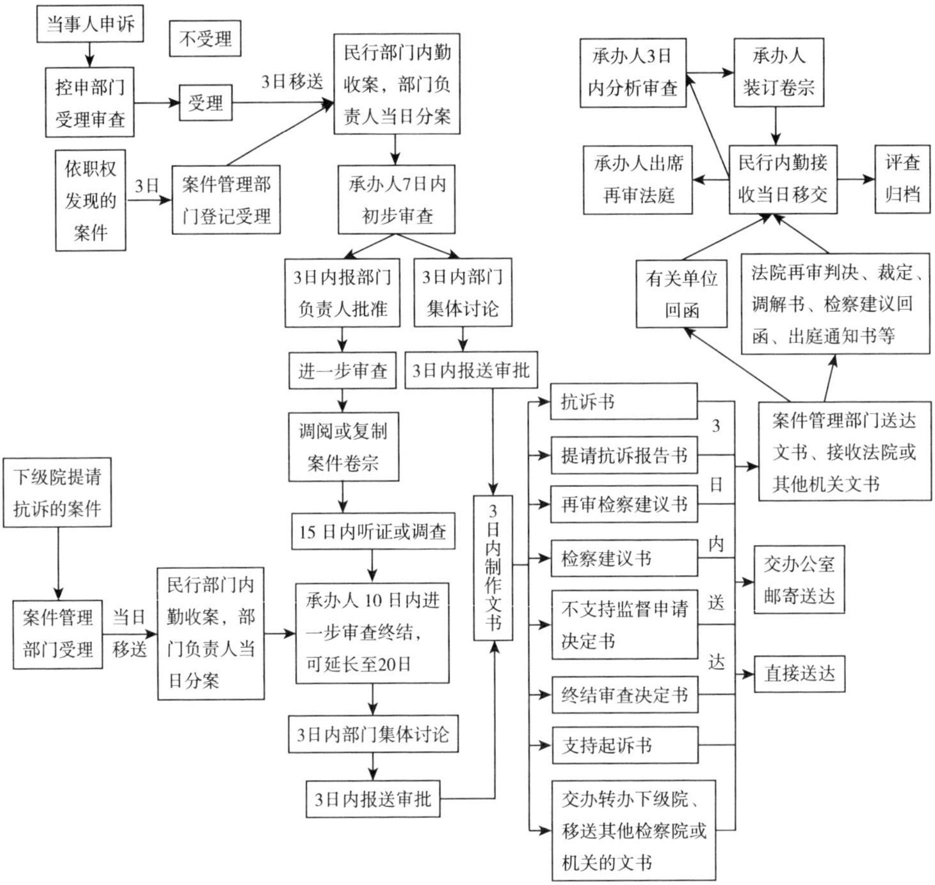

图 13 - 3 民事诉讼监督业务总流程

第三节 常见诉讼[①]

本节主要介绍债务人损害债权人的债权实现的几种常见纠纷案件，目的在

① 有关债权人撤销权纠纷、代位权纠纷相关内容，详见本书第二章“合同动态管理”第三节“合同履行管理”之“四、合同保全”中的有关债权人撤销权和代位权相关内容，此处主要从法律诉讼角度进行介绍和解读。

于通过司法审判维护债权人的合法权益,从而达到应收账款清偿的目的。

一、债权人撤销权纠纷

债权人撤销权,是指在债务人不当处分自己的财产或权利,如放弃债权、放弃债权担保、无偿转让财产、恶意延长到期债权等行为,影响债权人的债权实现时,债权人可以诉至法院请求法院对债务人的相关行为予以撤销等权利。

1. 管辖法院。

债权人撤销权纠纷案件按照一般原告就被告原则,由被告住所地人民法院管辖。

2. 诉讼主体。

应收账款债权人以自己的名义作为原告提起诉讼,债务人为被告,该受益人或受让人作为第三人参与诉讼。

3. 举证责任。

作为原告的债权人必须就债权人对债务人享有合法有效债权、债务人实施了无偿转让或明显不合理低价转让财产等处分财产或权利的行为、该行为对债权人可能危及其债权的实现等承担举证责任。

作为被告的债务人应承担反证,证明其行为无害于债权人的债权,如证明其仍有资力偿还该债务、该行为主观上具有善意等承担举证责任。

4. 法律效果。

对于债务人而言,该行为一经撤销,视为自始无效。

对于债权人而言,撤销权的行使,其效力及于全体债权人,因行使撤销权的债权人不得主张对撤销利益优先受偿。

针对债权人行使撤销权所支付的律师费、差旅费等必要费用,由债务人负担;第三人有过错的,应当适当分担。

二、债权人代位权纠纷

债权人代位权,是指当债务人怠于行使其对第三人享有的权利,以致影响债权人债权的实现时,债权人为了保全自己的债权,可以自己的名义代位行使债务人对第三人的权利的权利。

(一)管辖法院

该类案件由被告住所地即次债务人住所地的人民法院管辖。

(二)诉讼主体

应收账款债权人以自己的名义作为原告提起诉讼,次债务人为被告,债务人作为第三人参与诉讼。

(三)举证责任

债权人应就债权人对债务人享有到期债权、债务人对次债务人享有到期债权、债务人存在怠于向次债务人行使债权的情形、债务人怠于行使债权对债权人造成了损害、债务人的债权并非专属其自身的债权等事实承担举证责任。

(四)法律效果

债权人与债务人之间债权债务、债务人与次债务人之间债权债务适用诉讼时效规定,但代位权本质上属于法定权利,是债权保全的一项法定权能,不存在代位权本身的诉讼时效问题。

该诉讼经法院审理后认定代位权成立的,由次债务人向债权人履行清偿义务,债权人与债务人、债务人与次债务人之间相应的债权债务关系即予消灭。债权人胜诉的,诉讼费由次债务人负担,从实现的债权中优先支付。

债务人与次债务人约定以代物清偿方式清偿债务的,因代物清偿协议系实践性合同,如次债务人未实际履行代物清偿协议,则次债务人与债务人之间的原金钱债务并未消灭,债权人仍有权代为行使债务人的债权。

已经进入债权人代位权纠纷案件诉讼程序的,债务人不得就同一债权另行向次债务人提起代位权人已经主张的诉讼,同时次债务人不得再向债务人履行债务,只能向债权人(代位权人)履行债务。

三、股东损害公司债权人利益责任纠纷

股东损害公司债权人利益纠纷,是指公司股东因滥用公司法人独立地位和股东有限责任,逃避债务,严重损害公司债权人利益,对公司债务承担责任的民事纠纷。

(一)管辖法院

按照《民事诉讼法》有关地域管辖的一般原则确定管辖法院,结合《民事诉

讼法》第 27 条有关公司纠纷案件的特殊管辖规定，[①]综合考虑确定管辖法院。

(二)诉讼主体

债权人作为原告提起该案件诉讼的，法院将根据审理人格否认纠纷案件不同情形确定诉讼主体的法律地位：

一是如债权人对债务人公司享有债权已生效，另行提起本案件诉讼的，列股东为被告，公司为第三人；

二是如债权人对债务人公司享有债权提起诉讼同时提起本案件诉讼的，列股东和公司为共同被告；

三是如债权人对债务人公司享有债权未生效，提起本案件诉讼的，法院将告知其追加公司为共同被告。

(三)诉讼费

本类案件法院应当根据《诉讼费用交纳办法》规定的按照债权标的额为依据收取诉讼费。

(四)举证责任

作为本案原告的债权人需要就对债务人公司享有合法有效的债权、债务人公司合法取得法人资格(提供该公司工商内部档案资料即可)、债务人公司股东滥用了公司人格行为(包括需要举证债务人公司资本显著不足、过度支配与控制、人格混同、公司人格形骸化等)[②]等承担举证责任。

当债务人公司股东为夫妻的，或者为一人公司的，则适用一人有限责任公司的法人人格否认制度，由债务人公司股东承担举证责任，如不能证明其家庭财产或股东个人财产与公司财产有明确区分的，则需要夫妻股东以家庭财产或一人股东个人财产对债务承担连带责任。

(五)裁判标准

根据最高人民法院 2019 年 11 月 8 日发布的《全国法院民商事审判工作会议纪要》的规定，在审判实践中，要准确把握《公司法》第 20 条第 3 款规定的精神。

一是只有在股东实施了滥用公司法人独立地位及股东有限责任的行为，且

---

① 根据 2022 年 1 月 1 日施行的《民事诉讼法》第 27 条的规定，因公司设立、确认股东资格、分配利润、解散等纠纷提起的诉讼，由公司住所地人民法院管辖。

② 关于“债务人公司股东滥用了公司人格行为”的举证责任，可以参考本章节之“(五)裁判标准”所列具体行为进行举证。

该行为严重损害了公司债权人利益的情况下，才能适用。损害债权人利益，主要是指股东滥用权利使公司财产不足以清偿公司债权人的债权。

二是只有实施了滥用法人独立地位和股东有限责任行为的股东才对公司债务承担连带清偿责任，而其他股东不应承担此责任。

三是公司人格否认不是全面、彻底、永久地否定公司的法人资格，而只是在具体案件中依据特定的法律事实、法律关系，突破股东对公司债务不承担责任的一般规则，例外地判令其承担连带责任。人民法院在个案中否认公司人格的判决的既判力仅约束该诉讼的各方当事人，不当然适用于涉及该公司的其他诉讼，不影响公司独立法人资格的存续。如果其他债权人提起公司人格否认诉讼，已生效判决认定的事实可以作为证据使用。

四是《公司法》第 20 条第 3 款规定的滥用行为，实践中常见的情形有人格混同、过度支配与控制、资本显著不足等。

在审理案件时，需要根据查明的案件事实进行综合判断，既审慎适用，又当用则用。实践中存在标准把握不严而滥用这一例外制度的现象，同时也存在因法律规定较为原则、抽象，适用难度大，而不善于适用、不敢适用的现象，均应当引起高度重视。

第一，关于人格混同的认定。认定公司人格与股东人格是否存在混同，最根本的判断标准是公司是否具有独立意思和独立财产，最主要的表现是公司的财产与股东的财产是否混同且无法区分。在认定是否构成人格混同时，应当综合考虑以下因素：

(1)股东无偿使用公司资金或者财产，不作财务记载的；

(2)股东用公司的资金偿还股东的债务，或者将公司的资金供关联公司无偿使用，不作财务记载的；

(3)公司账簿与股东账簿不分，致使公司财产与股东财产无法区分的；

(4)股东自身收益与公司盈利不加以区分，致使双方利益不清的；

(5)公司的财产记载于股东名下，由股东占有、使用的；

(6)人格混同的其他情形。

在出现人格混同的情况下，往往同时出现以下混同：公司业务和股东业务混同；公司员工与股东员工混同，特别是财务人员混同；公司住所与股东住所混同。人民法院在审理案件时，关键要审查是否构成人格混同，而不要求同时具备其他方面的混同,其他方面的混同往往只是人格混同的补强。

第二,关于过度支配与控制的认定。公司控制股东对公司过度支配与控制,操纵公司的决策过程,使公司完全丧失独立性,沦为控制股东的工具或躯壳,严重损害公司债权人利益,应当否认公司人格,由滥用控制权的股东对公司债务承担连带责任。实践中常见的情形包括:

(1)母子公司之间或者子公司之间进行利益输送的;

(2)母子公司或者子公司之间进行交易,收益归一方,损失却由另一方承担的;

(3)先从原公司抽走资金,然后再成立经营目的相同或者类似的公司,逃避原公司债务的;

(4)先解散公司,再以原公司场所、设备、人员及相同或者相似的经营目的另设公司,逃避原公司债务的;

(5)过度支配与控制的其他情形。

控制股东或实际控制人控制多家子公司或者关联公司,滥用控制权使多家子公司或者关联公司财产边界不清、财务混同,利益相互输送,丧失人格独立性,沦为控制股东逃避债务、非法经营,甚至违法犯罪工具的,可以综合案件事实,否认子公司或者关联公司法人人格,判令承担连带责任。

第三,关于资本显著不足的认定。资本显著不足,是指公司设立后在经营过程中,股东实际投入公司的资本数额与公司经营所隐含的风险相比明显不匹配。股东利用较少资本从事力所不及的经营,表明其没有从事公司经营的诚意,实质是恶意利用公司独立人格和股东有限责任把投资风险转嫁给债权人。由于资本显著不足的判断标准有很大的模糊性,特别是要与公司采取"以小博大"的正常经营方式相区分,因此在适用时要十分谨慎,应当与其他因素结合起来综合判断。

(六)法律效果

法院认定股东滥用债务人公司法人独立地位或股东有限责任给公司债权人造成严重损失的,该债务人公司股东应对债务人债务承担无限连带责任。

第四节 特殊程序案件

一、督促程序

督促程序，又称申请支付令特殊程序，因本书第九章“非诉清收”第五节“支付令”已作了详细的介绍和论述，此处不再赘述。

二、确认调解协议案件

确认调解协议案件作为民事诉讼特殊程序的案件，为原民事案由“请求确认人民调解协议效力”所做的调整。

人民调解协议，是指经人民调解委员会调解达成的，具有民事权利义务内容，并由双方当事人签字或者盖章的调解协议。债务人不履行人民调解协议的或对内容有争议的，债权人以此向人民法院提起诉讼，该案由为请求确认人民调解协议效力。

（一）管辖法院

由调解组织所在地基层人民法院管辖。

（二）法律效果

一是未进行司法确认的调解协议的法律处理。未经过人民法院进行司法确认的调解协议属于民事协议；债权债务人因调解协议履行或者对内容有争议的，应按照原来争议的应收账款的基础民事法律关系，以民间协议纠纷案件提起诉讼。经法院审查，符合法律规定的，裁定调解协议有效，对方不履行的，则债权人可以向法院申请强制执行。经法院审查，不符合法律规定的，裁定驳回申请，双方可以通过调解方式变更原调解协议或者达成新的调解协议，或者提起诉讼。

二是经司法确认的调解协议的法律处理。如果是该调解协议经双方共同向人民法院申请司法确认后生效的，如债务人不履行经司法确认的调解协议的，则债权人有权依法申请强制执行。

三、实现担保物权案件

担保物权的实现,是指在债务人不履行债务时,担保物权人经法定程序,通过将担保标的物折价、拍卖、变卖等方式,使其债权得到优先受偿的过程。

(一)管辖法院

根据《民事诉讼法》的规定,该类案件由担保财产所在地或者担保物权登记地基层人民法院管辖,属于专属管辖,当事人不得通过约定进行排除。如担保物为多个且分散在不同法院管辖区的,各法院都有管辖权,可以选择向其中一个有管辖权的法院提出申请。

实现担保物权案件属于海事法院等专门人民法院管辖的,由专门人民法院管辖。

(二)申请主体

根据《民事诉讼法》的规定,依法符合申请人资格的主体是担保权人和其他有权请求实现担保物权的人,在应收账款法律关系中,一般都是作为担保权人的债权人。

(三)诉讼费用

由于该类案件属于《民事诉讼法》特别程序,应当参照《诉讼费用交纳办法》规定的按件收取申请费,而不是以申请实现抵押物权标的额为依据收取。

(四)司法审查

法院根据债权人提交的书面申请材料,就主合同效力、期限、履行情况、担保物权是否有效设立、担保财产的范围、被担保的债权的范围、被担保的债权是否已届清偿期等担保物权实现的条件,以及是否损害他人合法权益等内容进行审查,可以由审判员一人独任审查。

(五)法律效果

该类特殊案件审限为1个月,且一审终审。

该类案件经人民法院审查,符合法律规定的,裁定拍卖、变卖担保财产,申请人依据该裁定可以申请强制执行。如经法院审查不符合法律规定的,裁定驳回申请,当事人可以向人民法院提起诉讼。

文书范本 39 《实现担保物权申请书》		文书范本 40 《实现担保物权执行申请书》	

第五节　民商事仲裁

仲裁，又称公断，是指由双方当事人协议将争议提交第三者，由该第三者对争议的是非曲直进行评判并作出裁决的一种解决争议的方法。我国《仲裁法》规定的仲裁特指民商事仲裁，是处理平等主体的公民、法人和其他组织之间发生的合同纠纷和其他财产权益纠纷的一种裁决方式。

一、仲裁特点

仲裁有着不同于法律诉讼的特点和优势，①具体如下：

1. 自愿性。当事人的自愿性是仲裁最突出的特点。仲裁以双方当事人的自愿为前提，即当事人之间的争议是否提交仲裁、交于谁仲裁，仲裁庭如何组成、由谁组成以及仲裁的审理方式、开庭形式等，都是在当事人自愿的基础上，由双方当事人协商确定的。因此，仲裁是最能充分体现当事人意思自治原则的争议解决方式。

2. 专业性。民商事争议往往涉及特殊的知识领域，会遇到许多复杂的法律、经济贸易和有关的技术性问题，故专家裁判更能体现专业权威性。由具有一定专业水平和能力的专家担任仲裁员对当事人之间的纠纷进行裁决，是仲裁公正性的重要保障。根据我国《仲裁法》的规定，仲裁机构都备有不同专业的、由专家组成的仲裁员名册供当事人选择。

3. 灵活性。由于仲裁充分体现当事人的意思自治，仲裁中的诸多具体程序都是由当事人协商确定与选择的，因此，与诉讼相比，仲裁程序更加灵活，更具有弹性。

---

① 有关仲裁的特点和优势，详见百度百科，载 https://baike.baidu.com/item/%E5%95%86%E4%BA%8B%E4%BB%B2%E8%A3%81/3065550?fr=aladdin，2023 年 3 月 28 日访问。

4. 保密性。仲裁以不公开审理为原则。有关的仲裁法律和仲裁规则也规定了仲裁员及仲裁秘书人员的保密义务，当事人的商业秘密和贸易活动不会因仲裁活动而泄露。

5. 快捷性。仲裁实行一裁终局制，仲裁裁决一经仲裁庭作出即发生法律效力，这使当事人之间的纠纷能够迅速得以解决。

6. 经济性。时间上的快捷性使得仲裁所需费用相对减少；仲裁实行一裁终局，无须多审级收费，使得仲裁花费的成本较低；仲裁的自愿性、保密性对当事人之间今后的商业机会影响较小。而且，仲裁没有地域管辖，也没有级别管辖，可以就近就地及时快捷解决争议，维权成本相对会大幅下降。

7. 独立性。仲裁机构独立于行政机构，仲裁机构之间也无隶属关系。在仲裁过程中，仲裁庭独立进行仲裁，不受任何机关、社会团体和个人的干涉，显示出最大的独立性。

8. 仲裁裁决的终局效力具有广泛执行性。仲裁实行"一裁终局"制度，没有上诉或再审程序，裁决自作出之日起即与法院终审判决书具有同等法律效力，具有强制执行力。一方当事人拒绝自动履行裁决书时，对方当事人可以直接申请法院强制执行。1958 年 6 月 10 日，在联合国主持下，《承认及执行外国仲裁裁决公约》即《纽约公约》规定：所有外国仲裁裁决均应得到缔约国法院的相互承认与执行。根据该公约，中国的仲裁裁决能在 144 个缔约国和地区的法院得到承认和执行。

二、基本常识

（一）适用范围

我国《仲裁法》第 2 条规定，仲裁仅限于平等主体的公民、法人和其他组织之间发生的合同纠纷和其他财产权益纠纷。第 3 条规定，下列纠纷不能仲裁：(1)婚姻、收养、监护、扶养、继承纠纷；(2)依法应当由行政机关处理的行政争议。

除不能提交仲裁事项外，且当事人双方应达成仲裁协议或条款，[①]否则仲裁

---

① 详见《仲裁法》第 4 条规定，当事人采用仲裁方式解决纠纷，应当双方自愿，达成仲裁协议。没有仲裁协议，一方申请仲裁的，仲裁委员会不予受理。

机构不予受理。

因此，对于应收账款债权人如果想通过申请仲裁解决应收账款纠纷的，当事人双方可以提前或产生纠纷后达成仲裁协议或条款，这样才能启动仲裁程序进行裁决。

（二）组织机构

由于仲裁机构属于社会民间机构，不像法院那样根据行政区划进行设立，一般来说，通常一个城市都会设立一家仲裁委员会，当然也有设立多家的，如上海市就有上海仲裁委员会、上海国际经济贸易仲裁委员会（上海国际仲裁中心）、中国国际经济贸易仲裁委员会上海分会和中国海事仲裁委员会上海总部 4 家相互独立的仲裁机构。

因此，建议应收账款当事人在约定仲裁协议或条款时，一定要明确仲裁机构的具体规范全称和仲裁地点，以免无效。

（三）仲裁规则

关于仲裁规则虽然大同小异，但基本上每家仲裁机构都有自己独立有效的仲裁规则，双方在选择仲裁机构时一定要明确适用什么样的仲裁规则。

以上海国际经济贸易仲裁委员会（上海国际仲裁中心）的仲裁规则为例，分别有 2021 年版、2013 年版、2014 年版、2015 年版等版本。当然，当事人双方也可以选择国际商会或者其他国际组织或机构的仲裁规则进行适用。

（四）法律适用

关于法律适用，与仲裁规则一样，当事人双方可以选择不同国家的准据法，也可以选择国际组织或机构的国际公约、国际惯例等作为仲裁裁决的依据。

三、仲裁流程

本书仅简单介绍普通仲裁流程，具体的仲裁流程和程序请当事人以实际受理仲裁的仲裁机构的仲裁规则为准。

1. 申请仲裁。

申请人应当按照仲裁机构规定的仲裁规则提出仲裁申请，一般需要提交书面申请材料，包括双方当事人达成的有效仲裁协议或条款、仲裁申请书、主体资格证明及其他相关证据材料。

2. 审查受理。

仲裁机构收到申请人提交的仲裁申请的书面材料后,进行审查,符合受理条件的,会在一定期限内(通常为5日)向申请人发送受理通知书。

3. 预交费用。

仲裁案件被仲裁机构受理后,要在规定的时间内进行预交仲裁费用,通常仲裁费用会比法院诉讼费高出很多,一般会高出1.5~3倍。

4. 选定仲裁员。

仲裁案件受理且申请人预交仲裁费后,将申请人提交的仲裁材料送达被申请人处,双方在指定时间内选定仲裁员(包括首席仲裁员)。

5. 庭审活动。

选定仲裁员后,就进入实质仲裁阶段,包括被申请人答辩、双方当事人进行证据交换、被申请人提出反请求、双方质证和辩论等庭审活动,基本上与法院审判流程一样,唯一的区别在于,所有案件不允许旁听,严格执行保密性规则。

6. 仲裁裁决。

仲裁庭根据双方约定的准据法或本地法,进行最终裁决,当然双方当事人也可以协商和解或进行调解,最终达成裁决书或调解书,由于仲裁采取一裁终局制,该仲裁裁决书经送达签收后生效,具有执行力。

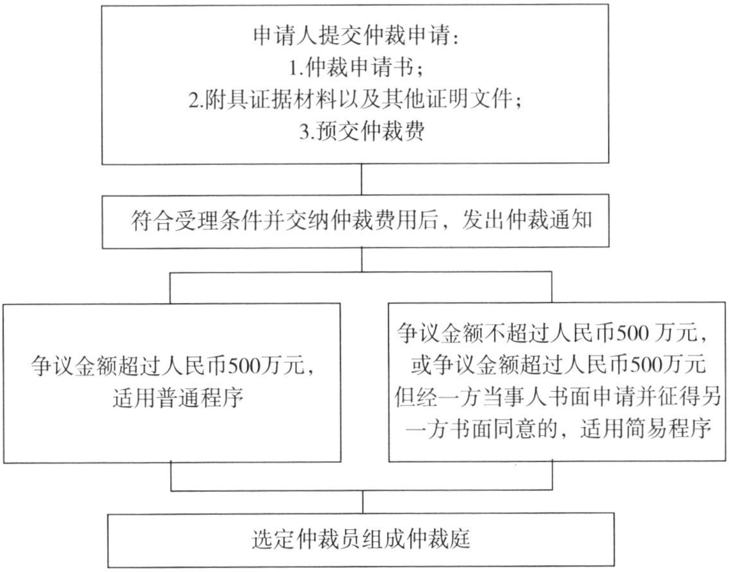

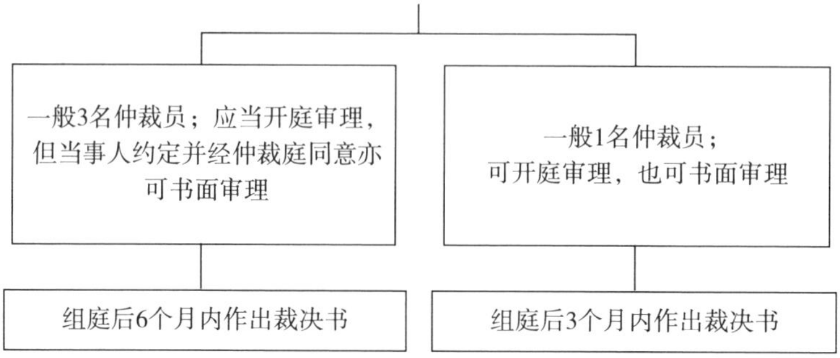

图13-4 中国海事仲裁委员会仲裁流程

四、法律衔接

虽然仲裁程序与诉讼存在非常多的相似之处，但还是有许多不同之处，由于仲裁机构属于社会民间组织，不同于法院的司法审判机关，在保全措施、法律救济和强制执行三个方面是不具有相应的行政权力的，需要借助法院的公权力来实现，故下面就上述三个方面的法律衔接进行简单介绍。

（一）保全措施

根据《民事诉讼法》的规定，诉讼案件可以采取诉前或诉中进行财产保全和证据保全措施，对于仲裁案件而言，如果申请人需要进行财产保全或证据保全，就需要按照《民事诉讼法》规定，先由申请人依法向仲裁机构提出申请，再由仲裁机构向被保全财产所在地、被申请人住所地的基层人民法院提出申请；如果涉及涉外仲裁的财产保全，则需要向被保全财产所在地、被申请人所在地的中级人民法院提交申请。同样，如申请人需要申请证据保全措施，亦是如此。

（二）法律救济

由于仲裁裁决是一裁终局，如果双方当事人不服仲裁机构作出的仲裁裁决，当事人只能根据《仲裁法》规定，依法向作出仲裁裁决的仲裁委员会所在地的中级人民法院申请撤销仲裁裁决或者申请不予执行仲裁裁决，不能直接向法院提起纠纷解决的诉讼。

只有该仲裁裁决被人民法院依法裁定撤销或者不予执行的，当事人才可以就该纠纷根据双方重新达成的仲裁协议申请仲裁,或者直接向人民法院起诉。[1]

(三)强制执行

生效的国内仲裁裁决,由申请人依法向被执行人住所地或被执行的财产所在地的人民法院强制执行,具体参照各地法院受理诉讼案件的级别管辖规定确定。

文书范本 41

《仲裁申请书》

① 关于仲裁裁决的司法救济,详见《仲裁法》第 9 条规定,仲裁实行的一裁终局制度。裁决作出后,当事人就同一纠纷再申请仲裁或者向人民法院起诉的,仲裁委员会或者人民法院不予受理。裁决被人民法院依法裁定撤销或者不予执行的,当事人可以就该纠纷根据双方重新达成的仲裁协议申请仲裁,也可以向人民法院起诉。

第十四章 强制执行

应收账款经过诉讼追偿后仍无法实现清收的，债权人就需要启动强制执行程序，来解决应收账款法律清收问题。

民事执行，是指人民法院依照法定的程序，采取法定的执行措施，强制义务人履行已经发生法律效力的人民法院的民事判决、裁定或其他法律文书所确定的义务的活动。实践中，执行难一直是司法界的“老大难”问题。

第一节 法律流程

一、执行依据

执行依据，即申请人借以向法院要求被执行人履行判决内容的生效法律文书，具体包括发生法律效力的民事判决、调解书、裁定、刑事裁判涉财产部分、实现担保物权裁定、确定调解协议裁定、支付令、商事仲裁裁决、公证债权文书等。①

(一)文书要求

根据法律规定，当事人申请法院执行的生效法律文书应当具备下列条件：

一是权利义务主体明确；二是给付内容明确；三是如果是确定继续履行合同的，应当明确继续履行的具体内容。

(二)具体操作

对于应收账款的债权人而言，依法向法院申请强制执行的依据主要是指发

① 因企业应收账款不涉及劳动人事争议问题，故劳动人事争议仲裁裁决及调解书作为执行依据不予列入。

生法律效力的民事判决、调解书、裁定、刑事裁判涉财产部分、实现担保物权裁定、确定调解协议裁定、支付令、商事仲裁裁决、公证债权文书等。

如已经受理的执行案件，发现执行依据内容不明确的，执行机构可以结合执行依据文义，审查明确其具体给付内容；如仍无法确定给付内容的，则应提请作出生效法律文书的审裁机构进行查明并予以补正或进行解释说明。

二、执行管辖

（一）执行管辖的一般规定

一是民事裁判。根据《民事诉讼法》的规定，发生法律效力的民事判决、裁定、调解书，由第一审法院或与第一审法院同级的被执行财产所在地的人民法院执行。

二是刑事裁判。发生法律效力的刑事裁判附带民事判决书、裁定书和调解书部分，由第一审人民法院执行。第一审人民法院可以委托财产所在地的同级人民法院执行。

三是民事特殊程序裁判。发生法律效力的实现担保物权裁定、确认调解协议裁定、支付令，由作出裁判的人民法院或者与其同级的被执行财产所在地的人民法院执行。

四是仲裁裁决和公证债权文书。发生法律效力的商事仲裁裁决、公证债权文书等，由被执行人住所地或者被执行的财产所在地的人民法院执行。

五是国内的涉外仲裁裁决。发生法律效力的国内其他仲裁机构作出的具有涉外因素的仲裁裁决，被执行人住所地或者其财产均不在国内的，可以由当事人直接向有管辖权的外国法院申请承认与执行，也可以由人民法院依照我国缔结或参加的国际条约的规定，或按照互惠原则，请求外国法院承认与执行。

六是当事人不得通过约定的协议管辖规避法律规定的执行管辖权，协议管辖的相关规定并不适用于执行管辖权。

（二）选择管辖

如果两个人民法院都有管辖权，当事人可以向其中一个法院申请执行；如果向两个或以上法院申请执行的，则由最先立案的人民法院管辖。

（三）指定管辖

如法院之间因管辖权发生争议，先协商解决；协商不成的，则报请双方共同的上级法院指定管辖。

（四）提级管辖

下列情形可提级管辖：上级法院指令下级法院限期执行终结，逾期未执行终结的；下级法院报请上级法院提级执行；疑难、重大和复杂的案件，上级法院应当提级执行的。

（五）移送管辖

当执行法院发现对执行案件无管辖权，则应当将执行案件移送到有管辖权的法院执行。

三、申请执行

（一）申请条件

在债权人提前确认了裁决法律文书是否生效和执行法官的管辖权后，就要按照法律规定向具有管辖权的法院提交申请执行，符合申请执行案件的条件：

一是申请或移送执行的法律文书已经生效；

二是申请执行人是生效法律文书确定的权利人或其继承人、权利承受人，对于应收账款执行案件的申请人一般为债权人，具体包括建设工程施工合同纠纷案件的执行案件的实际施工人、民事判决书已确认担保人追偿权的执行案件的债权人、确认调解协议裁定的执行案件的债权人、实现担保物权裁定等执行案件的债权人、执行第三人到期债权裁定等执行案件的债权人、公正债权文书的执行案件的债权人、仲裁裁决书和调解书的执行案件的债权人等；

三是申请执行的法律文书有给付内容，且执行标的和被执行人明确；

四是义务人在生效法律文书确定的期限内未履行义务；

五是属于受申请执行的人民法院管辖。[①]

申请执行期限为 2 年，自法律文书规定的履行期限的最后一日起算；分期履行的，自规定的每次履行期间的最后一日起计算；未规定履行期限的，自法律文书生效之日起算；规定债务人负有不作为义务的，自债务人违反不作为义务之日

① 关于人民法院受理执行案件应符合的条件，详见《最高人民法院关于人民法院执行工作若干问题的规定（试行）》（法释〔2020〕21 号修正）第 16 条规定。

起算。

（二）提交材料[①]

按照法律规定，执行申请人需要按照上述要求提交相应的申请材料，一般包括强制执行申请书、债权人企业法人营业执照副本复印件、法定代表人身份证明、授权委托书、律师事务所公函、律师执业证、生效判决文书或结案单或者债权文书公证书（详见文书范本43《债权文书公证书》）等。

（三）受理与立案

法院立案部门收到申请人提交的书面材料后进行审查，符合法律规定的申请执行，当场出具书面凭证并予以登记立案，移交执行机构执行。对于不符合法律规定的申请执行，应当予以释明，如申请人坚持提出申请的，裁定不予受理。对当场不能判定申请执行是否符合法律规定的，应当在7日内决定是否立案。[②]

（四）执行期限

法院执行时间：被执行人有财产可供执行的，一般在收到申请执行书立案之日起6个月内执行，非诉执行案件一般应当在立案之日起3个月内执行终结。如有特殊情况需要延长的，应报请院长批准，可延长3个月；还需延长的，则报请高级人民法院批准。

四、执行异议

如案外人对执行标的提出书面异议，法院会在收到之日起15日内审查；如理由不成立，则裁定驳回。案外人、当事人不服的，可以提起"执行异议之诉"。

五、执行担保与和解

（一）执行担保

在执行案件中，如果被执行人或者第三人，为担保被执行人履行生效法律文

---

① 关于申请人依法向法院提交的申请执行材料，详见文书范本42《强制执行申请书》。

② 关于执行案件的受理和立案相关规定，详见《最高人民法院关于推行立案登记制改革的意见》（法发〔2015〕6号）规定内容。

书确定的全部或部分义务，向人民法院提供担保。[①] 经过执行人同意后，人民法院可以决定暂缓执行或暂缓执行的期限。如发生被执行人逾期不履行的，则法院有权对被执行人的担保财产或第三人的财产进行执行。

执行担保应当按照法律规定办理相应的担保或担保物权公示手续，如担保人为公司的，应按照《公司法》规定提交公司章程、董事会或股东(大)会决议等；如果提供财产担保等，则应当按照《民法典》规定办理登记等担保物权公示手续。

执行担保中暂缓执行的期限一般与执行担保期限一致，不得超过1年。如暂缓期限届满后，被执行人仍不履行义务，执行人可以申请恢复执行，并请求法院直接裁定执行担保财产或保证人的财产，但不得将担保人变更、追加被执行人。

(二)执行和解

如果债权人和债务人就执行款项达成和解，法院可以依职权裁定中止执行，但双方应按照执行和解协议履行债务；如果不履行或不完全履行，或因受欺诈、胁迫达成和解的，则债权人可以重新启动对原生效法律文书的恢复执行。

六、变更或追加被执行人

执行最终能否实现，关键取决于被执行人的偿还能力，如果被执行人不具备偿还能力，可以通过变更、追加被执行人的方式，为保障债权的最终实现增加一道保障。

(一)被执行人的法人分支机构的执行案件

作为被执行人的法人分支机构，不能清偿生效法律文书确定的债务，执行人申请变更、追加该法人为被执行人的；如果该法人直接管理的责任财产仍不能清偿债务的，人民法院可以直接执行该法人其他分支机构的财产。如果该执行人为法人的，直接管理的责任财产不能清偿的，则可以直接执行该法人分支机构的财产。

金融机构的分支机构作为被执行人的，对被执行人未能提供可供执行财产

① 关于执行担保相关文书范本，详见文书范本44《执行担保/保证书》。

的，应当依法裁定逐级变更其上级机构为被执行人，直至其总行、总公司。

（二）被执行人的法人或其他组织终止的执行案件

作为被执行人的法人或其他组织终止的，尤其权利义务承受被执行人履行清偿义务。个人独资企业解散后，原投资人在个人独资企业存续期间对债务仍应承担偿还责任，但债权人在5年内未向债务人提出偿债请求的，该责任消灭。

合伙企业注销后，原普通合伙人对合伙企业存续期间的债务仍应承担无限连带责任。如有限合伙人未按期足额缴纳出资的，可以追加为被执行人，在其未足额缴纳出资的范围内承担责任。

作为被执行人的法人或其他组织分立、合并的，人民法院裁定变更后法人或者其他组织为被执行人，对于生效法律文书确定的债务承担连带责任。

（三）被执行人的未缴纳出资或者抽逃出资或者瑕疵股权转让的股东、投资人、出资人的执行案件

作为被执行人的营利法人，财产不足以清偿生效法律文书确定的债务，申请人可以向法院申请将未缴纳或者未足额缴纳出资或者抽逃出资或者瑕疵股权转让的股东、投资人、出资人或者依照《公司法》规定对该出资承担连带责任的发起人作为被执行人，在尚未缴纳出资的范围内依法承担连带责任。

（四）被执行人的法人或其他组织被注销、被吊销、被撤销、被责令关闭、歇业的执行案件

作为被执行人的法人或其他组织被注销、被吊销、被撤销、被责令关闭、歇业等解散事由后，其股东、出资人或主管部门无偿接受其财产，致使该被执行人无遗留财产或遗留财产不足以清偿债务，可以变更、追加其股东、出资人或主管部门为被执行人，在接受的财产范围内承担清偿责任。

（五）被执行人的一人公司的执行案件

作为被执行人的一人有限责任公司，财产不足以清偿生效法律文书确认的债务时，股东不能证明公司财产独立于自己的财产，可变更、追加该股东为被执行人，对公司债务承担连带责任。

（六）公司未清算即注销登记的执行案件

作为被执行人的公司，未经清算即办理注销登记，导致公司无法进行清算，

可以变更、追加有限责任公司的股东、股份公司的董事和控股股东为被执行人，对公司债务承担连带责任。

（七）第三人承诺清偿的执行案件

作为被执行人的法人或非法人组织，未经清算即办理注销登记，在登记机关办理注销登记时，第三人书面承诺对被执行人的债务承担清偿责任，或者在执行过程中，第三人向法院书面承诺自愿代被执行人履行生效法律文书确定的债务的，可以变更、追加为被执行人，在承诺范围内承担清偿责任。

七、终结执行

如执行法院穷尽一切财产调查手段发现债务人无财产可供执行的且执行人签字确认或执行法院审查批准后，①裁定终结执行。终结执行后 5 年内，人民法院应当每 6 个月通过网络执行查控系统查询一次被执行人的财产，并将查询结果告知申请执行人。

八、恢复执行

终结本次执行程序后，申请执行人发现被执行人有财产或发现财产线索的，债权人可随时重新启动恢复执行程序，申请恢复执行不受申请执行失效期间的限制。如发现被执行人存在财产转移、隐匿、出卖或毁损的，执行人可以向法院申请或法院依职权立即采取查封、扣押、冻结等控制性措施。

九、移送破产

案件既符合终结本次执行程序条件，又符合移送破产审查相关规定的，执行法院应当在作出终结本次执行程序裁定的同时，将执行案件相关材料移送被执行人住所地人民法院进行破产审查。有关移送破产的相关规定，本章节不进行

---

① 关于终结执行的相关规定，详见《最高人民法院关于严格规范终结本次执行程序的规定（试行）》（法〔2016〕373 号）第 16 条、《最高人民法院关于适用〈中华人民共和国民事诉讼法〉的解释》第 519 条和《最高人民法院关于进一步规范近期执行工作相关问题的通知》等规定。

论述,详见本书第十六章“破产程序”相关内容。

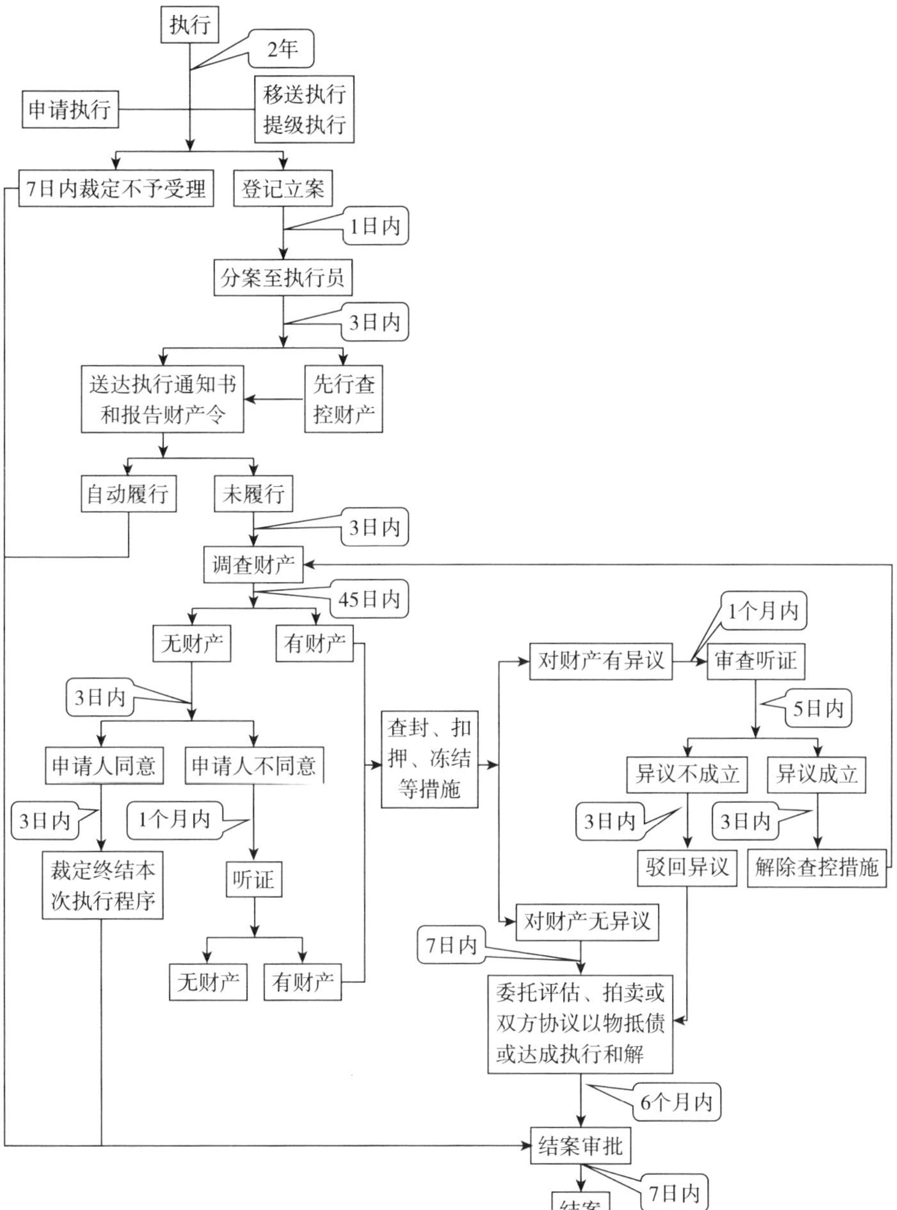

图 14－1　强制执行流程

文书范本 42 《强制执行申请书》		文书范本 43 《债权文书公证书》	
文书范本 44 《执行担保/保证书》			

第二节 实务操作

一、执行实施

(一)委托执行

如果被执行人或被执行的财产在外地的,可以委托当地同级法院代为执行,一般不得全案委托。受委托的法院收到委托函件后,必须在 15 日内开始执行,并将执行结果及时函复委托的人民法院。如在 30 日内未执行完毕,应当将执行情况函告委托的法院。

如两处以上财产在异地的,可以委托主要财产所在地法院执行,委托事项包括代为办理查询、冻结、查封、划拨、调查或者送达法律文书等,如需对异地财产进行评估、拍卖、变卖的,也可以委托办理。

(二)指定执行

法院自收到申请执行书之日起超过 6 个月未执行的,或上级法院对下级法院的执行案件,认为需要指定执行的,可以裁定指定执行或者责令本辖区内下级法院限期执行;如果指定执行的法院无正当理由未在指定期限内执行完结的,则可以指定本辖区内其他法院执行。

如人民法院之间因执行管辖权发生争议的,由双方协商解决;协商不成的,报请双方共同上级法院指定管辖。

（三）提级执行

如上级法院指令下级法院限期执行终结，逾期未执行终结的；或下级法院报请上级法院提级执行，上级法院认为应当提级执行的；或疑难、重大和复杂执行案件等情况，应当裁定提级执行。

（四）异地执行

如执行法院经调查发现被执行人在本辖区内已无财产可供执行，且在异地有可供执行财产，确需奔赴异地执行案件的，应当经其所在地高级人民法院批准，可以异地执行，同时可以请求当地法院协助执行。

（五）协同执行

当执行案件存在特定事由，中级人民法院可以统一调度辖区内法院执行力量，协同、帮助基层人民法院实施强制执行，由基层人民法院报请中级人民法院协同执行，具体情况[①]如下：

一是长期未结案件；二是受到严重非法干预的案件；三是有重大影响，社会高度关注的案件；四是受暴力、威胁或其他方法妨碍、抗拒执行的案件；五是多个法院立案受理的系列、关联案件；六是被执行人主要财产在其他法院辖区的案件；七是其他重大、疑难、复杂的案件。

（六）首封执行法院与优先债权执行法院的协调处理

执行过程中，应当由首先查封、扣押、冻结法院（以下简称首封执行法院）负责处分查封财产。但已经进入债权优先权执行案件的其他执行法院（以下简称优先债权执行法院），自首先查封之日起已超过 60 日，且首封执行法院就该查封财产尚未发布拍卖公告或进入变卖程序的，优先债权执行法院可以要求将该查封财产移送执行。

如果首封执行法院与优先债权执行法院发生争议的，可以报请双方共同上级法院指定执行。

---

① 关于协同执行，详见《最高人民法院关于加强中级人民法院协同执行基层的人民法院执行实施案件的通知》的规定。

二、财产调查

1. 执行人提供财产线索。

申请执行人应提供被执行人明确具体的财产线索，法院承办人在收到财产线索后5日内进行查证和核实。

2. 依职权调查。

在申请执行人无法提供明确具体的被执行人财产线索的或者提供有困难的，执行人向法院提出申请后10日内，法院应当依职权启动调查程序，通过网络执行查控系统、现场调查或其他方式，根据案件具体情况，法院承办人应当在1个月内完成对被执行人收入、银行存款、有价证券、不动产、车辆、机器设备、知识产权、对外投资权益及收益、到期债权等资产状况的调查。

第一，可以传唤被执行人或其法定代表人、负责人、实际控制人、直接责任人员到法院接受调查询问，经依法传唤无正当理由拒不到场的，可以进行拘传；如上述人员下落不明的，则可以通知有关单位协助查找。

第二，对已经办理查封登记手续的被执行人机动车、船舶、航空器等特定动车未能实际扣押的，可以通知有关单位协助查找。

第三，可以查询被执行人在金融机构的存款、银行账号等，查阅有关存款相关资料，如会计凭证、账簿等；可以查询被执行人不动产登记信息，如土地使用权、房屋权属等；可以查询被执行人的工商行政机关登记信息，如工商内部档案信息资料等；可以查询被执行人的船舶登记信息、客运货运车辆信息、企业财务会计报告等。

第四，对于被执行人隐匿财产、会计账簿等资料拒不交出的，可以采取搜查措施。

第五，申请执行人认为被执行人存在拒绝报告、虚假报告财产情况，隐匿、转移财产等逃避债务情形或其股东、出资人有出资不实、抽逃出资等情形的，可以申请法院委托审计机构进行审计。

第六，申请执行人可以法院书面申请方式发布悬赏公告查找被执行人可供执行的财产。

3. 被执行人财产报告。

被执行人收到法院执行通知和报告执行令后，应当如实、如期向法院书面报告其财产情况，[①]包括收到执行通知之日前1年至提交书面财产报告之日财产变动情况、报告期间的财产变动情况等。

三、执行措施

（一）财产控制

一是查封、扣押、冻结、划拨、限制被执行人的财产，包括收入、银行存款、现金、理财产品、有价证券，土地使用权、房屋等不动产，交通运输工具、机器设备、产品、原材料等动产，债权、股权、投资收益、基金份额、信托收益权、知识产权等财产性权利，其他财产。

二是针对被执行人上述财产采取查封、扣押、划拨、冻结、限制措施的，有关单位必须协助执行，具体单位包括金融机构、行政机关、证券登记结算机构与证券公司、期货交易所与期货公司、知识产权局、中基协、车辆管理部门、船舶登记部门、不动产登记部门、工商行政管理部门、有关企业和第三人等。

（二）财产变价

一是法院对查封、扣押、冻结的被执行人的财产进行变价处理时，首先应当采取拍卖的方式。

二是执行人与被执行人及其有关权利人进行协商同意后，可采取变卖处理。对于不适合拍卖的，如金银及其制品、当地市场有公开交易价格的动产、易腐烂变质的物品、季节性商品、保管困难或者保管费用过高的物品，法院可决定变卖。

三是对于上述采取拍卖、变卖处理的被执行人财产，应当在30日内由法院委托资产评估机构启动财产处置参考价评估程序。

四是对于双方当事人达成以物抵债执行和解协议，符合法律规定的，办理有关财产权证照转移手续即可。

---

① 关于被执行人财产报告制度内容，详见《最高人民法院关于民事执行中财产调查若干问题的规定》（法释〔2020〕21号）、《最高人民法院关于适用〈中华人民共和国民事诉讼法〉执行程序若干问题的解释》相关规定。

(三)其他措施

一是可向纪检监察部门反映情况,请求给予其纪律处分(当被执行人法定代表人、负责人、出资人等是国家机关干部,或者是国家机关干部的亲朋好友,而该干部干扰执行时的情形)。

二是当发现被执行人的子女在贵族(高消费)学校读书时,可以申请人民法院勒令其将子女转到普通学校,以限制被执行人高消费。

三是向人民法院申请搜查令,搜查被执行人隐匿的财产(适用于债务人拒不如实报告财产的情形)。

四是可申请法院强制执行加倍支付迟延履行期间的债务利息和支付迟延履行金(被执行人未按判决、裁定和其他法律文书指定的期间履行给付金钱义务或其他义务的情形)。

五是对于因逃避执行而长期下落不明或者变更经营场所的被执行人,可以申请人民法院与公安机关协调,加大查找被执行人的力度。

六是限制高消费令、列入失信被执行人名单。法院在执行过程中,被执行人未履行生效法律文书确定的义务且符合法定情形的,则将债务人列入失信被执行人名单,将其法定代表人、主要负责人、影响债务履行的直接责任人员限制高消费的行为。

四、执行分配

(一)清偿顺序

多份生效法律文书确定金钱给付内容的多个债权人分别对同一被执行人申请执行,各债权人对执行标的物均为担保物权的,按照执行法院采取执行措施的先后顺序受偿。

多个债权人的债权种类不同的,基于所有权和担保物权而享有的债权,优先于金钱债权受偿。有多个担保物权的,按照各担保物权成立的先后顺序清偿。

一份生效法律文书确定金钱给付内容的多个债权人对统一被执行人申请执行,执行的财产不足以清偿全部债务,各债权人对执行标的物均无担保物权的,按照各债权比例受偿。

参与分配之中,执行所得价款扣除执行费用,并清偿应当优先受偿的债权后，对于普通债权，原则上按照其占全部申请参与分配债权数额的比例受偿。

（二）申请程序

执行程序开始后财产执行终结前，发现被执行人的财产不足以清偿所有债权的，对人民法院查封、扣押、冻结的财产有优先权、担保物权的债权人，包括取得执行依据和未取得执行依据的债权人，可以直接向执行法院（一般应当由首先查封、扣押或冻结的法院主持进行）提交书面《参与分配申请书》[①]申请参与分配。执行法院受理后进行审查，并根据债权人申请情况组织债权人协商并制作执行财产分配方案。

（三）实务处理

如被执行人为民办学校，清偿顺序：应退收教育者学费、杂费和其他费用，应发教职工的工资及应缴纳的社会保险费用，偿还其他债务。

依法享有船舶优先权、民用航空器优先权、执行回转优先权、担保物权的优先权、建设工程价款优先受偿权等债权人依法优先于普通债权获得清偿。[②]

五、民事强制措施和刑事责任

（一）民事强制措施

一是申请法院依法对相关责任人予以罚款、拘留（适用于被执行人既不履行义务又拒绝报告财产或者进行虚假报告、拒绝交出或者提供虚假财务会计凭证的，给债权人造成损失的情形）。

二是可以申请追回财产，偿还债务，并可以申请法院对相关责任人予以罚款、拘留（当协助执行义务人拒不协助执行或者妨碍执行、到期债务第三人提出异议后又擅自向被执行人清偿的，给债权人造成损失的情形）。

---

① 详见文书范本 45《参与分配申请书》。

② 详见《海商法》第 21 ~29 条，《民用航空法》第 19 条和第 21 条、第 22 条，《最高人民法院执行工作办公室关于执行回转案件的申请执行人在被执行人破产案件中能否得到优先受偿保护的请示的答复》（〔2005〕执他字第 27 号），《民法典》第 394 条、第 425 条、第 447 条、第 807 条，《最高人民法院关于适用〈中华人民共和国民事诉讼法〉的解释》（2022 年修正）第 508 条和《最高人民法院关于审理建设工程施工合同纠纷案件适用法律问题的解释（一）》（法释〔2020〕25 号）第 36 条、第 37 条等规定。

(二)追究刑事责任

被执行人隐匿财产、虚构债务或者以其他方法隐藏、转移、处分可供执行的财产,拒不交出或者隐匿、销毁、制作虚假财务会计凭证或资产负债表等相关资料,以虚假诉讼或者仲裁手段转移财产、虚构优先债权或者申请参与分配,中介机构提供虚假证明文件或者提供的文件有重大失实,被执行人、担保人、协助义务人有能力执行而拒不执行或者拒不协助执行等,损害申请执行人或其他债权人利益,依照《刑法》的规定构成犯罪的,应当依法追究行为人的刑事责任。

常见的罪名有拒不执行判决、裁定罪,执行人可以向公安机关报案,或者向检察院报案,如公安机关、检察院不予公诉立案,则向执行法院所在地人民法院提起刑事自诉。

文书范本 45

《参与分配申请书》

第三节 典型案件

一、金钱给付请求权执行案件

鉴于企业应收账款债权属于金钱债权,法律性质上属于金钱给付请求权。故本章节主要介绍金钱给付请求权执行案件的执行事务处理。

(一)对收入、银行存款及特殊账户、资金(以下统称存款)的执行

被执行人未按照执行通知履行法律文书确定的义务,法院有权出具正式公函或者协助执行通知形式要求金融机构协助查询、冻结、扣划被执行人的银行存款,应当由存款人开户的营业分支机构具体办理。

如果两个以上执行法院对同一单位或者个人的同一笔银行存款采取冻结或者扣划措施时,金融机构应当协助最先送达协助冻结、扣划存款通知书的执行法院进行办理;如发生争议,则报请双方共同上级法院协调解决。

外地执行法院可以直接到被执行人住所地、被执行财产所在地的金融机构，要求其对冻结、扣划被执行人的银行存款进行协助和具体办理，不受辖区范围的限制。

对于被执行人的收入、银行存款及特殊账户、资金等执行的具体措施如表14－1所示。

表14－1　对于被执行人的收入、银行存款及特殊账户、资金等执行的具体措施

执行对象	执行措施	具体措施
个人收入	查询、扣留、提取	要求金融机构或者有关单位扣留、提取被执行人的收入，但应当保留被执行人及其所抚养家属的生活必需费用；对于尚未支取的收入，执行法院作出裁定，向被执行人所在单位发出协助执行通知书，由其协助扣留或提取
离休金 退休金 养老金	查询、扣留、提取	在留出必要的生活费用后，执行法院可以将其作为被执行人的财产予以执行
住房公积金	查询、扣留、提取	在保障被执行人依法享有的基本生活及居住条件的情况下，执行法院可对被执行人住房公积金账户内的存储余额强制执行
与银行存款相关资料	查询与复制	如被执行人开户、存款情况以及会计凭证、账簿、有关对账单等（含电脑储存资料），执行法院可以要求金融机构及时如实提供并加盖印章，执行法院根据需要可抄录、复制、照相等
存款上依法享有优先受偿权	查询、载明、审查、扣划	金融机构应在查询信息结果和冻结措施反馈结果中载明，执行法院应将结果通知优先受偿权的债权人并进行依法审查处理，期间不得强制执行。待该优先受偿权消灭后，依法采取扣划等措施强制执行
企业的工会经费和党费	—	执行法院不得将其作为被执行人的财产予以强制执行
军队、武警部队的存款	视情况而定	特种预算存款、特种其他存款和连队账户的存款，原则上不采取冻结或扣划等措施，但该账户存入其他款项的除外
封闭贷款结算专户资金	视情况而定	不得执行，如果有证据证明债务人为逃避债务将其他款项打入封闭贷款结算专户的，可以仅就所打入的款项采取执行措施
国企下岗职工基本生活保障基金	—	不得执行
社会保险基金	—	不得执行

续表

执行对象	执行措施	具体措施
存款准备金、备付金	视情况而定	如被执行人为金融机构等，不得冻结或扣划，但对于其在本机构、其他金融机构、人民银行的存款可以采取冻结、划拨等执行措施，但不得查封其营业场所
期货交易所会员等期货保证金	—	如被执行人为期货交易所的，不得执行，除非发生财产混同情形
客户的期货保证金	—	如被执行人为期货公司的，不得执行，除非发生财产混同情形
非结算会员的保证金	—	如被执行人为期货交易所的，不得执行，除非发生财产混同情形
结算保证金	—	如被执行人为期货交易所的，不得执行，但结算担保金专用账户中存在超额的除外
旅游服务质量保证金	视情况而定	如被执行人为旅行社的，遇到法定规定不承担或无力承担赔偿责任情形的，可以执行履行服务质量保证金
承兑汇票保证金	冻结、扣划	可以冻结，但不得扣划；如已经对外付款，根据金融机构申请解除冻结措施。如发生已丧失保证金功能时，可以扣划
信用证开证保证金	冻结、扣划	可以冻结，但不得扣划；如已经对外付款，根据金融机构申请解除冻结措施。如发生已丧失保证金功能或者保证金扣划后有余额时，可以扣划
设置的出口退税专用账户	视情况而定	一般不得执行，先按照优先受偿权处理，有剩余款项的部分再进行执行，但该被执行人违反设置的出口退税专用账户使用性质的除外
职工建房集资款、自列住房基金	差别对待	对于职工建房集资款不得执行，对于自列住房基金可执行
粮棉油政策性收购资金	—	不得执行

续表

执行对象	执行措施	具体措施
凭证式国库券	查询、冻结、扣划	属于有价证券,与银行定期储蓄存款类似,可以执行
股民交易保证金	—	如被执行人为投资管理公司的,则不得执行
证券结算备付金	区分对待	如被执行人为证券公司的,应区分其自营证券业务和客户证券结算备付金,对于客户证券结算备付金不得执行,对于其自营证券业务的证券结算备付金可以执行
证券结算风险基金	—	不得执行
证券期货交易保证金	—	一般不得执行,但该资金失去保证金作用的情况除外
清算账户上的资金	区分对待	如被执行人为证券公司的,应区分其自营证券业务和客户证券结算备付金,对于客户清算账户上的资金不得执行,对于其自营证券业务的清算账户上的资金可以执行
商品房预售资金监管账户	待定	如被执行人为房地产开发企业的,该账户资金属于该企业所有,综合考虑监管方式、监管效果、法院审判权、执行权行使和当事人诉权保护等因素需要进一步调研,甄别不同情况后妥善处理

(二)对机动车辆、船舶、航空器的执行

对于机动车辆,执行法院可以采取查封、扣押、占用改动、变更登记、责令实际占用人交出、要求登记机构协助查找、保管、没收、拍卖等强制执行措施。

对于船舶,执行法院可以采取扣押和拍卖等执行措施,根据《民事诉讼法》第十五章第七节、《海商法》、《最高人民法院关于适用〈中华人民共和国海事诉讼特别程序法〉若干问题的解释》第15条、《最高人民法院关于扣押与拍卖船舶适用法律若干问题的规定》第23条等规定,执行人申请拍卖船舶实现船舶担保物权的,由船舶所在地或船籍港所在地的海事法院管辖,并由海事法院拍卖船舶委员会实施。但20总吨以下小型船艇的扣押和拍卖,可以依照《民事诉讼法》规定的扣押和拍卖程序进行。

对于属于被执行人所有的船载货物,执行人应当根据《民事诉讼法》和《海事诉讼特别程序法》的规定，由船舶所在地或船籍港所在地的海事法院管辖，并采取扣押、拍卖等执行措施。

对于航空器，根据《民事诉讼法》的规定，由执行法院采取扣押、拍卖等执行措施。

（三）对不动产的执行

1. 查询。

执行法院可以到国土资源、房地产管理部门查询土地、房屋权属情况，国土资源、房地产管理部门应当履行协助义务。

2. 查封。

执行法院可以查封在被执行人名下的不动产或者尚未办理过户登记的不动产，未登记的建筑物和土地使用权，根据确权可以进行查封。

对于登记在第三人名下的不动产，第三人确认后可以查封。

对于可以分割的房屋，在执行标的额范围内分割查封；不可分割的房屋，则整体查封。

对于全部缴纳土地使用权出让金但尚未办理土地使用权登记的，可以进行查封。

对于部分缴纳土地使用权出让金但尚未办理土地使用权登记的，如可以分割，则按确认后土地使用权裁定预查封；如不可分割，则可以全部进行预查封。

两个以上执行法院对同一宗不动产进行查封的，国土资源、房地产管理部门对首先送达协助执行通知书的执行法院办理查封登记手续，对后来送达协助执行通知书的执行法院办理轮候查封登记手续。

对于不动产上存在租赁的处理，如该租赁发生在查封前，不存在恶意串通、以明显不合理的低价承租或伪造交付租金证据的情况，执行法院不得移交占有；但发生在查封后的，则裁定解除租赁合同，不得对抗执行法院的查封。

3. 拍卖和变卖。

执行法院将按照《民事诉讼法》《最高人民法院关于人民法院民事执行中拍卖、变卖财产的规定》等规定，采取拍卖、变卖等执行措施。

4. 对于不动产具体情况的执行处理。

第一，对于一处住房的执行。对被执行人及所抚养家属维持生活必需的居住房屋，符合被执行人有抚养义务的人名字有其他能够维持生活必需的居住房屋的、被执行人逃避债务转让其名下其他房屋的、执行按照当地廉租房保障面积标准为其提供居住房屋或按当地房租市场平均租金标准在该房屋变价款中扣除5～8年租金等情形的，执行法院可以强制执行。

第二，对于无证房屋的执行。具备初始登记条件的，执行法院处置后依法向房屋登记机构发出协助执行通知书，由房屋登记机构按照协助执行通知书要求予以登记后进行执行；如不具备初始登记条件的，执行法院可以向房屋登记机构发出协助执行通知书，由房屋登记机构按照协助执行通知书要求予以登记后按照“现状处置”的原则进行执行。

第三，对于房地直接抵债的执行。执行人与被执行人经过协商，可以不经拍卖、变卖，直接裁定将被执行人以出让方式取得的国有替代使用权及其地上房屋经评估作价后交由执行人抵偿债务，并办理不动产转移交付和变更登记手续。

第四，对于设定抵押房产的执行。一种为强制迁出。对于被执行人所有的已经依法设定抵押的房屋，执行法院可以查封，并可以根据抵押权人的申请，依法拍卖、变卖或抵债，在法院作出裁定后，被执行人及其所抚养家属将在6个月的宽限期内主动腾空或迁出居住的房屋，否则执行法院有权采取强制迁出的执行措施。另一种为涤除租赁。如该房屋抵押前已经出租并转移占有的，原租赁关系不受影响，不因执行法院采取拍卖而消灭，但该租赁权继续存在于拍卖房屋上时，对在先的担保物权或其他优先受偿权的实现有影响的，执行法院依法将其除去后进行拍卖。

（四）对知识产权的执行

被执行人不履行生效法律文书确定的义务，执行法院有权裁定禁止被执行人转让其专利权、注册商标专用权、著作权（财产部分）等知识产权；如上述权利有登记主管部门的，同时向主管部门发出协助执行通知书，要求其不得办理财产转移手续。

对于上述知识产权的财产权，可以采取查封、冻结、拍卖、变卖等执行措施。

（五）对股权、其他投资权益的执行

执行法院对股权（包括应得的已到期的股息或红利等）、其他投资权益进行冻结或实体处分前，采取查询其权属情况，可以要求工商行政管理机构予以协助，同时可以采取查封、冻结、拍卖、变卖等执行措施。

一是对于有限责任公司股权的处置，在进行强制转让股权前，应保障其他股

东同等条件下的优先购买权。

二是对于股份有限公司的股权的处置,执行法院可以对被执行人所持有的股份凭证或股票进行扣押,并强制进行转让,也可以采取拍卖、变卖或抵债等执行措施。

三是对于合伙企业投资权益的处置,对被执行人应得的已经到期的股息或红利等收益,裁定禁止提取和支付,并要求有关企业直接向执行人支付;对于预期应得的股息或红利等收益,可以采取冻结措施,到期后按照前述进行执行处置。对于外商投资企业投资权益的处置,可以采取冻结措施,在征得合资或合作他方的同意和对外经贸主管机构的批准后,可以对冻结的投资权益或股权予以转让或强制转让(但要保护合资他方的优先购买权)。

四是对于上市公司国有股和社会法人股的处置,可以采取冻结、评估、拍卖和办理股权过户等财产执行措施;但被执行人在限期内提供了方便执行的其他财产,如存款、现金、成品或半成品、原材料、交通工具等,应首先执行其他财产。

(六)对证券及其交易结算资金的执行

执行法院可以通过证券登记结算机构或证券公司查询、冻结、扣划证券和证券公司结算资金的(如被执行人为证券公司的仅限其自营资金),证券登记结算机构或者证券公司应当依法予以协助。

(七)对到期债权的执行

执行法院可以作出冻结到期债权的裁定,次债务人不得向被执行人履行债务,同时送达履行通知要求次债务人向执行人履行,但应当依法保护次债务人的利益,次债务人可以提出异议(执行法院不进行异议审查),如次债务人提出自己无履行能力或与执行人无直接法律关系或期限届满后,执行法院可以采取提取款项、扣划等强制执行。对于未到期债权,可以采取冻结措施,待债权到期后参照到期债权予以执行。

二、特殊执行案件

(一)仲裁裁决执行案件

当事人按照《仲裁法》作出的仲裁裁决,债务人不履行的,应收账款债权人可以依照《民事诉讼法》有关规定向有管辖权的人民法院申请执行,债务人可以提出证据证明该仲裁裁决无效、撤销或不予执行的申请，法院就此进行司法审查核实。

对于海事仲裁裁决，执行人可以向被执行的财产所在地或者被执行人住所地海事法院提出，如当地没有海事法院，则向被执行的财产所在地或被执行人住所地的中级人民法院提出执行申请。

对于涉外仲裁裁决，执行人依法向有管辖权的法院提交申请，该法院必须就该涉外仲裁裁决进行司法审查，如果裁定不予执行或拒绝承认和执行的，同时报请本辖区所属高级人民法院进行司法审查，如裁定同意不予执行或拒绝承认和执行的，则将其审查意见报最高人民法院进行答复，从而确定是否同意执行。如裁定同意执行，则按照《民事诉讼法》有关执行规定采取查询、查封、冻结、扣划、提取等措施进行执行。

如该仲裁裁决被裁定不予执行，债权人可以根据双方达成的书面仲裁协议重新申请仲裁，也可以向人民法院起诉。

（二）公证债权文书执行案件

应收账款债权人可以凭原公证文书即执行证书向有管辖权的人民法院（被执行人住所地或被执行的财产所在地人民法院）申请执行，执行法院依法进行司法审查。

如裁定不予受理或驳回执行申请的，则执行人有权自裁定送达之日起 10 日内向上一级人民法院申请复议，申请复议期满未申请复议，或申请复议被驳回的，债权人可以就公证债权文书涉及的民事权利义务争议向有管辖权的法院提起诉讼。

如法院裁定立案受理的，则执行法院将按照《民事诉讼法》有关执行规定采取查询、查封、冻结、扣划、提取等措施进行执行，因债务人不履行或不完全履行而发生的违约金、利息、滞纳金等，可以列入执行标的。

为了保护被执行人的合法权益，被执行人在执行通知书送达之日起 15 日内提出执行异议，或者如公证债权文书确有错误的，执行法院裁定不予执行，则执行人按照行政复议流程或另行起诉处理。

第十五章　强 制 清 算

对于应收账款债权人而言，已按照本书前述的一系列非诉清收、诉讼追偿、强制执行措施等仍然无法实现债权时，也就剩下最后两种救济手段：强制清算和破产程序（仅限于债务人为企业、公司）。

强制清算是解决债权人应收账款清收法律救济的最后屏障之一，企业债务人进行强制清算之前，按照《公司法》等规定，债权人向管辖法院申请强制清算需要满足法定的公司解散条件，[①]才能启动强制清算程序。

第一节　解散与清算

公司解散（dissolution of company），是指公司因章程或者法律规定事由出现，停止经营，启动清算程序，最终使公司终止的过程。[②] 是引起公司人格消灭

---

① 根据我国《公司法》及其相关司法解释等有关规定，有权申请对公司进行强制清算的主体包括公司债权人及公司股东。同时根据我国《公司法》第 180 条“公司因下列原因解散：（一）公司章程规定的营业期限届满或者公司章程规定的其他解散事由出现；（二）股东会或者股东大会决议解散；（三）因公司合并或者分立需要解散；（四）依法被吊销营业执照、责令关闭或者被撤销；（五）人民法院依照本法第一百八十二条的规定予以解散”和第 183 条“公司因本法第一百八十条第（一）项、第（二）项、第（四）项、第（五）项规定而解散的，应当在解散事由出现之日起十五日内成立清算组，开始清算。有限责任公司的清算组由股东组成，股份有限公司的清算组由董事或者股东大会确定的人员组成。逾期不成立清算组进行清算的，债权人可以申请人民法院指定有关人员组成清算组进行清算。人民法院应当受理该申请，并及时组织清算组进行清算”的规定可知，作为应收账款债权人要通过强制清算程序这个法律救济途径达到债务清偿的，一般都是发生在“强制解散”的情形下，对于公司债务人而言，无论是公司还是股东都没有动力通过“自愿解散”或“司法解散”程序（在司法解散程序中，只有未能在法定期限内进行自愿清算，才会导致强制清算，主导的是公司股东而不是债权人，债权人只能按照法定程序申报债权来实现应收账款清偿）来解决应收账款债权人的债务清偿问题。因此，在法律实务中，一般是在公司出现“强制解散”的情形或通过强制执行程序无法清收应收账款通过执行转破产程序时，债权人才有权向管辖法院启动强制清算程序。

② 关于公司解散的定义，参见王军：《中国公司法》，高等教育出版社 2015 年版，第 482 页。

的法律事实,[①]为公司退出机制三部曲之一。[②]

公司解散具有以下法律特征:公司解散是启动公司终止的前提,虽然不能立即导致公司人格的消灭,但公司应停止从事营业活动,开始整理财产关系并进行清算,最终结果就是导致公司人格消灭的事实状态和法律状态。

一、解散种类

不同学者对公司解散种类存在不同的认识,有学者认为公司解散分为自愿解散(任意解散)和强制解散,其中强制解散还可以分为行政解散和司法解散。也有学者将公司解散分为自行解散、强制解散和司法解散。

根据《公司法》(2018 年 10 月 26 日修正)第 180 条[③]之规定,公司解散的法定事由包括公司章程规定的营业期限届满或者其他解散事由出现,公司决议解散,因公司合并或分立需要解散,依法被吊销营业执照、责令关闭或者被撤销,司法解散五种类型。

目前主流观点认为,公司解散主要分为自行解散、强制解散和司法解散。

(一)自行解散

自行解散又称任意解散(voluntary dissolution),是指公司基于自身的意思解散公司,比如,因公司章程规定的营业期限届满或者公司章程规定其他解散事由出现,或股东会或股东大会决议解散,或因公司合并或分立需要解散。

自行解散在法律性质上,属于公司设立的附解除条件或附期限的法律行为,属于公司自治范围。

在应收账款法律清收实务中,寄希望通过公司自行解散实现清算,从而最终实现债权清偿的可能性基本没有。

---

① 参见刘敏:《公司解散清算制度》(第 2 版),北京大学出版社 2012 年版,第 15 页。

② 公司退出三部曲包括公司解散、公司清算和公司终止,参见刘俊海:《现代公司法》(第 3 版),法律出版社 2015 年版,第 1126 页。

③ 参见《公司法》(2018 年 10 月 26 日修正)第 180 条的规定,公司因下列原因解散:(1)公司章程规定的营业期限届满或者公司章程规定的其他解散事由出现;(2)股东会或者股东大会决议解散;(3)因公司合并或者分立需要解散;(4)依法被吊销营业执照、责令关闭或者被撤销;(5)人民法院依照《公司法》第 182 条的规定予以解散。

（二）强制解散

广义强制解散（compulsory dissolution），是指因公司违反法律或者行政法规，非基于公司或其出资者的意志而被国家有关权力机构强行解散。狭义强制解散不包括司法解散，仅指依据国家有关行政主管机关的命令而被迫强制解散，故又称行政解散，通常表现为公司依法被吊销营业执照、责令关闭或者被撤销。强制解散包括两种类型：一是依法被吊销营业执照；二是责令关闭或者被撤销。

只有在公司债务人发生强制解散的情形时，债权人才有启动强制清算的可能性，因此发生强制解散的情形，是债权人启动强制清算的前提条件（必要条件）。

（三）司法解散

司法解散（judicial dissolution）又称裁判解散或者法院勒令解散，是指公司的目的和行为违反法律、公共秩序和善良风俗，依法律的规定命令其解散；或者公司经营出现显著困难，面临重大损害或董事、股东之间出现僵局时，依据股东的申请，由法院裁判解散公司。①

发生司法解散的情形，一般都是公司股东内部发生公司僵局导致股东之间发生矛盾，目的在于解决公司股东之间的矛盾和争议问题，从而导致进入自愿清算程序，进而导致启动强制清算程序，应收账款债权人作为债权申报人被动参与强制清算程序。

---

① 在我国，其法律依据是《公司法》第180条规定："公司因下列原因解散：……（五）人民法院依照本法第一百八十二条的规定予以解散。"第182条规定："公司经营管理发生严重困难，继续存续会使股东利益受到重大损失，通过其他途径不能解决的，持有公司全部股东表决权百分之十以上的股东，可以请求人民法院解散公司。"《最高人民法院关于适用〈中华人民共和国公司法〉若干问题的规定（二）》（法释〔2020〕18号修正）第1条规定："单独或者合计持有公司全部股东表决权百分之十以上的股东，以下列事由之一提起解散公司诉讼，并符合公司法第一百八十二条规定的，人民法院应予受理：（一）公司持续两年以上无法召开股东会或者股东大会，公司经营管理发生严重困难的；（二）股东表决时无法达到法定或者公司章程规定的比例，持续两年以上不能做出有效的股东会或者股东大会决议，公司经营管理发生严重困难的；（三）公司董事长期冲突，且无法通过股东会或者股东大会解决，公司经营管理发生严重困难的；（四）经营管理发生其他严重困难，公司继续存续会使股东利益受到重大损失的情形。股东以知情权、利润分配请求权等权益受到损害，或者公司亏损、财产不足以偿还全部债务，以及公司被吊销企业法人营业执照未进行清算等为由，提起解散公司诉讼的，人民法院不予受理。"

二、公司清算

无论是公司股东自愿解散，还是股东提起司法解散，抑或发生强制解散，根据《公司法》第 183 条规定，[①]公司应当在解散事由出现之日起 15 日内成立清算组，开始清算。有限责任公司的清算组由股东组成，股份有限公司的清算组由董事或者股东大会确定的人员组成。逾期不成立清算组进行清算的，债权人可以申请人民法院指定有关人员组成清算组进行清算。

根据《公司法》的相关规定，公司清算分为自愿清算和强制清算（本章不讨论破产清算程序，在本书第十六章“破产程序”有专门论述）。

三、启动条件

债权人如要通过法院启动强制清算程序获得清偿，通常是在自愿清算未成功的情形下，债权人才有机会。

根据《公司法》的规定，债权人要启动强制清算程序，除需要符合一个前提条件，即公司债务人出现了公司解散的法定情形外，还需要一个“在法定期限内逾期不成立清算组进行自愿清算的情况下”的充分条件，两者缺一不可，如此债权人才能成功启动强制清算程序。

可见，债权人想要启动对公司债务人强制清算程序，必须具备两个条件：一是公司债务人出现解散情形；二是公司出现解散情形后逾期未成立清算组进行自愿清算的。

---

① 详见《公司法》第 183 条规定，公司因《公司法》第 180 条第 1 项（自愿解散）、第 2 项（自愿解散）、第 4 项（强制清算）、第 5 项（司法解散）规定而解散的，应当在解散事由出现之日起 15 日内成立清算组，开始清算。有限责任公司的清算组由股东组成，股份有限公司的清算组由董事或者股东大会确定的人员组成。逾期不成立清算组进行清算的，债权人可以申请人民法院指定有关人员组成清算组进行清算。人民法院应当受理该申请，并及时组织清算组进行清算。

第二节 实务操作

一、管辖法院

地域管辖法院应为公司住所地的人民法院，即公司主要办事机构所在地法院，公司主要办事机构所在地不明确、存在争议的，由公司注册登记地人民法院管辖。

级别管辖，基层人民法院管辖县、县级市或者区的公司登记机关核准登记公司的公司强制清算案件；中级人民法院管辖地区、地级市以上公司登记机关核准登记公司的公司强制清算案件。

二、申请与受理

（一）申请程序

根据《最高人民法院关于适用〈中华人民共和国公司法〉若干问题的规定（二）》（以下简称《公司法司法解释（二）》）第7条[①]的规定，强制清算程序申请主体可以是公司债权人，也可以是公司股东。因此，应收账款债权人可以依法向管辖法院申请对公司债务人的强制清算程序。同时规定了强制清算申请的三种适用条件，包括：(1)公司解散逾期不成立清算组进行清算的；(2)虽然成立清算组但故意拖延清算的；(3)违法清算可能严重损害债权人或者股东利益的。

（二）应提交材料

《最高人民法院关于审理公司强制清算案件工作座谈会纪要》中明确了申

① 详见《公司法司法解释（二）》第7条规定：公司应当依照《民法典》第70条、《公司法》第183条的规定，在解散事由出现之日起15日内成立清算组，开始自行清算。有下列情形之一，债权人、公司股东、董事或其他利害关系人申请人民法院指定清算组进行清算的，人民法院应予受理：(1)公司解散逾期不成立清算组进行清算的；(2)虽然成立清算组但故意拖延清算的；(3)违法清算可能严重损害债权人或者股东利益的。

请人向法院申请强制清算时应当提交的有关材料,包括强制清算申请书[①]以及相关证明材料,其中强制清算申请书应当载明申请人、被申请人的基本情况和申请的事实和理由。

同时,申请人应当向人民法院提交被申请人已经发生解散事由以及申请人对被申请人享有债权或者股权的有关证据。公司解散后已经自行成立清算组进行清算,但债权人或者股东以其故意拖延清算,或者存在其他违法清算可能严重损害债权人或者股东利益为由,申请人民法院强制清算的,申请人还应当向人民法院提交公司故意拖延清算,或者存在其他违法清算行为可能严重损害其利益的相应证据材料。

(三)听证

审理强制清算案件的审判庭审查决定是否受理强制清算申请时,一般应当召开听证会。

听证会主要针对申请人是否具备申请资格、被申请人是否已经发生解散事由、强制清算申请是否符合法律规定等内容进行。

听证会程序:应提前 5 日通知申请人和被申请人、需补充证据期限届满后 10 日内再次进行听证等。

不召开听证会的,应及时通知申请人和被申请人,同时告知被申请人异议期限(收到通知之日起 7 日内提出异议)。

(四)不予受理

申请人申请公司强制清算,法院审查发现确有证据证明公司财产已经明显不足清偿债务的,法院应告知申请人按《企业破产法》规定申请公司破产清算。

第一,债权人依法申请公司强制清算,但债权人持有债权已超过诉讼时效,除债务人自愿履行外,对其申请不予受理。

第二,股东申请对公司强制清算,但无法提供公司账册及其他重要文件,法院一般不予受理,但申请股东有确切证据证明为参与公司经营、非公司实际控制人的除外。

第三,法院以无法清算为由终结强制清算程序,股东再次申请对公司强制清算的,法院不予受理。

---

① 关于强制清算申请书的具体内容,详见文书范本 46《强制清算申请书》。

对于管辖法院裁定不予受理或驳回受理申请，申请人不服的，可以向上一级人民法院提起上诉。

三、清算组

（一）成员

债权人向管辖法院申请启动对公司债务人强制清算程序经立案受理后，接下来就是成立清算组，由管辖法院依法指定清算组人员：按照《人民法院中介机构管理人名册》和《人民法院个人管理人名册》中的中介机构或个人组成清算组；也可以根据实际需要，指定公司股东、董事、监事、高级管理人员，与管理人名册中的中介机构或个人共同组成清算组。清算组成员为单数，并指定清算组负责人。如指定的清算组成员存在利害关系，申请人可以申请更换。

（二）报酬

关于清算组成员的报酬，如公司股东、实际控制人或股份有限公司董事担任清算组成员，不计付报酬。上述人员以外的有限责任公司董事、监事、高级管理人员，股份有限公司的监事、高级管理人员担任清算组成员的，可以按照其上一年度的平均工资标准给付报酬。

如中介机构或个人担任清算组成员，公司与其协商；协商不成的，按照《关于审理企业破产案件确定管理人报酬的规定》确定。

（三）议事规则

清算组的议事机制应按照《公司法》第 111 条①之规定，经全体清算组成员过半数决议通过。与争议事项有直接利害关系的清算组成员不得参与投票；如因为利害关系人回避导致无法形成多数意见的，清算组可以请求人民法院作出决定。

四、财产保全

法院受理强制清算申请后，如公司债务人财产存在被隐匿、转移、毁损等可

---

① 详见《公司法》第 111 条规定：董事会会议应有过半数的董事出席方可举行。董事会作出决议，必须经全体董事的过半数通过。董事会决议的表决，实行一人一票。

能影响依法清算情形的,申请人可以申请对公司财产采取相应的保全措施。

五、债权申报

对已经明知和明确的债权人,管辖法院可以书面通知,也可以在全国或省级有影响的报纸上进行公告。如明知明确的债权人存在未通知或未申报的,管辖法院可以通过提存方式进行处理。

法律实务中最难的是,如何处理债权人不确定债权的申报问题。对于争议债权,根据《公司法司法解释(二)》第12条之规定,可以重新核定,如不予重新核定,可以起诉处理。对于或然债权,可以规定在公司剩余财产分配以前,要预留不确定债权的份额或向债权人提供相应的担保。

六、清算方案

清算方案可分为股东自行确认和司法确认。由公司自行组织清算的,则应当由公司股东为主体确认,为此而产生的法律责任也应当由相关股东承担。通过司法程序清算的,则清算方案的确认权在法院;清算组在6个月内完成清算任务。

通知事项:根据《公司法司法解释(二)》第11条的规定,清算组应当将清算事宜书面通知全体债权人,并在全国或省级有影响的报纸上进行公告。

七、无法清算的处理

对于公司债务人主要财产、账册、重要文件等灭失,或者其人员下落不明的强制清算案件,经向其股东、董事等直接责任人员释明或采取罚款等民事制裁措施后,仍然无法清算或者无法全面清算,以及尚有部分财产,且依据现有账册、重要文件等,可以进行部分清偿的案件,应当参照《企业破产法》的规定,对现有财产进行公平清偿后,以无法全面清算为由终结强制清算程序。对于没有任何财产、账册、重要文件,公司债务人下落不明的案件,应当以无法清算为由终结强制清算程序。

对于管辖法院作出的以无法清算或者无法全面清算为由裁定终结强制清算程序的，债权人可以根据法院在裁定中的释明，按照《公司法司法解释（二）》第18条[①]的规定，依法起诉至法院要求该公司债务人的股东、董事、实际控制人等清算义务人对其债务承担偿还责任。

作为申请人的应收账款债权人，需要就“无法清算”承担初步或行为意义上的举证责任，具体举证责任的分配规则：根据“谁主张，谁举证”原则，只要当事人提供的证据证明债务人（清算中公司）无法清算存在一定的可能性，即视为当事人对债务人无法清算的主张完成初步的或行为意义上的举证责任。[②]

如果债务人否认无法清算，则举证责任进行转移，由债务人对能否进行清算承担结果意义上的举证责任。

八、破产衔接

根据《公司法司法解释（二）》第17条[③]和《最高人民法院关于审理公司强制清算案件工作座谈会纪要》的相关规定，公司强制清算中，清算组发现债务人财产不足清偿债务，且未能达成清偿方案清偿债务，债权人向法院提起破产申请的，人民法院应审查，如符合《企业破产法》规定，应予受理并裁定终结强制清算程序进入破产程序。

---

① 详见《公司法司法解释（二）》第18条规定：有限责任公司的股东、股份有限公司的董事和控股股东未在法定期限内成立清算组开始清算，导致公司财产贬值、流失、毁损或者灭失，债权人主张其在造成损失范围内对公司债务承担赔偿责任的，人民法院应依法予以支持。有限责任公司股东、股份有限公司的董事和控股股东因怠于履行义务，导致公司主要财产、账册、重要文件等灭失，无法进行清算，债权人主张其对公司债务承担连带清偿责任的，人民法院应依法予以支持。上述情形系实际控制人原因造成，债权人主张实际控制人对公司债务承担相应民事责任的，人民法院应依法予以支持。

② 关于“初步的或行为意义上的举证责任”，是指利用已知事实进行推定或者根据经验法则，只要债权人用经验法则能够证明无法清算的存在具有一定的可能性，即完成了举证责任。如工商资料显示债务人尚未经过清算；债务人已经人去楼空，法院以债务人无财产可供执行为由作出中止执行裁定或者终结执行裁定。

③ 详见《公司法司法解释（二）》第17条规定：人民法院指定的清算组在清理公司财产、编制资产负债表和财产清单时，发现公司财产不足清偿债务的，可以与债权人协商制作有关债务清偿方案。债务清偿方案经全体债权人确认且不损害其他利害关系人利益的，人民法院可依清算组的申请裁定予以认可。清算组依据该清偿方案清偿债务后，应当向人民法院申请裁定终结清算程序。债权人对债务清偿方案不予确认或者人民法院不予认可的，清算组应当依法向人民法院申请宣告破产。

九、清算终结

公司债务人依法清算结束，清算组制作清算报告并报请管辖法院确认后，参照《企业破产法》规定执行清偿方案，首先偿还优先债权后，依次按照清算费用、共益债务、职工工资与社保等费用、税款、普通债权等顺序进行清偿，清偿执行完毕后，应当裁定终结清算程序，清算组向公司登记机关申请工商注销登记手续。

文书范本 46
《强制清算申请书》

第十六章 破产程序

如债权人穷尽所有手段仍无法收回企业应收账款时，则可以向法院申请启动破产程序，破产程序是应收账款清收的最后手段。

破产程序，是指债务人因不能偿债或者资不抵债时，由债权人、债务人或者清算组诉请法院宣告破产并依破产程序偿还债务的一种法律制度。广义的破产程序包括破产和解、破产重整和破产清算，狭义的破产程序仅指破产清算。破产具体流程如图 16－1 所示。

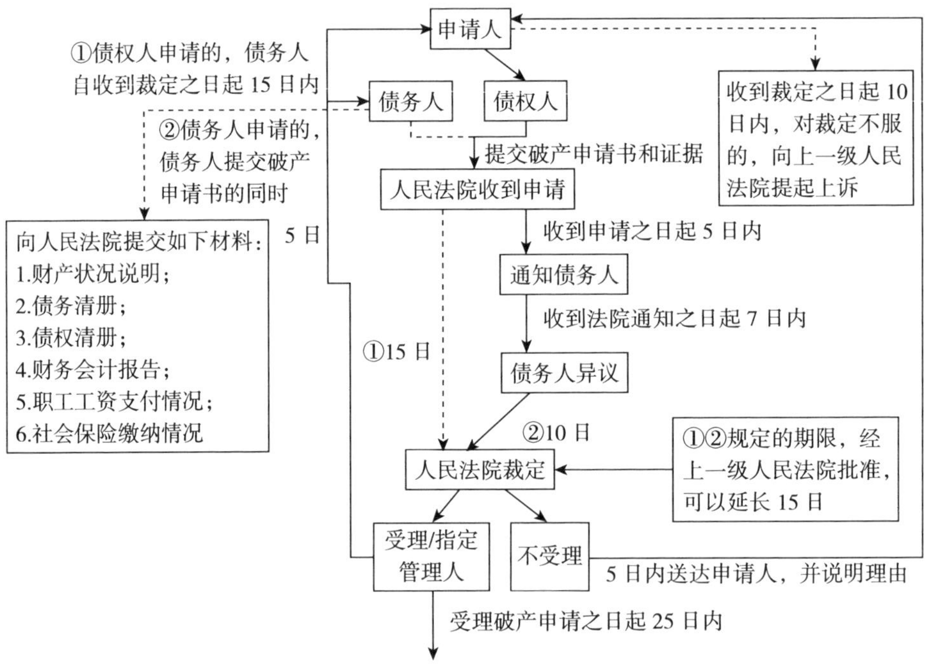

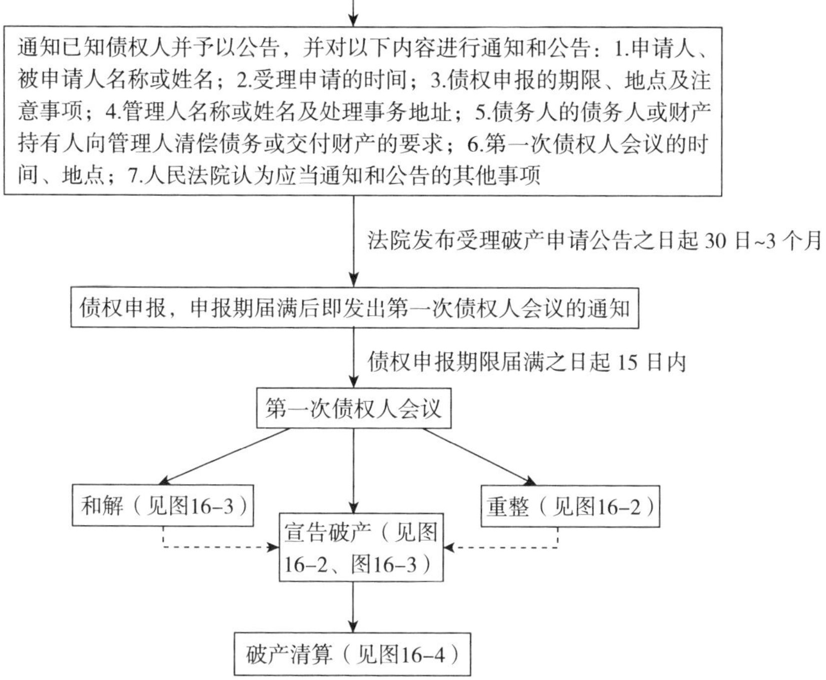

图 16－1　破产流程

第一节　基本问题

不管是应收账款债权人自己启动破产程序，还是债务人或清算组启动破产程序，债权人要想债权得到清偿，必须明确几个基本问题：适用对象、破产原因、管辖法院、关联诉讼等。

一、适用对象

根据《企业破产法》的相关规定，我国破产法仅适用于企业法人，即《民法典》中的“营利法人”。其他法律规定的企业法人以外的组织如外商投资企业、民办学校、合伙企业、“三无”企业、个人独资企业等的破产清算，参照适用该法。[①] 但具体适用对象有所差异，具体如下：

1. 金融机构。

商业银行、证券公司、保险公司等金融机构符合破产原因的，国务院金融监管机构可以提出破产清算或重整申请。国务院金融监管机构委托的行政清理组可以提出破产清算申请。经过国务院金融监管机构批准，金融机构或债权人可以提出破产清算或重整申请。

2. 国有企业。

如果债务人是国有企业，根据《企业破产法》第 133 条的规定，须按照国务院有关规定办理。根据《企业国有资产法》第 34 条的规定，重要的国有独资企业、国有独资公司、国有资本控股公司的合并、分立、解散、申请破产以及法律、行政法规和本级人民政府规定应当由履行出资人职责的机构报经本级人民政府批准的重大事项，履行出资人职责的机构在作出决定或者向其委派参加国有资本控股公司股东会会议、股东大会会议的股东代表作出指示前，应当报请本级人民政府批准。

由此可知，申请国有企业破产的，应当报请本级人民政府批准，方可申请。同样地，对于央企亦是如此，只不过批准机构为国务院而已。

3. 上市公司。

根据《最高人民法院关于审理上市公司破产重整案件工作座谈会纪要》的相关规定，法院在裁定受理破产重整申请前，组织听证会并应当将相关材料层报最高人民法院审查。

4. “新三板”和“老三板”公司。

由于“新三板”和“老三板”公司不属于法律规定的上市公司，不适用上市公司破产的特殊规定，按照普通企业申请破产即可。

5. 外商投资企业。

外商投资企业属于国内企业，按照普通企业申请破产即可。

---

① 关于破产的适用对象，《企业破产法》仅适用于企业的破产清算、重整、和解程序，不能适用于自然人破产；目前专门针对自然人个人破产的相关规定，仅见于浙江省高级人民法院于 2020 年 12 月 2 日颁布的《浙江法院个人债务集中清理（类个人破产）工作指引（试行）》和 2021 年 3 月 1 日生效的《深圳经济特区个人破产条例》等地方性规定，法律位阶不高，本书不进行探讨。

6. 合伙企业。

合伙企业参照适用《企业破产法》规定的程序申请破产。

7. 个人独资企业。

个人独资企业参照适用《企业破产法》规定的程序申请破产。

8. 民办学校。

根据《最高人民法院关于对因资不抵债无法继续办学被终止的民办学校如何组织清算问题的批复》(法释〔2020〕18 号修正)的规定,依照《民办教育促进法》批准设立的民办学校,因资不抵债无法继续办学而被终止的,当事人依照《民办教育促进法》第 58 条第 2 款[①]规定向法院申请清算的,应当受理,其破产清算参照适用《企业破产法》规定的程序启动;如果是营利性民办学校依法登记为公司的,则直接适用《企业破产法》的规定。

9. "三无"企业。

根据《最高人民法院关于债权人对人员下落不明或者财产状况不清的债务人申请破产清算案件如何处理的批复》(法释〔2008〕10 号)的规定,如符合《企业破产法》规定,人民法院应依法予以受理。

二、破产原因[②]

破产原因,也称破产界限,是指企业法人不能清偿到期债务,并且资产不足以清偿全部债务或者明显缺乏清偿能力。应收账款债权人如要启动破产程序,必须证明债务人存在法定的破产原因。破产原因是破产程序启动的实质要件,按照《企业破产法》第 2 条规定,企业法人不能清偿到期债务,并且资产不足以清偿全部债务或者明显缺乏清偿能力的,依照《企业破产法》规定清理债务。

(一)不能清偿到期债务

债务人存在"不能清偿到期债务"的情形:第一,债权人享有的债权是合法

---

① 《民办教育促进法》第 58 条规定:民办学校终止时,应当依法进行财务清算。民办学校自己要求终止的,由民办学校组织清算;被审批机关依法撤销的,由审批机关组织清算;因资不抵债无法继续办学而被终止的,由人民法院组织清算。

② 关于"破产原因"的相关法律规定,详见《企业破产法》第 2 条、《最高人民法院关于适用〈中华人民共和国企业破产法〉若干问题的规定(一)》第 1 条、第 2 条、第 4 条的具体规定。

的、受法律保护的民事债权；第二，债权人的债权是财产上的请求权；第三，债权人的债权应是现实的债权，即该债权已届期，且未受清偿；第四，债权人的债权是没有超过诉讼时效的债权。

（二）资不抵债

债务人存在"资产不足以清偿全部债务"的情形：债务人的资产负债表，或者审计报告、资产评估报告等显示其全部资产不足以偿付全部负债的。

（三）债务人明显缺乏清偿能力

债务人存在"明显缺乏清偿能力"的情形：第一，因资金严重不足或者财产不能变现等原因，无法清偿债务；第二，经人民法院强制执行，无法清偿债务；第三，法定代表人下落不明且无其他人员负责管理财产，无法清偿债务；第四，长期亏损且经营扭亏困难，无法清偿债务；第五，导致债务人丧失清偿能力的其他情形。

三、管辖法院

关于地域管辖，按照《企业破产法》第 3 条的规定，破产案件由债务人住所地人民法院管辖。债务人住所地为债务人的主要办事机构所在地，如无办事机构的，由其注册地人民法院管辖。

关于级别管辖，基层人民法院一般管辖县、县级市或者区的工商行政管理机关核准登记企业的破产案件；中级人民法院一般管辖地区、地级市（含本级）以上的工商行政管理机关核准登记企业、纳入国家计划调整的和上市公司的企业破产案件。

关于指定管辖，上级法院可以指定或移交其管辖的破产案件给下级法院审理，也可以要求下级法院管辖的破产案件移交给上级法院审理。

关于集中管辖，如涉及多个关联企业实质合并破产案件，由关联企业中核心控制企业所在地法院管辖；如核心控制企业不明确的，由关联企业主要财产所在地法院管辖。

四、关联诉讼

在企业破产案件中，由于涉及主体众多，法律关系非常复杂，同样涉及的利益各不相同,因此极易产生法律争议或纠纷,既有与破产程序无关的,也有与破产程序有关的,但主要是与破产程序有关的案件,如请求撤销个别清偿行为纠纷、请求确认债务人行为无效纠纷、对外追收债权纠纷、追收未缴出资纠纷、追收抽逃出资纠纷、追收非正常收入纠纷、破产债权确认纠纷、取回权纠纷、破产抵销权纠纷、别除权纠纷、破产撤销权纠纷、损害债务人利益赔偿纠纷、管理人责任纠纷等。有时债权人为当事人,有时是第三人或者旁听者,无论角色如何,债权人都需要随时与法院、债务人、管理人保持正常的沟通与联系,积极参加庭审或旁听。

第二节　业务流程

一、破产申请

前文我们谈到,只有企业法人出现法定的破产原因时,才能申请启动破产清算、重整或者和解等程序,根据《企业破产法》的规定,可以申请启动破产程序的主体分别为债权人、债务人、清算责任人、其他申请人等,但这几类主体申请启动破产程序及申请理由也各有不同,具体如表 16 – 1 所示。

表 16 – 1　各类主体申请启动破产程序及申请理由

申请主体	申请理由	破产清算	破产和解	破产重整
债权人	债务人不能清偿到期债务	可以	不可以	可以
债务人	同时满足不能清偿到期债务且资不抵债或明显缺乏清偿能力	可以	可以	可以
清算责任人	企业法人已解散但未清算或者未清算完毕,资产不足以清偿债务	应当	不可以	不可以
有关国家机关	债务人欠缴税款、社会保险费用的	可以	不可以	可以
职工债权人	债务人拖欠职工工资等劳动债权的	可以	不可以	可以

(一)债权人

由债权人依法向债务人住所地人民法院申请破产清算;根据《企业破产法》

的规定，债权人申请债务人破产清算需要提交如下材料：

一是《破产清算申请书》(详见文书范本47)。

二是申请人的主体资格材料，包括企业法人营业执照或营业执照原件及法定代表人或负责人的身份证明书。

三是债务人的主体资格材料，包括企业法人营业执照或营业执照的复印件，或者其工商登记材料；根据目前上海司法实践来看，需要提供债务人工商内档全套资料。

四是债务人不能清偿到期债务并且资产不足以清偿全部债务，或者债务人不能清偿到期债务并且明显缺乏清偿能力的证据材料，包括生效的民事判决/调解书、强制执行终结裁定书、债务人全套工商内档材料、资产负债表、审计报告或资产评估报告等。

(二)债务人

由债务人依法向债务人住所地人民法院申请破产清算；根据《企业破产法》规定，债务人申请债务人破产清算需要提交如下材料：

一是《破产清算申请书》(详见文书范本47)。

二是申请人的主体资格材料，包括企业法人营业执照或营业执照原件及法定代表人或负责人的身份证明书。

三是财产状况说明、债务清册、债权清册、有关财务会计报告、职工安置预案以及职工工资的支付和社会保险费用的缴纳情况等资料。

(三)清算责任人

由清算责任人依法向债务人住所地人民法院申请破产清算；根据《企业破产法》的规定，清算责任人申请债务人破产清算需要提交如下材料：

一是《破产清算申请书》(详见文书范本47)。

二是申请人的主体资格材料，包括企业法人营业执照或营业执照原件及法定代表人或负责人的身份证明书。

三是财产状况说明、债务清册、债权清册、有关财务会计报告、职工安置预案以及职工工资的支付和社会保险费用的缴纳情况等资料。

不同申请人申请启动破产程序的主要区别在于，申请破产是债权人、债务人依法享有的一项权利，而对于清算责任人则是一项必须履行的法定义务。

四是对于上市公司而言，上市公司或者上市公司的债权人、出资额占上市公司注册资本1/10以上的出资人可以向管辖法院申请对上市公司的破产重整，除按照《企业破产法》第8条规定的材料外，还应提交关于上市公司具有重整可行性的报告、上市公司住所地省级人民政府向证券监管部门的通报情况材料以及证券监管部门的意见、上市公司住所地人民政府出具的维稳预案等。上市公司自行申请破产重整的，还应提交切实可行的职工安置方案。

（四）其他申请人

除我们常见的债务人、债权人和清算责任人外，有关国家机关和职工债权人也依法享有申请和启动债务人破产程序的权利。

如债务人欠缴税款、社会保险费用的，税务部门、人保部门可以向管辖法院申请债务人破产。

国务院金融监管机构可以依法对金融机构提出重整或破产清算的申请。

债务人拖欠职工工资等劳动债权的，职工作为债权人可以向管辖法院申请债务人破产。

二、审查受理

根据《企业破产法》的相关规定，管辖法院收到申请人的破产申请时，需要从形式和实质两方面进行审查。第一是形式方面：申请人是否具有破产申请权、破产申请书及其他材料是否齐备、法院是否具有管辖权等；第二是实质方面：债务人有无达到破产要求以及破产原因。因此，管辖法院需要时间来解决上述对申请破产程序的法律审查问题。

（一）审查流程

一是债权人提出破产申请时，法院自收到债权人提出的破产申请之日起5日内通知债务人，债务人可以在接到法院通知之日起7日内提出书面异议；[①]人民法院认为有必要的，可以组织债权人、债务人进行听证。法院自异议期满之日起10日内裁定是否受理，共计22日。特殊情况下，经管辖法院的上一级法院批准，可以延长15日，最终可能合计37日。

---

① 关于债务人异议，可以通过举证来证明自己尽管不能清偿到期债务，但尚未达到"资产不足以清偿全部债务或者明显缺乏清偿能力"，举证具体包括是否具有破产能力、债权债务关系是否成立、债务履行是否存在可变更事由、债权人权利是否存在瑕疵、债务人的清偿能力等方面。债务人通过举证证明了其自身不具备破产原因的，管辖法院可以裁定不予受理。

二是债务人或清算责任人提出破产申请时，管辖法院应当自收到破产申请之日起15日内裁定是否受理，远比债权人申请时法院审查时间少了许多。如管辖法院认为有特殊情况需要延长，可以向上一级法院申请批准延长15日，合计30日。

三是对于上市公司申请破产重整的案件，管辖法院在裁定受理上市公司破产重整申请前，应当将相关材料逐级报送最高人民法院审查。

四是法院裁定受理后，应当自裁定作出之日起5日内送达债务人；债务人自裁定送达之日起15日内，向法院提交财产状况说明、债务清册、债权清册、有关财务会计报告以及职工工资的支付和社保缴纳情况。

五是对于管辖法院裁定不予受理，申请人不服的，可以自裁定送达之日起10日内向上一级人民法院提起上诉。

在管辖法院裁定受理破产申请送达债务人之日起到破产程序终结之日，债务人的有关人员（通常为法定代表人、财务管理人员或其他经营管理人员等）需要履行法定义务，包括合作与协作义务、信息提供义务和其他附随义务，如与法院、管理人合作，协助管理人履行职责；同时负担配合破产程序顺利进行的相关人员不得随意离开惯常居住地。①

（二）破产受理的法律效力

一是查封措施的解除及财产移送。管辖法院受理破产申请后，应当督促管理人尽快发函通知相关法院及有关单位解除对债务人财产的保全措施，并及时移送财产。

二是执行程序的中止与终结。管辖法院受理破产申请后，有关债务人财产的执行程序应当中止，应当督促管理人及时通知已执行法院中止执行，执行回转的财产应当纳入债务人财产，不得再对债务人财产采取新的执行措施。

三是有关债务人民事诉讼的管辖。管辖法院受理破产申请后，当事人提起的有关债务人的一审民事诉讼，由破产案件受理法院管辖。

---

① 关于破产债务人的有关人员承担法定义务，详见《企业破产法》第15条规定：自人民法院受理破产申请的裁定送达债务人之日起至破产程序终结之日，债务人的有关人员承担下列义务：（1）妥善保管其占有和管理的财产、印章和账簿、文书等资料；（2）根据人民法院、管理人的要求进行工作，并如实回答询问；（3）列席债权人会议并如实回答债权人的询问；（4）未经人民法院许可，不得离开住所地；（5）不得新任其他企业的董事、监事、高级管理人员。前述所称有关人员，是指企业的法定代表人；经人民法院决定，可以包括企业的财务管理人员和其他经营管理人员。

四是仲裁协议效力不受影响。针对债务人的仲裁不受影响。

五是破产衍生诉讼集中管辖与专属管辖冲突的处理。管辖法院受理破产申请后，原则上两个法院都具有管辖权，协商解决，协商不成的，可以商请移送相关法院，或者按照《最高人民法院关于适用〈中华人民共和国企业破产法〉若干问题的规定(二)》第 47 条第 3 款规定[①]报请共同上级法院指定管辖。

六是破产衍生诉讼集中管辖与级别管辖冲突的处理。破产衍生诉讼标的额超过破产案件受理法院诉讼级别管辖范围的，管辖法院可以依照《企业破产法》第 21 条[②]规定行使集中管辖。如管辖法院认为案件需要由上级法院审理的，可依据《民事诉讼法》第 39 条第 2 款[③]规定报请上级法院提审。

七是破产受理后债务人个案给付请求的处理。管辖法院受理破产申请后，债务人针对个别债权人的债务清偿无效。

三、破产管理人

(一)产生

法院受理破产申请后，中止对债务人财产的其他民事执行程序，同时指定管理人，[④]并在裁定受理破产申请之日起 25 日内通知债权人并公告。[⑤]

---

① 详见《最高人民法院关于适用〈中华人民共和国企业破产法〉若干问题的规定(二)》第 47 条第 3 款规定：受理破产申请的人民法院，如对有关债务人的海事纠纷、专利纠纷、证券市场因虚假陈述引发的民事赔偿纠纷等案件不能行使管辖权的，可以依据《民事诉讼法》第 37 条(现行法为第 38 条)的规定，由上级人民法院指定管辖。

② 详见《企业破产法》第 21 条规定：人民法院受理破产申请后，有关债务人的民事诉讼，只能向受理破产申请的人民法院提起。

③ 详见《民事诉讼法》第 39 条第 2 款规定：人民法院之间因管辖权发生争议，由争议双方协商解决；协商解决不了的，报请它们的共同上级人民法院指定管辖。

④ 关于破产管理人的指定，《最高人民法院关于审理企业破产案件指定管理人的规定》第 15 条第 1 款规定，受理企业破产案件的人民法院指定管理人，一般应从本地管理人名册中指定。第 20 条规定，人民法院一般应当按照管理人名册所列名单采取轮候、抽签、摇号等随机方式公开指定管理人。

⑤ 关于通知与公告内容，详见《企业破产法》第 14 条规定：人民法院应当自裁定受理破产申请之日起 25 日内通知已知债权人，并予以公告。通知和公告应当载明下列事项：一是申请人、被申请人的名称或者姓名；二是人民法院受理破产申请的时间；三是申报债权的期限、地点和注意事项；四是管理人的名称或者姓名及其处理事务的地址；五是债务人的债务人或者财产持有人应当向管理人清偿债务或者交付财产的要求；六是第一次债权人会议召开的时间和地点；七是人民法院认为应当通知和公告的其他事项。关于公告，债权人可以查询全国企业破产重整案件信息网，http://pccz.court.gov.cn/pcajxxw/index/xxwsy。

(二)任职资格

我国采取清算组、社会中介机构并行,机构内具备资格的个人为辅的管理机制,破产管理人可以由有关部门、机构的人员组成的清算组或者依法设立的律师事务所、会计师事务所、破产清算事务所等社会中介机构担任。也可以根据债务人的实际情况,征询有关社会中介机构的意见后,指定该机构具备相关专业知识并取得执业资格的人员担任。

债权人会议依法享有对破产管理人的更换申请权,如债权人认为破产管理人不能依法、公正执行职务或有其他不能胜任职务情形,债权人会议依法定程序作出决议,向管辖法院提交申请,法院对申请理由和依据两个方面进行司法审查并作出裁定。

如发现破产管理人存在不能依法、公正执行职务或有其他不能胜任职务情形,即使债权人会议不提出申请,管辖法院也可以依职权对破产管理人进行更换。

(三)报酬

采取公开竞争方式指定管理人的,根据当地高级人民法院的规定确定管理人的具体报酬方案,并从破产财产中优先支付。

(四)法定义务与职责

一是按照法律规定,破产管理人应当遵守忠实勤勉、依法忠实执行职务,向法院报告义务,接受债权人会议和债权人委员会监督的义务。

二是依照《企业破产法》第25条规定,履行全面接管破产企业、保管和清理与债务人有关的财产、对外代表债务人和其他法定职责,具体如下:

第一,接管债务人的财产、印章和账簿、文书等资料;第二,调查债务人财产状况、制作财产状况报告;第三,决定债务人的内部管理事务;第四,决定债务人的日常开支和其他必要开支;第五,在第一次债权人会议召开之前决定继续或停止债务人的营业;第六,管理和处分债务人的财产;第七,代表债务人参加诉讼、仲裁或者其他法律程序;第八,提议召开债权人会议;第九,人民法院认为管理人应当履行的其他职责。

四、债务人财产

（一）财产范围

债务人财产不同于破产财产，债务人财产是指破产案件受理时债务人拥有及破产申请受理后至破产程序终结前债务人取得的财产。而破产财产是指破产宣告后至破产程序终结前债务人的财产。显然，债务人财产的范围大于破产财产并包括破产财产。

债务人财产应当包括债务人所有的货币、实物，以及依法享有的可以用货币估价并可以依法转让的债权、股权、知识产权、用益物权等财产和财产权益等。

（二）实务处理

一是管辖法院受理破产案件前 6 个月内，债务人对个别债权人的债务清偿无效（偏颇性清偿），应追回作为债务人财产。

二是债务人的债务人清偿债务或债务人的财产持有人应向破产管理人交付财产。列入债务人财产范围，不得向债务人清偿债务或交付。

三是涉及破产案件受理前 1 年内债务人的无偿转让、以明显不合理的价格交易、虚假担保、提前清偿未到期债权、放弃债权等损害债务财产等行为行使破产撤销权，追回并归入债务人财产。

四是破产程序前，债务人为逃避债务而隐匿、转移财产的，或者虚构债务或承认不真实的债务的行为无效，追回并归入债务人财产。

五是债务人出资人尚未完全履行出资义务的，应当要求该出资人缴纳所认缴的出资，追回并归入债务人财产。

六是如公司董事、监事和高级管理人员通过债务人企业获取非正常收入和不当侵占财产的，应当追究其法律责任，追回并归入债务人财产。

七是如债务人为担保债务履行有质物、留置物的，管理人可以通过清偿债务或提供为债权人接受担保，取回质物、留置物并归入债务人财产。

八是如债权人在破产申请前对债务人负有债务，可以向管理人主张抵销权。

九是破产企业以划拨方式取得的国有土地使用权不属于破产财产，但经过政府部门批准，已经作为企业注册资本登记的，应属于破产财产。

十是债务人投资的其他法人企业,可以通过协议或者拍卖方式转让投资资产,转让所得归入债务人财产;若该企业符合清算条件,清算后剩余资产归入债务人财产。如投资非法人企业,按照《合伙企业法》《外商投资法》的相关规定,收回投资及收益,归入债务人财产。

十一是执行法院收到破产案件受理法院的通知或受理裁定后,执行法院划转至法院代管账户的资金,仍属于债务人财产,移交破产处理,但已经完成转账、汇款、现金交付的执行款,不属于债务人财产。

十二是债务人的出资人未缴出资和抽逃出资的,管理人应当要求该出资人缴纳所认缴的出资,而不受出资期限的限制;否则管理人代表债务人向发起人,股东,负有监督股东履行出资义务的董事和高级管理人员,协助抽逃出资的其他股东、董事、高级管理人员、实际控制人等提起诉讼追回的财产,将归入债务人财产。

五、破产费用与共益债务

(一)破产费用

破产费用,是指为破产程序的进行,以及全体债权人共同利益而发生的已经支付或必须支付的费用,包括破产案件的诉讼费用,具体有案件申请费、调查费、公告费、通知费、鉴定费、勘察费、送达费、财产保全费、证据保全费、翻译费、证人差旅费、法院指定人员的出庭费等;管理、分配债务人财产和变价的费用,具体有保管费用、保养维护费用、保险费、评估费用、拍卖变价费用、权属变更登记费用、支付票证服务费用、运输费用和其他费用;管理人执行职务的费用、报酬和聘用工作人员的费用,具体有催收债务所需费用、债权人会议费用、破产程序所需的公告费用、管理人办公场地费用、日常办公费用、管理人工作成员的报酬、管理人临时雇用一般工作人员的报酬、管理人留用破产企业职工的报酬等;管理人聘请其他中介机构或人员的费用;破产前的清算费用以及处置特定财产的费用。

(二)共益债务

共益债务,是指破产程序进行过程中,为破产程序的顺利进行以及为破产财产的管理、处分等必须随时足额支付的费用。共益费用一般包括因管理人或者债务人请求对方当事人履行双方未履行完毕的合同所产生的债务、债务人财产因无因管理所产生的债务、因债务人不当得利而产生的债务、为债务人继续营业而应支付的劳动报酬和社会保险费用以及由此产生的其他债务、管理人或者相关人员执行职务致人损害所产生的债务、债务人财产致人损害所产生的债务等。

（三）支付原则

按照《企业破产法》的规定，无论是破产费用，还是共益债务，都由债务人财产随时清偿，绝对优先于破产程序中的其他债权。如债务人财产不足以支付全部债务，则先行清偿破产费用；如债务人财产不足以清偿破产费用或共益费用任一项的，则按照比例清偿。如债务人不足以清偿破产费用或共益债务的，则提请管辖法院终结破产程序。

六、申报债权

（一）债权范围

破产程序中的债权，仅指破产案件申请时，对债务人依法享有的债权，具体包括破产宣告前无财产担保或者法定优先权的债权、破产宣告前发生的虽有财产担保但是债权人放弃优先受偿的债权、破产宣告前发生的虽有财产担保但是债权数额超过担保物价值部分的债权、债务人的保证人代替债务人清偿债务后依法可以向债务人追偿的债权、票据出票人被宣告破产付款人或者承兑人不知其事实而向持票人付款或者承兑所产生的债权等。

（二）申报期限

法院发布受理破产申请公告之日起最短不得少于 30 日，最长不得超过 3 个月，债权人向管理人申报债权，管理人进行核查，并报法院裁定确认。

（三）实务处理

对于已经生效法律文书确定的债权，管理人应当确认并申报。

对于未到期的债权加速到期，同时附利息债权自破产申请受理时停止计息，同样适用于附滞纳金、从属于主债权的担保、违约金等债权。

对于附条件、附期限的债权，以及诉讼、仲裁及未决债权，可以向管理人申报。

对于债务人所欠职工的工资和医疗、伤残补助、抚恤费用，所欠的应当列入职工个人账户的基本养老保险、基本医疗保险费用，以及法律、行政法规规定应当支付给职工的补偿金(以下简称劳动债权),无须申请,由管理人调查后列出清单并给予公示,自动确认为申报债权。债权人在申报债权时,应当书面说明债权的数额和有无财产担保,并提交有关证据相关材料;如涉及连带债权,可以由一个债权人代表进行申报也可以共同申报。

对于已经代债务人清偿债务的保证人或者连带责任人,可以对债务人申报债权;对于尚未代债务人清偿债务时,以其对债务人的将来求偿权申报债权。

对于在申请期限内未及时申请的债权,在破产财产分配前,债权人可以补充申报债权。

对于管理人或债务人依照《企业破产法》规定解除合同而产生的损害赔偿请求权,可以进行债权申请。

对于债务人签订的未履行完毕的租赁合同而预付租金部分,构成不当得利,属于共益债务,不作为普通债权进行申报。

对于委托合同的受托人不知债务人已经进入破产程序的,继续处理委托事务而产生的请求权可以作为债权进行申报。

对于票据的付款人或者承兑人继续付款或者承兑而产生的请求权可以申报债权。

(四)法律效果

一是债权人应在法律规定的债权申报期限内进行申报,如未及时申报,可以在破产财产分配前进行补充申报,但对于之前已经分配的破产财产不能主张清偿,同时应当负担因补充申报债权而产生的负担。因此,建议债权人严格按照法律规定的申报期限进行申报,越早越有利。

二是管理人收到债权申报材料后,依法享有审查债权、编制债权表、保存债权表并供债务人、债权人、债务人股东等利害关系人查阅。

七、债权人会议

(一)组成

债权人会议由依法申报债权的债权人组成,债权人参加债权人会议,享有表决权。债权人可以委托代理人出席债权人会议并行使表决权。职工和工会代表、债务人的有关人员、管理人、出资人代表等出席债权人会议。

(二)主席

债权人会议设定主席一人,由管辖法院指定,其有权主持召开债权人会议。

(三)债权人委员会

债权人会议主席是债权人会议法定必须设置的,但债权人委员会并不是债权人会议法定必须设置的组织;如果设立,则由债权人代表和债务人的职工或工会代表组成,其应当接受债权人会议监督和法院的指导。

债权人委员会的职权主要包括监督债务人财产的管理和处分、监督破产财产分配、提议召开债权人会议、债权人会议委托的其他职权(具体包括申请人民法院更换管理人)、审查管理人的费用和报酬、监督管理人决定继续或者停止债务人的营业等事项。

管理人应当处理有关破产相关的重要事项并及时向债权人委员会进行报告。

(四)职权

根据《企业破产法》的规定,①债权人会议主要享有监督管理人、决定债务人营业相关事务、通过重整计划与和解协议、通过对债务人财产管理变价分配方案等职权。

(五)会议

自债权申报期限届满之日起15日内,第一次债权人会议由法院召集召开,就债权债务确定、破产清算费用、破产重整与和解、破产财产范围、资产评估、财务审计、未履行完毕的民商事行为继续履行等问题进行汇报,并由全体债权人进行表决,最后由法院裁定确认。以后的债权人会议在人民法院认为有必要时,由管理人、债权人委员会、占有债权总额1/4的债权人向主席提议召开。

(六)决议

债权人会议的决议,由出席的有表决权的债权人过半数通过,并且其所代表

---

① 关于债权人会议的职权,详见《企业破产法》第61条第1款规定,债权人会议行使下列职权:(1)核查债权;(2)申请人民法院更换管理人,审查管理人的费用和报酬;(3)监督管理人;(4)选任和更换债权人委员会成员;(5)决定继续或者停止债务人的营业;(6)通过重整计划;(7)通过和解协议;(8)通过债务人财产的管理方案;(9)通过破产财产的变价方案;(10)通过破产财产的分配方案;(11)人民法院认为应当由债权人会议行使的其他职权。

的债权额占无财产担保债权总额的1/2以上,债权人决议对于全体债权人均有约束力。如债权人对于决议存在异议,可以在决议作出之日起15日内,请求法院裁定撤销,①责令依法重新作出决议。

如果债权人会议未能作出决议(包括第二次表决仍未通过的情形,决议事项包括通过债务人财产的管理方案、通过破产财产的变价方案、通过破产财产的分配方案等),管辖法院依法享有强制裁定权;如债权人不服裁定,债权额占无财产担保债权的1/2以上的债权人自收到裁定之日起15日内申请复议。

八、重整

按照《企业破产法》及相关法律规定,重整具体流程如图16-2所示。

(一)申请

重整程序的申请与启动有四种情况:

一是由债权人在债务人出现不能清偿到期债务的破产原因时向管辖法院提出重整程序的申请。

二是由债务人在出现破产原因时向管辖法院提交重整程序的申请,并提交职工安置相关材料。

三是在债权人向管辖法院提交了破产清算程序时,在该破产案件被法院受理后,宣告破产前,债务人或者出资额占债务人注册资本1/10以上的出资人,也可以向管辖法院申请启动重整程序。

四是如上市公司出现破产,上市公司、债权人或出资额占上市公司注册资本1/10以上的出资人作为申请人,都需要提交关于上市公司具有重整可行性的报告、上市公司住所地省级人民政府向证券监督管理部门的通报情况材料以及证券监督管理部门的意见、上市公司住所地人民政府出具的维稳预案等材料,如上市公司为申请人,还需提交切实可行的职工安置方案。

---

① 关于债权人申请撤销债权人会议决议,详见《最高人民法院关于适用〈中华人民共和国企业破产法〉若干问题的规定(三)》第12条规定,债权人会议的决议具有以下情形之一,损害债权人利益,债权人申请撤销的,人民法院应予支持:(1)债权人会议的召开违反法定程序;(2)债权人会议的表决违反法定程序;(3)债权人会议的决议内容违法;(4)债权人会议的决议超出债权人会议职权范围。

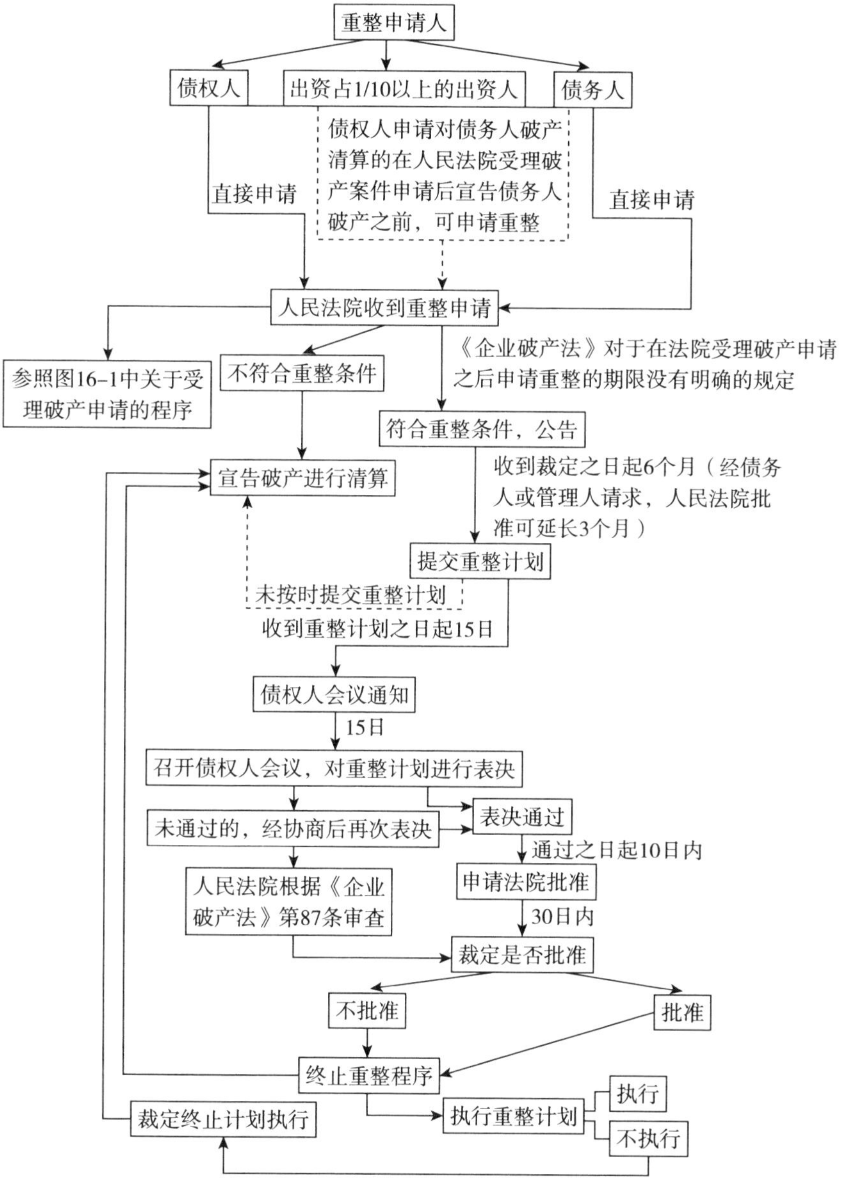
重整申请人
债权人
出资占1/10以上的出资人
债务人
债权人申请对债务人破产清算的在人民法院受理破产案件申请后宣告债务人破产之前，可申请重整
直接申请
直接申请
人民法院收到重整申请
参照图16-1中关于受理破产申请的程序
不符合重整条件
《企业破产法》对于在法院受理破产申请之后申请重整的期限没有明确的规定
符合重整条件，公告
宣告破产进行清算
收到裁定之日起6个月（经债务人或管理人请求，人民法院批准可延长3个月）
提交重整计划
未按时提交重整计划
收到重整计划之日起15日
债权人会议通知
15日
召开债权人会议，对重整计划进行表决
表决通过
未通过的，经协商后再次表决
通过之日起10日内
申请法院批准
人民法院根据《企业破产法》第87条审查
30日内
裁定是否批准
不批准
批准
终止重整程序
执行
裁定终止计划执行
执行重整计划
不执行

图 16－2　重整流程

（二）审查

管辖法院收到申请人提交的重整程序相关材料后，应进行形式审查和实质审查，主要审查申请人是否具备申请资格、债务人是否已经发生重整事由（包括债务人是否具备破产原因或者有明显丧失清偿能力可能的）、债务人是否具有重整可能性等内容。如涉及上市公司，管辖法院还需要与上市公司职工、二级市场投资者、地方政府和证券监督管理部门进行沟通协调，并将相关材料逐级报送最高人民法院审查。

（三）期限

重整开始的起点在于人民法院裁定债务人重整之日，终点时间在于重整程序终止之时。由于申请人不同，因此实际重整期限会有所不同，具体如表16－2所示。

表16－2 重整期限

时间	适用前提	具体期限
起点	直接申请重整程序	直接重整时，与破产程序起点重合
	申请破产清算程序	转化重整时，破产程序起点在先，转化重整起点在后
终点	破产清算或重整	债权人会议通过重整计划草案，进入执行重整计划阶段
		债权人会议不通过重整计划草案，进入破产清算程序

（四）法律后果

一是对于债务人而言，债务人有权向法院提出申请，经批准后管理人将财产和营业事务移交给债务人；在法院裁定重整之日起6个月内提交重整计划草案，负责执行重整计划，应当向管理人报告重整计划执行情况和债务人财务状况，但可以为继续营业而借款或为其设定担保。

二是对于管理人而言，管理人可以自行管理财产和营业事务，有权聘任经营管理人员负责营业事务，但可以为继续营业而借款或为其设定担保；就经债权人表决通过和法院批准后的债务人重整计划方案，有权监督债务人执行，如发现债务人不执行重整计划或重整失败时，管理人有权向法院申请终结重整程序。

三是对于债权人而言，有权对债务人提出重整计划方案进行表决，依法享有对债务人执行重整计划方案相关事项的查阅权,同时担保债权人暂停行使担保债权。

四是对于管辖法院而言,对重整申请进行审查并依法作出裁定。重整计划获得债权人会议表决通过后,法院根据申请可以延长重整时间,同时对债务人执行重整计划方案进行监督,并有权根据情况终结重整程序。

五是对于其他利害关系人而言,债务人的出资人在重整期间不得请求投资收益分配;债务人的董事、监事、高级管理人员不得向第三人转让其持有的债务人的股权;财产权利人可以向债务人、管理人等主张取回被债务人合法占有的其所有的财产。

六是发生终止重整程序和宣告破产的法律后果。如果债务人或管理人按照重整计划方案执行,最终重整成功,自然皆大欢喜。从司法实践来看,重整失败为大概率事件,会触发终止重整程序和宣告债务人破产的法律后果,根据《企业破产法》的规定,其法定事由包括:债务人的经营状况和财产状况继续恶化,缺乏挽救的可能性;债务人有欺诈、恶意减少债务人财产或者其他显著不利于债权人的行为;由于债务人的行为致使管理人无法执行职务等。

九、和解

按照《企业破产法》及相关法律规定,和解具体流程如图 16－3 所示。

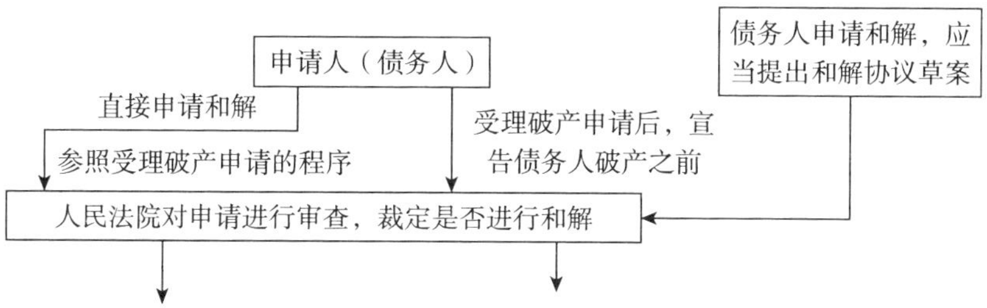

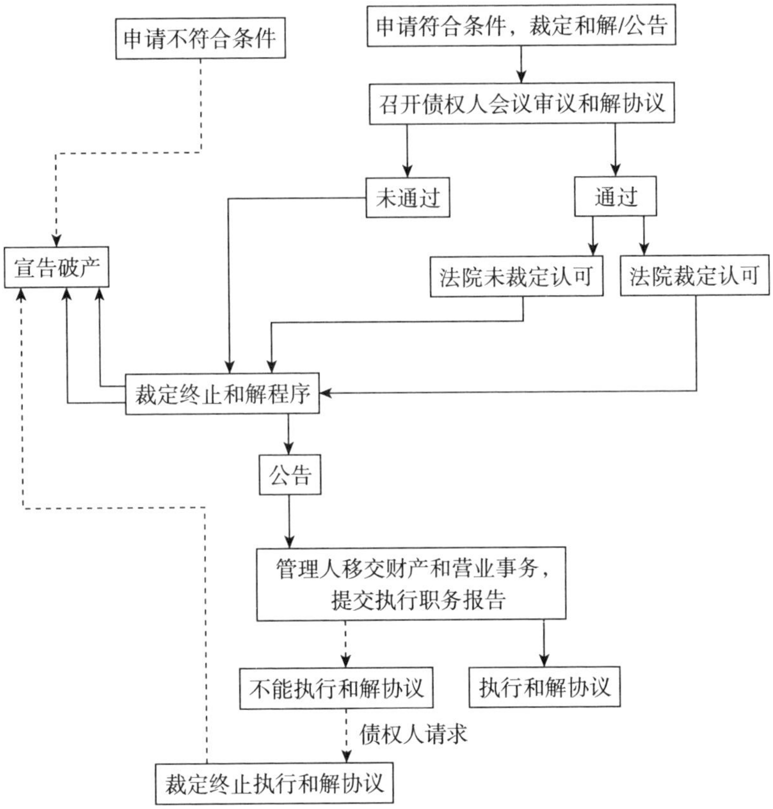

图 16－3　和解流程

（一）申请

只有债务人才可以向管辖法院申请和解，申请和解可以直接提出，也可以在法院受理破产案件申请后宣告破产前提出；债务人可以就清偿债务的财产来源、办法、期限等事项提出和解协议草案，交由管辖法院进行审查，如符合法律规定，则裁定和解给予公告，并召集债权人会议讨论和解协议草案，由债权人（依法享有无担保债权的债权人）进行表决通过，裁定认可终止和解程序予以公告。

（二）法律效力

一是对于管理人而言，债务人和解协议草案被债权人通过的，管理人应当向债务人移交财产和营业事务，并向管辖法院提交执行职务的报告。

二是对于债务人而言，债务人应按照和解协议规定的条件清偿债务，不得存在欺诈或者其他违法行为而成立的和解协议、不执行或者不能执行，否则就要终止和解协议执行并宣告债务人破产。

三是对于债务人而言,被通过的和解协议,对全体债权人具有约束力,按照和解协议减免的职务,自执行完毕时起,债务人不再承担清偿责任。如因债务人的原因导致终止和解协议执行的,其所受的清偿仍然有效,未受偿的部分作为破产债权,通过破产清算程序受偿。

四是对于债务人的保证人和其他连带责任人而言,其不受该和解协议的影响,债权人仍然有权就该债权向保证人和其他连带责任人追偿担保责任和连带责任。

五是破产案件启动后,债务人与全体债权人达成庭外和解协议的,可以请求管辖裁定认可,并终结破产程序,取得与庭内和解协议一样的法律效力。

十、破产清算

按照《企业破产法》及相关法律规定,清算具体流程如图 16－4 所示。

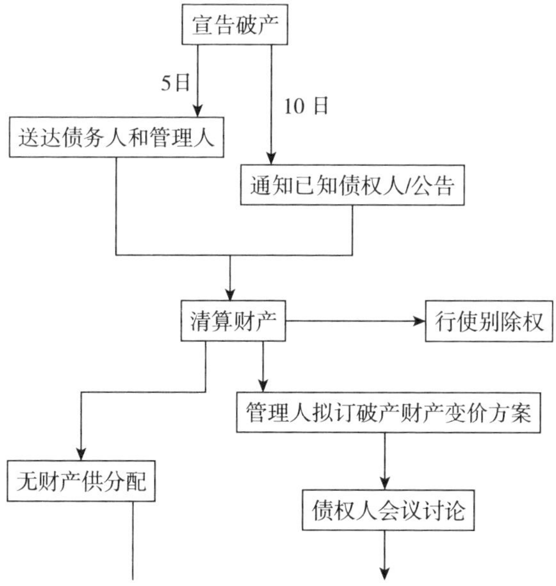

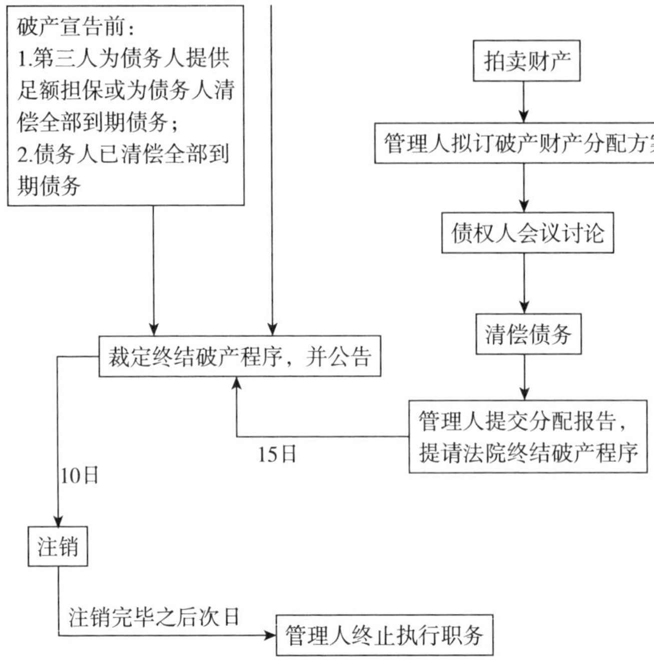

图 16－4　清算流程

(一)破产宣告

如经过破产重整或和解,仍具备破产条件的,法院对破产案件进行审理后认为债务人具备破产条件的,从而作出裁定,宣告债务人破产。

根据法律规定,在以下情形中法院将根据具体情况宣告债务人破产:

一是如果涉及债务人经营状况持续恶化且缺乏挽救可能、债务人恶意或以欺诈方式减少债务人财产、债务人拒不配合并支持管理人执行,管理人或利害关系人可以请求法院终止重整程序,宣告债务人破产。

二是债务人或管理人未按照规定的 6 个月期限以及经申请并延长 3 个月的期限内,提出重整计划草案时,法院可以直接裁定终止重整程序,宣告债务人破产。

三是重整计划在经过部分表决组二次协商后仍未能通过,而法院也未强制批准重整计划,法院裁定终止重整程序,宣告债务人破产。

四是债务人在重整计划进入执行阶段后,在不能执行或者不愿执行重整计划时,经过管理人或者利害关系人请求,法院裁定重整计划执行终止,宣告债务人破产。

五是在债权人会议未通过和解协议,或者虽然经债权人会议通过,但是未能经过法院认可时,法院可以裁定终止和解程序,宣告债务人破产。

六是如果和解协议是因为债务人欺诈或者其他违法行为而成立,法院根据职权裁定其无效,宣告债务人破产。

七是在债务人不能执行或者不愿执行和解协议时,法院经和解债权人请求,裁定终止和解协议的执行,宣告债务人破产。

法院裁定债务人破产后,债务人变成破产人,债务人财产就变成破产财产,法院受理破产申请时对债务人享有的债权就变成破产债权,意味着宣布破产人将以其全部财产,清偿全部破产债权,最终消灭全部债务,破产人因丧失继续生存的信用而归于消灭的法律效果。

(二)变价分配

债务人被宣告破产后,管理人及时拟订破产财产变价方案和破产财产分配方案,提交债权人会议讨论,通过交由管理人执行;如债权人会议未获通过的,则交由管辖法院裁定变价方案后,管理人据此执行。

破产财产变卖方式是通过公开竞价拍卖进行,目前一般都是按照《最高人民法院关于人民法院网络司法拍卖若干问题的规定》的相关规定执行,尽可能采取整体出售、分开出售例外的原则进行网络拍卖;对于法律法规规定不能拍卖或限制转让的财产,应按照法律法规规定方式进行处置。

(三)破产清偿

破产财产在优先清偿优先债权后,再清偿破产费用和共益债务,按照所欠职工的工资和医疗、伤残补助、抚恤费用、社保费用和补偿金,欠缴除前项规定以外的社保费用和税款,普通破产债权等顺序进行清偿,具体清偿顺序如表16-3所示。

表 16-3 破产债权清偿顺序

清偿顺序	破产债权类型①
1	担保债权
2	破产费用
3	共益债务
4	职工的工资和医疗、伤残补助、抚恤费用 应当划入职工个人账户的基本养老保险、基本医疗保险费用 法律法规规定应当支付给职工的补偿金
5	存款本金和利息、保险赔偿金
6	除前项规定以外的社会保险费用、破产人所欠税款
7	普通破产债权
备注	法律没有明确规定清偿顺序的债权,人身损害赔偿债权优先于财产性债权、私法债权优先于公法债权、补偿性债权优先于惩罚性债权的原则

(四)破产终结

破产人无财产可供分配的,如有财产最后分配执行完毕,或者第三人为债务人提高足额担保或为债务人清偿全部到期债务的,或者债务人已清偿全部到期债务的,法院裁定终结破产程序。

终结破产程序将产生的法律效果:一是债务人的有关人员不再负有《企业破产法》第 15 条规定的各种法定义务;二是未决诉讼或仲裁提存额的存续期间开始;三是管理人办理注销期限开始;四是法院追加分配期限开始;五是破产人的董事、监事、高级管理人员的法定义务限制开始生效。

十一、公司注销

管理人应当在破产程序终结之日起 15 日内,向破产人原登记机关办理工商

① 关于破产债权类型,我国现行破产债权的体系根据清偿顺序的不同可以分为优先债权、普通债权和劣后债权。优先债权一般包括有财产担保的债权、建设工程款优先权、船舶优先权、保险金求偿权、劳动债权、人身损害赔偿债权、欠缴税款本金和社保债权;劣后债权一般包括民事惩罚性赔偿金、行政罚款、刑事罚金以及关联企业成员之间利用不当关系形成的关联债权;除上述优先债权和劣后债权外,就是普通债权。破产财产的清偿顺序一般按优先债权、普通债权、劣后债权的顺序进行清偿。

注销登记。

第三节　实务操作

前文我们简单介绍了破产的基本业务流程，无论是债权人申请、债务人申请，还是清算组启动破产申请，最后都要落实到债权人通过申报债权流程，参与债权人会议进行表决，最后通过分配破产财产实现清偿。

其中最为关键的阶段包括如下内容：

一是债权人如何通过申报债权收回应收账款债权？

二是债权人如何出席债权人会议并行使表决权？

三是如何协助和监督管理人追回债务人财产并进行破产财产分配落实？

一、债权申报

根据《企业破产法》的规定，债权人应当在人民法院确定的债权申报期限内向管理人申报债权，在人民法院及债权人会议确认后，债权人便可以/可能通过破产清算程序中收回应收账款债权。

（一）申报期限

在法律规定的申报期限内进行申报。根据《企业破产法》的规定，人民法院受理破产申请后，应当确定债权人申报债权的期限。债权申报期限自人民法院发布受理破产申请公告之日起计算，最短不得少于 30 日，最长不得超过 3 个月，即自人民法院发布受理破产申请公告之日起 30 日≤债权申报期限≤自人民法院发布受理破产申请公告之日起 3 个月。

如果未在法律规定的申报期限内申报的，则可以补充申报。同时，根据《企业破产法》的规定，在人民法院确定的债权申报期限内，债权人未申报债权的，可以在破产财产最后分配前补充申报；但是，此前已进行的分配，不再对其补充分配。

（二）申报途径

获取债权申报期限的方式主要有以下四种途径：

第一，直接询问破产管理人债权申报期限；

第二，全国企业破产重整案件信息网；

第三，《人民法院报》及其官网、地区级有影响力的报纸、行业内有影响的报纸（特别行业）、监管部门要求的信息披露载体（公众公司）；

第四，其他途径，如通过管理人开设微信公众号申报。

（三）申报材料

债权人需按管理人会议制作债权申报的相关申请资料进行填写，如债权申报须知、债权申报表、债权计算清单、债权申报文件清单等。在申报人填写债权申报的材料后，待管理人对债权申报的材料进行审查，审查分为形式审查和实质审查。

（四）申报审查

在形式审查中，管理人需核查申报人的身份证明、申报的债权对应的债务人是否为破产案件的债务人以及所申报债权的种类和性质。若形式审查未通过，管理人会指令申报人在合理的期限内限期补充材料。

需要对债权人进行实质审查。实质审查需审查债权是否成立、债权的性质、债权的数额、担保情况、有无超过诉讼时效。其程序：管理人作出初步的审查、将初步的审查结果给债务人核查反馈、管理人进而制作债权审查结果通知书、将债权审查结果通知书提交至债权人会议审核、审核通过后报人民法院确定债权。

以合同之债为例，债权人应提供合同成立、生效、履行、变更、中止和发生争议的情况的材料。例如，最常见的买卖合同，除买卖合同书外，建议申报人提供送货单，债务人的订货单、签收单、对账函、开具的发票等材料，便于债权申报。

（五）异议处理

如果债权人不服破产管理人的债权申报结果，可以按照《民事诉讼法》的规定依法向破产案件管辖法院提起诉讼解决。

二、积极表决

对于债权人而言，如何对债务人财产进行分配和执行，都是通过法院或破产管理人主持的债权人会议上行使表决权来实现的。因此，债权人准时出席和正当表决是维护债权人合法权益的最有效途径。具体法律建议如下：

1. 争当债权人代表。

根据《企业破产法》的规定，[①]债权人会议为法定必设机构，由全体债权人组成。债权人会议可以设立债权人委员会，但债权人委员会不属于法定必设机构，由债权人代表、1 名债务人代表（由职工和工会代表担任）组成，不得超过 9 人。考虑到债务人代表可以进入债权人委员会代表全体债权人与破产管理人、债务人和法院进行有效沟通和信息获取的便利，建议债权人争取成为债权人代表并进入债权人委员会，能有效获取债务人和破产的相关信息，方便作出决策和预先制订解决方案。

2. 及时提前获取会议材料。

根据《企业破产法》的规定，每一次债权人会议或债权人委员会的组织和召开，以及随后对破产管理人的工作报告、核查债权、监督管理人、更换管理人、审查管理人费用和报酬、决定债务人是否继续营业、重整计划、和解计划、债务人财产情况、破产财产的变价和分配等事项都要进行表决，因此在每次召开债权人会议之前一定要主动与破产管理人和法院取得联系，提前获取债权人会议相关资料。

3. 出席表决。

俗语说，“法律不保护躺在权利上睡觉的懒人！”，因此，作为债权人应当及时关注债务人破产公告相关信息，准确把握债权人会议表决规则，[②]准时出席债权人会议，并依法对影响债权人利益的一般事项、重要事项等进行正当表决，必要时甚至可以采取委托投票权和收集委托权的集体投票方式进行表决。

---

① 详见《企业破产法》第 67 条第 1 款规定，债权人会议可以决定设立在债权人委员会。债权人委员会由债权人会议选任的债权人代表和 1 名债务人的职工代表或者工会代表组成。债权人委员会成员不得超过 9 人。

② 以上海破产法院为例，根据《企业破产法》和《上海市高级人民法院破产审判工作规范指引（试行）》有关“债权人会议表决规则”的相关规定，（1）一般性决议，由出席会议的有表决权的债权人过半数通过，并且其所代表的债权额占无财产担保债权总额的 1/2 以上；（2）和解协议方案，由出席会议的有表决权的债权人过半数通过，并且其所代表的债权额占无财产担保债权总额的 2/3 以上；（3）重整计划草案，采取分组表决，由同一表决组的债权人过半数同意且所代表的债权额占该组债权的 2/3 以上；（4）除《企业破产法》另有规定外，在计算决议是否通过时，出席会议的有财产担保债权人的人数列入表决统计，但所持有财产担保债权额不列入表决统计；（5）同一债权人对债务人享有一笔以上的债权时，其表决时代表的债权额为其债权总和，但以一家债权人计数。

三、财产分配

对于债权人而言，要想应收账款能获得最终清偿和实现，关键要看破产管理人如何做好债务人财产的管理工作、破产财产的变价方案和最终分配方案的执行到位。

一是要及时跟踪和了解债务人财产的认定范围和归集、与财产有关的撤销权诉讼情况、股东或投资人未缴出资或抽逃出资的追回、违法被侵占财产处理、债务人财产抵销问题等管理工作。

二是积极对破产财产的变价方案的表决和参与破产财产的处理工作。目前处理破产财产的网络平台拍卖方式非常成熟，如阿里司法拍卖、京东司法拍卖、中国执行信息公开网中的网络司法拍卖平台链接等。债权人要做好随时跟踪、及时与破产管理人和法院沟通和信息反馈等，从而保障应收账款债权清偿的利益最大化。

文书范本 47
《破产清算申请书》

参考文献

[1]柳絮:《企业商业信用管理方法与策略研究》,中国财政经济出版社 2007 年版。

[2]管晓永:《中小企业信用管理理论研究》,浙江大学出版社 2014 年版。

[3]黎莹主编:《企业信用评级与风险管理实验教程》,西南财经大学出版社 2016 年版。

[4]魏文静主编:《企业信用管理》,高等教育出版社 2015 年版。

[5]贺俊刚主编:《企业信用管理》,东北财经大学出版社 2020 年版。

[6]李敏主编:《企业信用管理》,复旦大学出版社 2004 年版。

[7]董树功主编:《企业信用管理》,中国财经出版社 2019 年版。

[8]高秀屏、赵迎东、汪宇瀚编著:《企业信用管理》,上海财经大学出版社 2013 年版。

[9]关伟主编:《商业信用管理》,中国金融出版社 2018 年版。

[10]肖智润:《企业信用管理与战略》,上海财经大学出版社 2019 年版。

[11]四川省工商行政管理局编著:《企业信用法律风险管理体系建设指引》,中国工商出版社 2017 年版。

[12]商务部中国国际电子商务中心、中国信用体系建设课题组编著:《企业信用管理手册》,清华大学出版社 2004 年版。

[13]《中华人民共和国民法典(实用版)》,中国法制出版社 2022 年版。

[14]法律出版社法规中心编:《最新民法典及相关司法解释汇编》,法律出版社 2022 年版。

[15]乔路:《公司法律顾问实务指引》,法律出版社 2019 年版。

[16]沈志先主编:《合同案件审判精要》,法律出版社 2013 年版。

[17][英]P. S. 阿狄亚:《合同法导论》,赵旭东等译,法律出版社 2002 年版。

[18]栾兆安、渠标编著:《买卖合同签订指南》(第 2 版),法律出版社 2015

年版。

[19]最高人民法院民事审判第二庭编:《合同案件审判指导》,法律出版社2014年版。

[20]吴江水:《完美的合同:合同的基本原理及审查与修改》(增订版),北京大学出版社2010年版。

[21]何力、刘丹阳等:《合同起草审查指南:三观四步法》,法律出版社2021年版。

[22]曾鸣编著:《信用保险理论与实务》,上海财经大学出版社2008年版。

[23]郑秀君编著:《信用保险学》,上海财经大学出版社2020年版。

[24]立金银行培训中心:《银行应收账款融资产品培训》,中国金融出版社2011年版。

[25]刘萍:《应收账款担保融资创新与监管》,中信出版社2009年版。

[26]孔炯炯等主编:《商业保理概论》,复旦大学出版社2020年版。

[27]叶正欣、万波主编:《商业保理培训系列教材——商业保理法律实务与案例》,复旦大学出版社2016年版。

[28]陈霜华、蔡厚毅编著:《商业保理实务与案例》,复旦大学出版社2016年版。

[29]聂峰、谈亮、马泰峰主编:《商业保理风险管理实务与案例》,复旦大学出版社2020年版。

[30]杨新房、祝维纯主编:《商业保理税务实务与案例》,复旦大学出版社2019年版。

[31]商务部国际贸易经济合作研究院信用研究所、中国服务贸易协会商业保理专业委员会、北京中金济国咨询有限公司编著:《商业保理基础教程》,中国商务出版社2017年版。

[32]严骏伟、黄长清、曾宪法主编:《应收账款资产管理及资产证券化实务》,复旦大学出版社2017年版。

[33]胡喆、陈府申主编:《图解资产证券化——法律实务操作要点与难点》,法律出版社2017年版。

[34]林华主编:《中国资产证券化操作手册(上)》(第2版),中信出版社2016年版。

[35]林华主编:《中国资产证券化操作手册(下)》(第2版),中信出版社2016年版。

[36]邹健主编:《中国资产证券化规则之法律解读》,法律出版社2016年版。

[37]石佳华:《一本书读懂不良资产》,中国法制出版社2022年版。

[38]位二兵:《商业不良资产处置实务——揭开逾期账款催收的面纱》,法律出版社2018年版。

[39]蔡春雷主编:《掘金之旅——投资金融不良资产疑难案例精析》,法律出版社2015年版。

[40]杨凯生主编:《金融资产管理公司不良资产处置实务》,中国金融出版社2004年版。

[41]胡建忠:《不良资产经营处置方法探究——基于价值重估和分类管理的视角》,中国金融出版社2011年版。

[42]郑万春:《金融不良资产处置关键技术探究》,中国金融出版社2008年版。

[43]李国强主编:《尽职调查——不良资产处置实务详解》,法律出版社2016年版。

[44]蔡春雷主编:《掘金之旅——金融不良资产处置十八般武艺》,法律出版社2017年版。

[45]黄茉莉:《中国商业银行不良资产处置问题研究》,社会科学文献出版社2016年版。

[46]丁兴良、伯建新编著:《回款决定一切——企业应收账款管理实用策略》,企业管理出版社2011年版。

[47][美]约翰·G. 塞莱克:《应收账款管理最佳实务》,程淑珍译,经济科学出版社2006年版。

[48]楼克佳:《实战催收私房课》,中国财政经济出版社2018年版。

[49]刘志伟编著:《催收账款》,中国纺织出版社2006年版。

[50][美]卡罗尔·弗莱雪:《轻松收款——处理逾期应收账款的常胜技巧》,吕苏昆译,中国财政经济出版社2003年版。

[51]俞慧霞编著:《催收账款的100个技巧》,中国纺织出版社2007年版。

[52]雷雯编著:《应收账款管理、催收、回款与客户关系维护》,企业管理出版社 2006 年版。

[53]王静编著:《应收账款管理与催收技巧》,企业管理出版社 2006 年版。

[54]谭法根:《银行信用卡催收策略与法律风险管理》,中国法制出版社 2016 年版。

[55]谭曼:《中国债务催收行业立法研究》,法律出版社 2020 年版。

[56]工业和信息化部中小企业局编译:《国外防止延迟支付法律文件汇编》,知识产权出版社 2018 年版。

[57][美]拉里·L. 特普利:《法律谈判简论(原书第三版)》,陈曦译,中国政法大学出版社 2017 年版。

[58][美]X. M. 弗拉斯科纳、H. 李·赫瑟林顿:《法律职业就是谈判——律师谈判制胜战略》,高如华译,法律出版社 2005 年版。

[59]韩德云、袁飞主编:《法律谈判》,法律出版社 2018 年版。

[60][美]斯蒂芬·克里格、理查德·诺伊曼:《律师执业基本技能:会见客户、咨询、谈判和有说服力的事实分析》,中伦金通律师事务所译,法律出版社 2006 年版。

[61][美]罗杰·道森:《优势谈判》,迩东晨译,北京联合出版公司 2022 年版。

[62]李雪松:《逆势谈判——助华为突破僵局的降维谈判法》,北京联合出版公司 2021 年版。

[63]冷涛编著:《执行办案一本通》,法律出版社 2021 年版。

[64]傅松苗、丁灵敏编著:《民事执行实务难题梳理与解析》,人民法院出版社 2017 年版。

[65]吴长波:《公司司法解散制度研究》,知识产权出版社 2010 年版。

[66]最高人民法院民事审判第二庭编著:《最高人民法院关于公司法司法解释(一)、(二)理解与适用》(第 2 版),人民法院出版社 2015 年版。

[67]刘敏:《关于股东请求解散公司之诉若干问题的思考》,载《法律适用》2006 年第 10 期。

[68]刘俊海:《现代公司法》(第 3 版),法律出版社 2015 年版。

[69]上海市律师协会公司与商事业务研究委员会主编:《公司诉讼律师实

务》,法律出版社 2016 年版。
[70]刘敏:《公司解散清算制度》(第 2 版),北京大学出版社 2012 年版。
[71]周光、邹永迪主编:《破产管理人办案手册》,法律出版社 2020 年版。
[72]朱全胜主编:《破产管理人工作手册(一)》,法律出版社 2021 年版。
[73]万国营主编:《破产审判手册》(第 2 版),法律出版社 2019 年版。
[74]陈夏红编著:《企业破产法注释》,北京大学出版社 2021 年版。

李 华

盈科律师事务所创始合伙人、盈科全国业务指导委员会主任。

李华律师作为盈科全国业务指导委员会主任，负责盈科体系内的专业化建设，带领盈科律师，构建出完整的专业化法律服务体系，包括研究院、专业委员会及综合性法律中心，推动盈科律师专业化的法律服务，以适应法律服务市场不断细分的需要。在此基础上，通过集成各专业委员会纵深化的法律服务能力为客户提供综合性的法律服务。

曾荣获全国律师行业优秀党员律师、北京市优秀律师、朝阳区优秀律师、朝阳区首届优秀女律师、朝阳区优秀党员的荣誉称号，钱伯斯《大中华区指南2023》TMT：数据保护&隐私领域上榜律师。

程乾平

盈科上海律师，南京大学经济法学硕士毕业，从事过大学教师、公司法务、法律顾问和合规管理等工作，拥有15年法律事务工作经验，擅长公司与金融纠纷、企业合规与法律风险管理、品牌维护等领域的法律服务。先后为七匹狼、特步集团、上海大学科技园、新奥集团、申通快递、迅达电梯等知名企业提供法律顾问服务和专项法律服务。